AI搜索
基础与前沿

Fundamentals and Frontiers of AI Search

邹敏 著

人民邮电出版社

北 京

图书在版编目（CIP）数据

AI 搜索：基础与前沿 / 邹敏著. -- 北京：人民邮
电出版社, 2025. -- ISBN 978-7-115-57565-4

Ⅰ. G254.928-39

中国国家版本馆 CIP 数据核字第 2025KK1197 号

内 容 提 要

本书系统介绍了搜索引擎的技术发展历程和前沿趋势，内容分为三大部分：搜索引擎基础、深度信息检索模型与算法以及 AI 搜索前沿。第一部分涵盖了搜索引擎的核心架构与关键技术，包括基本系统架构、查询理解、索引技术、关键词检索、排序学习等内容，为读者提供了现代搜索系统的技术框架和实践参考。第二部分详细探讨了深度学习技术在信息检索中的应用，包括深度召回模型、k 近邻检索算法、深度相关性模型、深度排序模型等，并通过案例展示了如何将这些技术应用于实际问题。第三部分则聚焦于 AI 搜索前沿技术，介绍了大语言模型基础、AI 搜索实践、生成式信息检索，探讨了 AI 搜索时代的技术特点及未来发展方向。

本书附有丰富的实践案例和代码示例，可以帮助读者将理论知识付诸实践，既适合想了解 AI 搜索相关内容的初学者学习，也适合 AI 搜索领域的相关从业者参考。

◆　　　　著　　邹　敏
　　　责任编辑　吴晋瑜
　　　责任印制　王　郁　胡　南

◆　人民邮电出版社出版发行　　北京市丰台区成寿寺路 11 号
　　邮编　100164　　电子邮件　315@ptpress.com.cn
　　网址　https://www.ptpress.com.cn
　　涿州市殷润文化传播有限公司印刷

◆　开本：800×1000　1/16　　　　插页：1
　　印张：15.75　　　　　　　　　2025 年 8 月第 1 版
　　字数：360 千字　　　　　　　 2025 年 8 月河北第 1 次印刷

定价：119.00 元

读者服务热线：(010)81055410　印装质量热线：(010)81055316
反盗版热线：(010)81055315

推荐序一

我们在做天工 AI 搜索系统的过程中，深刻体会到将 AI 技术与传统信息检索方法融合的重要性和复杂性。这种技术上的融合使用能够显著提升搜索效果，为用户提供更加智能和个性化的搜索体验。然而，实现这一目标并非易事，涉及架构设计、算法优化、数据融合和用户体验设计等多层面的挑战。

邹敏的这本书在当前这个时间节点上出版，可谓恰逢其时，正好契合了广大工程师们在实际工作中对于高质量借鉴资料和实用参考指南的迫切需求。

这本书从基础讲起，系统梳理了从关键词索引到深度学习模型的理论知识，提供了大量实用的操作指南和案例分析，还展示了大语言模型在搜索中的应用。最大的特色莫过于，不玩概念，不堆术语，而是踏踏实实地解析了搜索引擎的每个关键环节。

特别值得一提的是，书中对 RAG 技术的讲解，这正是我们在实际工作中反复验证的有效方法。从工程角度看，邹敏的这本书将理论与实践紧密结合起来，提供了可落地的技术思路，这比纯理论探讨要有价值得多。无论是 AI 研发工程师、企业技术负责人，还是对 RAG 技术感兴趣的高校师生，应该都能从中有所收获。

如今，市面上探讨 AI 的图书众多，但真正具备实际工程经验，且能将每个技术要点阐释透彻的却寥寥无几。这本书对于有志在 AI 搜索领域深入钻研的技术团队而言，堪称一份弥足珍贵的参考资料。

衷心希望更多的工程师能够通过阅读这本书，全面掌握 AI 搜索相关的基础知识和核心原理，并能及时了解其最新发展趋势和前沿技术，进而在实际的工作场景中，能灵活运用所学到的相关技术，充分发挥其潜力，在各自的岗位上创造出更多的价值，为企业和行业的发展贡献自己的力量！

方汉

昆仑万维 CEO

推荐序二

搜索技术日新月异，在大语言模型的加持下，更处于前所未有的变革期。从传统关键词匹配到深度学习召回，再到大语言模型的涌现，每一次技术演进都在重塑人类获取信息的方式。当前，AI 搜索通过传统搜索技术与大语言模型技术的结合使搜索系统不再局限于"检索结果列表"，而是能够直接输出结构化知识、决策参考乃至创意启发。但是，检索端的高效索引、精排算法与实时数据管控，仍是保证搜索结果可靠性与时效性的基石。

邹敏的这本书为读者提供了一个理解搜索技术演进脉络的完整视角。本书最大的价值在于其体系的完整性和基础的扎实性。全书从搜索引擎的经典架构讲起，循序渐进地介绍查询理解、倒排索引、召回排序等核心模块，进而延伸到 AI 时代的技术变革，为读者构建了坚实的知识框架。特别是第 6 ～ 9 章对深度学习模型的系统梳理，足以反映作者在工业实践中的深厚积累。这种从基础到前沿的递进式组织，既适合初学者建立全局认知，也为从业者提供了技术演进的参考路径。此外，书中还通过丰富的案例分析和实际应用场景，使理论与实践紧密结合，增强了内容的实用性和可复现性。结合 AI 搜索快速发展的趋势，本书最后三章探讨了大语言模型与传统搜索技术的融合实用。

当然，随着 ChatGPT、Perplexity 等新型 AI 搜索产品的涌现，这个领域正在经历爆发式创新，期待作者在后续版本中能够更深入地展开 AI 原生搜索架构、多模态检索、对话式搜索等新兴方向的探讨，为读者呈现更多 AI 时代搜索技术的可能性。

总的来说，这是一本兼具理论深度与实践价值的技术著作，诚挚推荐给所有对搜索技术感兴趣的读者，希望大家能从中获得启发，掌握前沿知识，共同推动 AI 搜索领域的持续进步！

王栋

技术专家 AI 领域创业者

前　言

不出户，知天下；不窥牖，见天道。

老子，《道德经》

人类为什么能够超越其他物种，成为这颗蓝色星球的主宰？一个重要原因就是人类比其他物种更善于处理**信息**，人类社会变迁史本身就是一部信息处理技术更新换代史。

史前文明时代，智人主要通过初级的信息系统进行信息的传递和处理。这包括原始语言、简单的符号和图腾等，用于记录和传递基本的生存知识、社会规范和文化传统等。这种初级的信息系统使得个体能够组成族群，族群内部的信息交流和协作能力得到加强，为人类的生存和发展奠定了基础。例如，通过原始语言，智人可以传授狩猎技巧、食物采集方法并传递危险预警等，提高了族群的生存概率和凝聚力。

人类发明文字以后，信息的记录和传递更加系统化和持久化，能够跨越时间和空间。人们可以通过书写和阅读，积累和传承大量的知识和文化。这一时期人类改造自然的能力和创造能力明显提高，出现了规模化的信息组织体系，如法律体系，用于规范社会秩序和人际关系。然而，这一时期的信息并非人人触手可及，信息资源主要掌握在贵族、祭司、学者等少数精英手中，难以为普通民众所获取和利用。

随着工业社会的到来，人类社会进入**信息平权时代**，普通民众能够通过报刊、广播、电视等媒介获取各种信息，信息访问的门槛大幅降低，为社会的创新和发展提供了动力。但这一时期的信息访问成本仍然比较高，而且不同的社会群体之间的信息访问权利存在明显的不平等现象，例如，大学校园比偏远地区更容易访问馆藏书籍。

互联网和搜索引擎这对珠联璧合的发明将人类社会拉入**信息共享时代**。人们可以随时随地通过互联网＋搜索引擎发布和获取各种信息，这极大地推动了人类社会的进步。近年来，以大语言模型技术为代表的人工智能技术的进步将人类社会从信息共享时代带入了信息智能时代。在这一新阶段，信息不再止于被动地存取和传递，而是通过智能算法的主动分析和理解实现深层次的价值创造。

　　作者有幸从事搜索引擎和人工智能（AI）领域相关工作，学习并见证了搜索引擎近些年的发展，因此有机会在本书中向大家介绍搜索引擎的发展过程以及 AI 搜索相关技术。

搜索技术的演进

　　搜索技术出现在 20 世纪 90 年代，随着互联网的快速发展而不断演进，从早期依赖人工编制的启发式规则，到后来引入机器学习模型处理大规模数据，再到如今的大语言模型时代利用生成式技术直接提供答案。我们根据问题解决范式的区别将搜索技术的发展分为 3 个时代：专家系统时代、机器学习时代和大语言模型时代。图 1 展示了搜索技术的发展历程。

图 1　搜索技术的发展历程

1.　专家系统时代

　　在互联网出现之前，早期的信息检索（Information Retrieval，IR）系统就已经出现了。这些系统主要是为了满足对于信息整理和检索的需求，例如图书检索、情报分析等。早期的信息检索系统通常基于关键词搜索，并使用人工编制的目录或索引来辅助查询。这些系统的发展奠定了信息检索领域的基础，并为现代搜索引擎的出现提供了重要的技术和理论基础。

　　这一时期的信息检索系统主要用于处理结构化和半结构化的数据，如数据库或者文档库。这些数据通常有固定的格式，内容相对容易理解，而评估这些数据与查询词相关性关系的规则也相对比较简单，例如，利用词频（Term Frequency，TF）和逆向文档频率（Inverse Document Frequency，IDF）来衡量一个词在文档中的重要性。在查询语法方面，早期的信息检索系统采用了布尔检索，用户可以使用"与"（AND）、"或"（OR）和"非"（NOT）等布尔操作符来组合查询词，以便找到满足特定条件的文档。这些方法可以捕捉文档与查询词之间的线性关系，但可能无法捕捉更复杂的语义相关性，缺乏自然语言理解能力。

　　这些早期的规则和启发式方法在信息检索领域发挥了重要作用，为后来的信息检索技术发展奠定了基础。它们为理解文档内容、度量相关性以及优化查询效果等提供了关键思路。随着信息检索技术和人工智能的发展，现代搜索引擎采用了更先进的技术（例如机器学习和深度学习），以进一步提高检索的准确性。

2. 机器学习时代

随着互联网的出现和快速发展，信息检索领域面临的数据规模呈爆炸式增长，这就使得传统的规则和启发式方法已经无法满足如此大规模数据的处理需求。在此背景下，搜索引擎也在不断地变革和进化。传统的基于规则和启发式方法的搜索技术逐渐被基于早期机器学习方法与深度学习方法的技术体系所取代。

早期机器学习方法的发展使得搜索引擎可以自动学习和优化检索模型，排序学习（Learning to Rank）体系是机器学习与信息检索理论结合的典型代表。这一时期的机器学习方法为搜索引擎提供了更加智能和高效的排序策略，通过自动学习和优化检索模型，可以提高搜索结果的准确性和用户满意度。这一阶段也发展出了更为全面的相关性评测体系，如 MAP、NDCG 等评测指标。这些评测指标的引入和应用，使得信息检索理论更加全面和完善，可以更准确地评估搜索引擎的性能和效果，同时也为搜索引擎优化提供了指导。

深度学习的发展进一步扩展了机器学习在信息检索领域的应用。在文本表示方面，深度学习技术可以对文本进行更加精确和细致的表示，不再局限于有限的字词，而是可以结合上下文和更广泛的概念进行分析。例如，通过大规模神经网络的训练，搜索引擎可以更好地理解文本的语义，消除歧义。又例如，通过神经网络的序列化建模方式，可以对长文本有更准确的理解，返回更相关的文档。深度学习技术在查询词和文档的相关性建模方面也取得了重大突破。基于文本似然度的技术已经过时，被更为精准、细腻的基于语义似然度的技术所取代。这些技术的发展使得搜索引擎可以更好地理解用户的意图和需求，提供更加准确和个性化的搜索结果和推荐服务。

海量的搜索引擎数据加上相对完善的信息检索方法论，使得搜索引擎可以实时地收集和分析用户的搜索行为和反馈信息，从而不断优化搜索引擎的工作机制，提高搜索结果的准确性和用户满意度。具体来说，当用户使用搜索引擎进行搜索时，搜索引擎会自动地记录用户的搜索行为和反馈信息，并根据这些信息进行搜索结果的排序和推荐。如果用户对搜索结果不满意，他们可以通过反馈机制向搜索引擎提供反馈信息，例如搜索结果不准确、搜索时间过长等，搜索引擎会根据用户的反馈信息进行相应的改进。通过信息收集、反馈、处理和改进的闭环机制，搜索引擎可以不断地优化自身的工作机制，提高搜索结果的准确性和用户满意度。这种闭环机制也为搜索引擎的持续发展提供了支持，使得搜索引擎能够不断地适应用户的需求，提供更加精准和个性化的搜索服务。图 2 展示了这种信息流闭环。

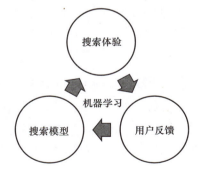

图 2　搜索引擎中的信息流闭环。搜索引擎通过收集用户反馈信息改进搜索模型、提升用户搜索体验，用户搜索体验的提升又会吸引更多的用户数据和用户反馈

3. 大语言模型时代

大语言模型时代的搜索是信息检索架构与生成式语言模型的结合，它标志着搜索技术的新纪元。生成式检索为用户提供更直接、全面且有针对性的答案。通过利用预训练模型的深刻语言理解能力，生成式检索能够直接针对用户查询生成答案，从而避免了用户需要在多个相关网页中自行提取信息的烦琐过程。这种方式不仅改变了用户与搜索引擎的互动模式，使知识获取变得更加高效，而且由于其强大的自然语言处理能力，还能够更精确地捕捉到用户的查询意图，提供更符合预期的答案。

此外，生成式检索的应用，使得搜索引擎能够支持更自然和人性化的语言交互。这一点对于提高用户体验、降低使用门槛具有重要意义。用户可以用自然语言提出复杂的查询需求，系统则能理解其意图并提供简洁明了且信息丰富的答案。这种互动方式更符合人类日常的沟通习惯，为用户带来了前所未有的便捷体验。

目前大语言模型仍然存在一些局限，例如，生成式模型有时可能会产生不准确或具有误导性的内容，尤其是在处理复杂、模糊或少见的查询时。另外，由于模型训练过程中存在数据偏见，生成的答案可能会反映出这些偏见，从而影响信息的客观性和准确性。因此，未来的搜索引擎可能会向混合范式发展，即结合传统的基于关键词的信息检索技术和生成式模型。这种混合范式旨在利用各自的优势，弥补单一方法的不足，从而提供更全面、更高质量的搜索体验。

搜索引擎当前面临的主要挑战

1. 信息爆炸与搜索效率

随着互联网的飞速发展，网络上的信息量呈爆炸式增长。据统计，截至 2023 年，全球互联网上的网页数量已超过 1000 亿，每天新增网页数量以百万计。如此庞大的信息量给搜索引擎带来了巨大的挑战。一方面，搜索引擎需要不断扩充索引库的规模，以收录尽可能多的网页信息。另一方面，搜索引擎需要提高搜索效率，以便用户能够快速、准确地找到所需的信息。

2. 信息质量与搜索结果

互联网上的信息良莠不齐。搜索引擎需要对搜索结果进行排序，以确保用户能够获得高质量的信息。大量的"AI 垃圾"使得这个问题更加棘手。这需要搜索引擎不断改进算法，提高对信息质量的判断能力。同时，搜索引擎还需要考虑用户的个性化需求，为用户提供更加精准的搜索结果。

3. 用户隐私与数据安全

搜索引擎在为用户提供服务的同时，也会收集用户的搜索记录等个人信息。如何保护用户隐私，确保数据安全，是搜索引擎面临的重要挑战。搜索引擎需要在提供个性化服务和保护用户隐私之间取得平衡。同时，搜索引擎还需要加强数据安全管理，防止用户数据泄露。

4. 技术创新与未来发展

搜索引擎需要不断进行技术创新，以应对新的挑战。人工智能、大数据、自然语言处理等技术的应用，将为搜索引擎的发展带来新的机遇。同时，搜索引擎也需要积极探索新的应用场景，拓展服务范围，为用户提供更加丰富、便捷的服务。

本书写作动机

作为搜索引擎从业人员，作者经常需要翻阅各种资料查看搜索引擎相关技术的最新进展，同时也需要经常给同事介绍搜索引擎的相关知识。在做这些工作时，作者发现市场上缺乏成体系介绍搜索引擎最新进展的图书，大多数图书介绍的是机器学习和深度学习时代之前的概念、方法与技术等，缺少对深度学习时代方法论的系统总结。同时作为实践性特别强且体系特别复杂的专业细分领域，搜索引擎的入门有一定的门槛，如果再结合深度学习的应用，那么门槛会更高。作者比较推崇边做边学（Learning by Doing）的学习方式，因此在介绍基础知识和深度学习理论方法相关内容的基础之上，本书增加了一些实践案例，希望读者能够通过这些实践案例真正将理论付诸实践。

除此之外，搜索引擎既有一系列成熟的技术体系，同时也不断迎来新的技术热潮。在人工智能技术高速发展的今天，奇点时刻的来临有其历史的必然性。作为信息技术从业人员，我们在巩固已有知识的基础上还需要时刻以空杯心态来学习新的技术。老子在《道德经》中教导我们"道可道，非常道"，我们是不是应该反思今天的技术架构明天是否仍然有效？大家都在讨论的流行技术如 ChatGPT 等是不是未来的新方向？带着这些问题与反思，作者总结了搜索引擎的技术基础与深度学习信息检索模型的来龙去脉，力求给各位同行读者提供一本内容全面、与时俱进的参考书，希望本书能够为您的学习和工作提供一点帮助。

本书目标读者

本书的内容侧重搜索引擎的架构和算法体系，非常适合以下两类人群。

对于初学者，本书可以作为系统学习搜索引擎的一本教材。本书系统梳理了搜索引擎各个模块的基础技术和算法，可帮助初学者在系统框架上对搜索引擎有全局的理解。

对于从事搜索引擎和 AI 搜索行业的工程师，本书综述了搜索引擎和 AI 搜索的各个模块相关技术的最新进展，可以作为实际工作中的参考手册使用。

各章概述

搜索引擎涉及一系列成熟的技术体系，同时也不断迎来新的技术浪潮，涌现出更加先进的技术方法。为了让读者深入了解搜索引擎技术体系的发展历程和前沿趋势,本书既包含经典搜索引擎的核心内容,也介绍最近几年比较流行的方法,希望通过这样的内容安排,帮助读者理解全面、前沿的搜索技术。

　　本书内容分为三大部分:搜索引擎基础、深度信息检索模型与算法和 AI 搜索前沿,如图 3 所示。各章内容如下。

- 第 1 章介绍搜索引擎的基本系统架构,包括网页抓取、内容理解、索引构建、查询理解、召回和排序等核心模块。
- 第 2 到第 5 章对查询理解、倒排索引技术和关键词检索等内容做详细的介绍。通过这部分内容,读者可以了解早期搜索引擎的工作过程以及在此基础上发展出来的一系列后续技术。第 6 到第 9 章讨论基于深度学习的召回模型、相关性模型、排序模型等。
- 第 10 到第 12 章讨论大语言模型基础以及 AI 搜索相关话题。

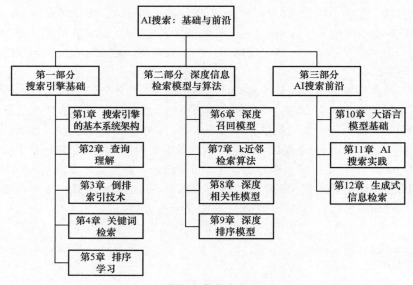

图 3　本书内容

　　本书的顺利完成,离不开人民邮电出版社编辑团队的大力支持与专业指导。特别感谢吴晋瑜老师在整个写作与出版过程中给予我的耐心指导与细致帮助。从书稿立项、内容规划,到章节安排、语言打磨,吴老师始终以专业、严谨、务实的态度提出许多中肯建议,帮助我不断完善内容结构与表达方式。在此,谨向人民邮电出版社异步社区的所有编辑老师致以诚挚谢意。正是因为你们的支持与协助,本书才能顺利出版并以较高质量呈现于读者面前。

资源与支持

资源获取

本书提供如下资源：

- 本书思维导图；
- 异步社区 7 天 VIP 会员；
- 配套代码。

若要获得以上资源，可以扫描下方二维码，根据指引领取。

提交勘误

作者和编辑尽最大努力来确保书中内容的准确性，但难免会存在疏漏。欢迎读者将发现的问题反馈给我们，帮助我们提升图书的质量。

当读者发现问题时，请登录异步社区（https://www.epubit.com），按书名搜索，进入本书页面，单击"发表勘误"，输入勘误信息，单击"提交勘误"按钮即可（见下页图）。本书的作者和编辑会对读者提交的勘误信息进行审核，确认后，将赠予读者异步社区 100 积分，积分可用于在异步社区兑换优惠券、样书或奖品。

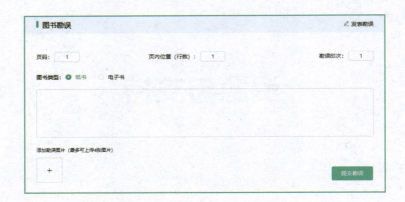

与我们联系

我们的联系邮箱是 wujinyu@ptpress.com.cn。

如果读者对本书有任何疑问或建议，请发邮件给我们，并请在邮件标题中注明本书书名，以便我们更高效地做出反馈。

如果读者有兴趣出版图书、录制教学视频，或者参与图书翻译、技术审校等工作，也可以发邮件给我们。

如果读者所在的学校、培训机构或企业想批量购买本书或异步社区出版的其他图书，也可以发邮件给我们。

如果读者在网上发现有针对异步社区出品图书的各种形式的盗版行为，包括对图书全部或部分内容的非授权传播，请将怀疑有侵权行为的链接发邮件给我们。这一举动是对作者权益的保护，也是我们持续为广大读者提供有价值的内容的动力之源。

关于异步社区和异步图书

"异步社区"（www.epubit.com）是由人民邮电出版社创办的 IT 专业图书社区，于 2015 年 8 月上线运营，致力于优质内容的出版和分享，为读者提供高品质的学习内容，为作译者提供专业的出版服务，实现作者与读者在线交流互动，以及传统出版与数字出版的融合发展。

"异步图书"是异步社区策划出版的精品 IT 图书的品牌，依托于人民邮电出版社在计算机图书领域多年来的发展与积淀。异步图书面向 IT 行业以及各行业使用 IT 的用户。

目　　录

第二部分　深度信息检索模型与算法

第三部分　AI搜索前沿

第一部分

搜索引擎基础

本部分介绍搜索引擎的架构与关键技术，涵盖基本系统架构、查询理解、索引技术、关键词检索、排序学习等，解析搜索引擎如何高效获取、组织和检索海量信息。

第 1 章重点讲解搜索引擎的基本系统架构，包括网页抓取、内容理解和索引构建等，旨在奠定数据处理与存储的基础。第 2 章深入探讨查询理解技术，如查询解析、拼写纠错与查询扩展等，旨在提高对用户输入内容的识别和优化能力。第 3 章分析索引技术的核心实现，介绍倒排索引的基本结构、索引压缩算法及倒排索引的分布式服务等，展示高效查询支持。第 4 章关注关键词检索，结合文本相关性与权威性计算，优化检索效果。第 5 章讲解排序学习的算法及效果评价指标，以及经典相关模型与机器学习模型，以提升结果排序质量。

本部分为理解现代搜索系统提供技术框架和实践参考，为后续 AI 搜索技术探索奠定基础。

第 1 章
搜索引擎的基本系统架构

道可道，非常道。

——老子，《道德经》

搜索技术在不断发展，搜索引擎的架构也将随着技术的发展以及具体应用场景的不同有不同的表现形式。同时，搜索引擎的技术体系涉及诸多计算机科学领域，包括架构设计、分布式计算、算法复杂性理论、数据压缩、自然语言处理、机器学习、深度学习、交互式设计等。除技术体系外，决定搜索引擎架构的因素还包括文档量级、并发访问的吞吐量以及待检索信息的具体形态等。这些变化与难点使得搜索引擎架构的总结比较复杂且充满挑战。对此，作者根据自己的理解，将搜索引擎抽象为图 1.1 所示的架构、涵盖网页抓取、文档解析、索引构建、查询理解、召回和排序等流程，希望向读者呈现一个相对完整的搜索引擎架构。

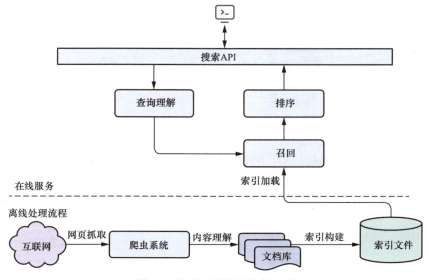

图 1.1　搜索引擎整体架构示意

1.1　网页抓取

网页抓取是搜索引擎从互联网上搜集信息的关键技术，通过自动化程序（通常称为网络爬虫）访问和下载网站内容，再对这些数据进行处理和存储。这些抓取到的数据构成了搜索引擎的基础数据源。

作为搜索引擎的核心环节，网页抓取不但为搜索引擎提供所需的数据，而且其操作流程和技术实现相较于专业化搜索引擎（如垂直搜索引擎）更为复杂。在本节中，我们将重点介绍搜索引擎在数据获取和入库过程中的网页抓取技术和方法。

1.1.1　网页抓取过程

网页抓取过程包括网页发现、网页下载和解析、数据存储等基本操作环节。网页抓取过程见图 1.2。首先，通过各种途径发现互联网上的链接（URL），例如网站的站点地图、Common Crawl 开源数据等。一旦发现链接，就使用网络爬虫程序对这些链接指向的网页进行下载。下载的网页内容将被临时存储，以便进一步处理。在网页下载完成后，进行链接解析。这个过程中，网络爬虫会分析下载的网页，提取出其中的链接，并将这些链接添加到待爬取队列中。这样，网络爬虫可以持续发现新的网页，循环进行下载和解析的过程。最后，网络爬虫需要将提取出的有用信息存储起来，以供后续的搜索引擎查询使用。数据存储不限于文本信息，还可能包括图片、视频以及其他媒体类型的数据等。存储的数据需要经过处理，以确保其可用性和检索效率。

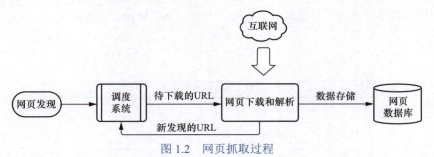

图 1.2　网页抓取过程

在整个网页抓取系统的设计和实现过程中，需要考虑的关键因素包括爬取策略的制订、网络爬虫的并发管理、抓取频率的控制、避免对网站造成过大压力、尊重网站的 Robots 协议等。此外，随着互联网的发展和网页技术的进步，动态网页的抓取、JavaScript 渲染的处理，以及反网络爬虫技术的应对也成了网页抓取技术研究和实践中的重要内容。

1.1.2　网页抓取系统的组成部分

为了完成以上过程，网页抓取系统通常需要包含调度器、网页下载器、链接管理器、网页解析器、数据存储中心等组成模块。

调度器负责分配任务给网络爬虫，决定哪些网页需要优先下载。

网页下载器则直接负责从互联网上获取网页内容，它能够处理各种网络情况，并且具备一定的错误处理能力，以确保下载过程的稳定和高效。

链接管理器是爬虫系统的一个关键组件，它负责存储和管理已发现的链接以及待爬取的队列。为了提高网络爬虫的效率，链接管理器需要高效地进行链接去重，确保同一个网页不会被重复下载和处理。此外，链接管理器还需要跟踪链接的爬取状态，以便调度器可以根据这些信息做出更合理的爬取决策。

网页解析器的作用是从下载的网页内容中提取有用信息，包括新的链接、文本、图片等。这通常涉及对 HTML（超文本标记语言）、CSS（串联样式表），甚至 JavaScript 的解析，因为现代网站大量使用了动态内容和复杂的前端技术。网页解析器需要能够准确地从这些复杂的网页结构中提取数据，这对网页解析器的设计提出了较高的要求。

数据存储中心是爬虫系统的最终输出模块，它负责将解析出的数据持久化存储。这不仅需要考虑如何高效地存储大量数据，还需要关注数据的组织方式，以便数据的查询和分析。根据需求，数据存储中心可以是简单的文件系统，也可以是复杂的数据库系统或分布式存储系统。

1.1.3 爬虫系统的衡量指标

爬虫系统的性能可以通过全面性、时效性、稳定性和准确性等指标衡量。

全面性用于衡量能够抓取到的有价值网页的数量和覆盖率，它反映了爬虫系统能够在多大程度上发现和索引互联网上的内容。具备高全面性的爬虫系统能够发现并抓取到更多的网页，包括深层链接和隐蔽的内容，从而为用户提供更为丰富和全面的搜索结果。

时效性则关注爬虫系统更新已抓取内容的速度，以及对新发现内容的抓取速度。这个指标对于新闻网站、社交媒体平台等内容快速更新的网站尤为重要。具备高时效性的爬虫系统能够确保用户在搜索时获取到最新的信息。

稳定性衡量的是爬虫系统在面对网络波动、网站更改结构或抗爬策略时的鲁棒性。具备高稳定性的爬虫系统能够在遇到这些挑战时仍然保持正常的运作，不会频繁出错甚至完全停止工作。

准确性则是指爬虫系统抓取和解析网页内容的正确率。这包括正确识别和提取网页上的文本、图片等信息，以及正确处理网页上的链接。具备高准确性的爬虫系统能够有效地减少噪声数据，提高搜索结果的相关性和质量。

1.2 内容理解

内容理解涉及从网页或其他媒体信息中提取和分析内容的过程，包括对网页内容的识别和分类等任务。这一过程对于筛选高质量网页和识别低质量网页至关重要，其主要目的是通过优化内容质量来优化搜索体验。网页内容理解不仅包括页面解析和自然语言处理，还涉及机器学习等技术。对于多媒体内容，这一领域还需应用计算机视觉等知识，以全面理解和处理信息。

1.2.1　页面分析

页面分析是对抓取的网页内容进行深入处理的过程，涉及网页结构化、浏览器视觉树构建、页面主图识别等技术。

网页结构化指根据网页结构（见图1.3），抽取页面的关键信息，例如文章正文、标题、作者、发布日期以及正文内容等。这个过程通常需要对 HTML 标签和其属性进行解析，识别出页面中的重要部分，并将其转换为结构化数据的格式，比如 JSON 或 XML。通过网页结构化，爬虫系统能够更加准确地提取出有价值的信息，为后续的数据分析和搜索引擎索引提供支持。

浏览器视觉树构建则是指模拟浏览器渲染过程，分析网页的视觉布局。这涉及解析 CSS 样式，计算 DOM（文档对象模型）元素的布局属性（例如位置、大小等），最终生成一棵视觉树。通过分析视觉树，爬虫系统可以识别出网页上的布局特征和视觉重点，比如哪些是页面的主要部分，哪些是广告或辅助信息，从而更加精确地提取出用户真正关心的内容。

页面主图识别是指从网页中识别出代表页面主题或内容重点的主要图片。这通常需要结合图像处理技术和页面结构分析，比如分析图片的尺寸、位置、链接文本和周围的文本内容等，以确定哪些图片

图 1.3　网页结构示意

是页面的主图。页面主图识别对于提高搜索结果的吸引力和改善用户体验是非常重要的，因为页面主图能够直观地反映页面内容，吸引用户点击。

要完成以上这些任务，爬虫系统不仅要能处理静态的 HTML 内容，还需要具备处理 CSS 样式、JavaScript 脚本以及图像数据的能力。随着网页技术的发展，动态网页和复杂的网页布局日益增多，这对爬虫系统的页面分析能力提出了更高的要求。因此，开发高效、准确的页面分析工具和算法，以及不断适应新技术的能力，对于提高爬虫系统的性能至关重要。

1.2.2　网页分类

网页分类的目的是通过对网页进行细致的分类处理，提高搜索引擎的检索准确性和优化用

户体验。不同的分类方法针对不同的特征和需求，下面是对主要分类方法的详细解释。

页面结构分类 页面结构分类侧重于分析网页的布局和结构特征，如页面的 DOM 结构、使用的标签类型和层次等，以此来识别网页的类型。例如，通过识别特定的标签类型，可以区分出博客页面、论坛帖子、新闻文章等。这种分类方法有助于搜索引擎理解网页的基本框架和内容组织方式，从而在特定的搜索场景中提供更为精确的结果。

网页内容分类 网页内容分类则是基于网页的文本内容进行的，它利用自然语言处理（NLP）技术分析页面上的文字信息，识别出网页内容的主题或类别，如体育、科技、教育等。这种分类可以基于关键词、主题模型、深度学习等多种技术实现。网页内容分类对于提高搜索结果的相关性非常关键，因为它使得搜索引擎能够根据用户的查询意图匹配到最合适的内容。

黄反页面识别 黄反页面识别专注于检测和过滤含有不适宜内容的网页，例如色情、暴力或其他反社会内容。这通常涉及复杂的图像和文本分析技术，旨在识别和屏蔽这类内容，以保护用户不受不良信息的影响。黄反页面识别不仅要分析网页文本中的敏感词汇，还需要对网页上的图片和视频进行深入分析，确保高效、准确地过滤掉不良内容。

网页分类技术的发展和完善，对于提升搜索引擎的服务质量具有重要意义：它不仅有助于提高搜索结果的准确性和相关性，还有助于为用户提供一个更安全、更健康的网络环境。随着人工智能和机器学习技术的进步，网页分类的准确率和效率将不断提高，为用户带来更加优质的搜索体验。

1.3 索引构建

在现有的搜索引擎架构中，索引是核心系统模块。索引的质量在很大程度上决定了搜索效果的上限，其访问速度也对整个系统的响应时间有很大的影响。我们在本节中会简要介绍索引的基本结构以及索引在搜索引擎中的功能和作用。

1.3.1 索引的数据源

在介绍索引的具体内容之前，首先要解决索引的数据源问题，即对哪些内容构建索引。不同的搜索引擎有不同的数据来源和数据采集方式：对于网页搜索引擎而言，索引的数据源来自网络爬虫；对于垂直领域的搜索（例如电商搜索），商品库就是索引的数据源。数据源和数据库的设计是另一个非常大的话题，不在本书讲述范围之内。这里假设数据源已经准备好了，本节将重点讲解索引的构建和检索过程。

1.3.2 索引结构与压缩算法

在索引构建阶段，通常会同时生成倒排索引和正排索引。倒排索引是搜索引擎的基本数据结构，其基本思想是在每一个词后面挂载一系列内容中包含该词的文档，这种结构可以快速定位包含查询词的相关文档。与倒排索引相对应的是正排索引，它的基本结构是文档 ID 到文档内容的映射表，其基本原理是对于给定的 ID，返回相应的文档内容。正排索引通常用于后续排序过程的特征提取，以及内容摘要的生成等过程。两种服务的工作过程参见图 1.4。

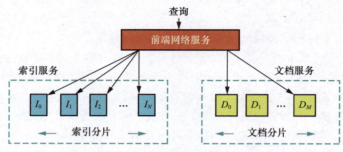

图 1.4　早期搜索引擎架构

为了满足处理大量索引数据的需求，搜索引擎通常会用各种编码方式对索引进行压缩存储，包括索引块级别的 PForDelta、RoaringBitmap，字节级别的变长编码，位级别的 Gamma 编码、Rice 编码等。这些编码方式可以让搜索引擎在提高查询性能的同时减少对存储和计算资源的占用，对于保持搜索引擎在不断增长的数据面前的高效性和可扩展性至关重要。

1.3.3　索引的分片、复本与分级策略

搜索引擎的文档体量通常比较大，不太可能在一台计算机上存放所有的索引数据。对此，常见的做法是将数据分成若干份并放在不同的计算机上分别服务，这种方式称为分片。在分片的时候有两种方式：一种是按照文档 ID 分片，例如对文档 ID 计算哈希值后用取模运算将数据分到不同的计算机上；另一种是按照词分片，对词计算哈希值后利用取模运算将数据分到不同的计算机上。这两种方式各有优缺点。按照文档 ID 分片的优点是每台计算机可以单独完成完整的信息检索过程并返回部分搜索结果，因为避免了不同计算机之间的访问，所以网络开销比较小。这种分片方式的缺点是一次请求需要访问所有计算机，磁盘访问的总次数是 $O(KN)$，K 是查询词长度，N 是分片数量。对应地，按照词分片的优点则是每个词只需要在一台计算机上访问一次倒排索引，磁盘读写次数比较少。但是因为文档数据是分布在各个计算机上的，所以在访问倒排索引之后，需要通过访问各个计算机收集各个正排索引的数据，这个过程的网络开销比较大。同时，要把同一个词下面的所有文档集中在一台计算机上，这使得限制索引构建阶段同一个词下的倒排索引无法分布式生成。因为按照词分片限制了分布式计算的能力，可扩展性并不是特别好，所以在大多数搜索引擎中都采用按照文档 ID 分片的方式。

索引分片策略可以解决内容体量的问题。如果搜索引擎在线访问量也比较高，一台计算机对一个分片的计算能力无法同时应对大量的并发请求，那么需要对每一个索引分片再做复本策略，即将同一份索引复制多份到不同机器上提供并行的访问服务。复本策略可以充分利用分布式计算的能力缓解单台机器的计算压力，为大量的并发请求提供索引服务。

搜索引擎通常呈现出比较明显的头部效应，即大量的请求集中在一小部分文档上。为了充

分利用这种数据分布特点，提高资源的利用率，搜索引擎通常按照文档的某些属性分级，将经常被访问的文档放在最上面一层，不经常被访问的文档放到下面的层级中。在具体使用过程中，只有上一层的索引没有足够的文档，才会访问下一级的索引。

图 1.5 展示了包含分片、复本与分级策略在内的索引服务架构。当搜索请求（Request）到达根节点（Root）服务器时，系统优先检查缓存服务器（Cache Server）是否已经存储了所需的数据，若没有，父节点服务器（Parent Server）逐级向下查询，将用户请求路由到具体的服务器，直至找到目标数据。叶子节点服务器（Leaf Server）存储了更具体的数据片段，接收父节点服务器的请求并查询存储分片（Repository Shard）。数据管理器负责管理整个数据存储系统，包括文件的加载、分片、分配到具体的叶子节点服务器等。数据管理器通过文件加载器（File Loader）将原始数据分片后存储到不同的存储节点。

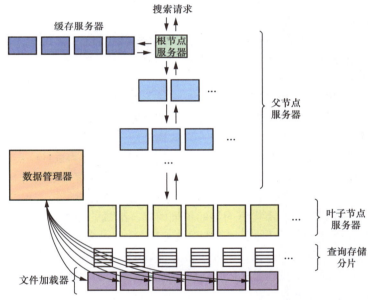

图 1.5　包含分片、复本和分级策略在内的索引服务架构

1.4　查询理解

查询理解（Query Understanding）是搜索引擎中的核心模块之一，它可以帮助搜索引擎更好地理解用户的搜索意图，提供更准确、更相关的搜索结果。查询理解的基本过程通常涉及对查询词做预处理、分词，以及对查询词做改写和扩展等操作。通过这些操作，搜索引擎可以具体分析用户的搜索词汇、识别同义词和相关词汇、扩展用户的搜索词汇、识别实体等，进而更好地理解用户的搜索意图，从而返回更准确、更相关的搜索结果。图 1.6 给出了查询理解的基本过程。

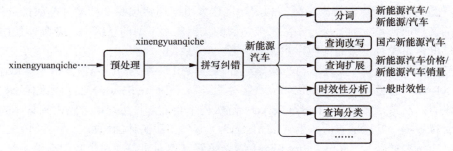

图 1.6　查询理解的基本过程

1.4.1　查询词预处理

查询词预处理通常涉及预处理、拼写纠错、分词等操作。

（1）**预处理**。预处理主要指的是将查询文本转换为标准化的格式，这包括转换字符大小写、去除多余的空格、处理特殊字符等。这一步骤是确保后续处理过程能够顺利进行的基础，也有助于降低处理的复杂度和提高处理效率。

（2）**拼写纠错**。拼写纠错是指对用户输入查询文本时可能出现的拼写错误或打字错误进行纠正的过程。搜索引擎通常会采用基于规则或基于统计的方法来识别和纠正这些错误，以确保查询意图被正确理解。例如，通过比较用户查询的词汇与一个大规模词汇数据库中的词汇，搜索引擎可以推断出用户最有可能想要输入的词汇，并据此对查询文本进行纠正。

（3）**分词**。分词是将用户的查询文本切割成有意义的词汇或短语的过程。由于不同语言的语法和用词习惯差异较大，分词算法通常需要针对特定语言进行设计。在中文中，分词尤为关键，因为中文书写不像英文书写那样有明显的单词间隔。准确的分词对于理解查询意图至关重要，因为它直接影响到后续的语义理解和查询扩展处理。

上述步骤是实现查询理解的基础，有助于搜索引擎清洗和准备用户的查询文本，进而实现深入的语义理解和查询处理。通过这些基础处理，搜索引擎能够更准确地捕捉用户的查询意图，从而提供更相关、更准确的搜索结果。

1.4.2　查询改写

查询改写（Query Rewriting）是一种通过修改用户原始查询词来提高搜索结果相关性和质量的技术。这一技术的核心在于理解用户的真实意图，并据此对查询词进行适当的调整或补充，以帮助用户更准确地找到他们所需要的信息，根据用户的查询意图，对查询词进行精准的调整。比如，用户搜索的是"天气"，如果根据用户的地理位置信息，可以将查询词改写为"北京今天的天气"。

1.4.3　查询扩展

查询扩展（Query Expansion）是搜索引擎用来扩大召回集并找到更多相关文档的重要手段。

查询扩展的主要目的是优化原始查询词的表现形式，以便捕捉更多与用户意图相关的文档。这可以通过添加同义词、相关词汇或其他补充信息来实现。例如，要查询"电动汽车"，搜索引擎可能会据其扩展出"特斯拉""蔚来"，以找到更多相关文档。又如，对于喜欢摄影的用户，搜索引擎可能会将查询的"相机"扩展为"数码相机""单反相机"等更有针对性的词汇。

1.4.4 时效性分析

时效性分析有助于理解用户可能关注的时间范围，从而优化搜索结果。例如，对于查询"奥运会"，搜索引擎可以根据当前时间推断用户可能关注的是最近一届的奥运会。此外，一些查询具有明显的季节性或事件驱动特征，如"圣诞节礼物"或"马拉松比赛"，时效性分析可以帮助搜索引擎展示相关结果。

1.4.5 查询分类

查询分类对于理解用户的查询意图也有非常重要的作用。通过对用户输入的查询词进行分类，搜索引擎可以更好地理解查询的主题和领域。例如，将查询的"苹果"归类为"科技公司"或"水果"可以帮助搜索引擎返回更相关的结果。查询分类可以利用预先定义好的类别、基于机器学习的分类器或者结合用户上下文信息进行。

1.5 召回

在索引构建和查询理解的基础上，召回是搜索引擎的关键组成部分，其任务是从索引库中检索并返回与查询词相关的文档。召回阶段的目标是确保高度相关的文档被包含在结果中，同时尽量降低不相关文档的出现概率。关键词召回和语义召回是两种基本的信息检索技术，它们分别侧重于不同的检索方面，以提供更准确的搜索结果。在具体应用时通常将两种召回方式混合在一起使用，如图1.7所示。

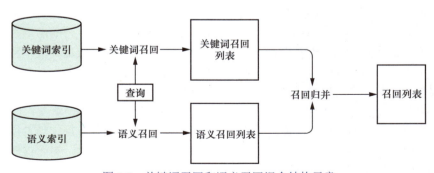

图 1.7 关键词召回和语义召回混合结构示意

1.5.1　关键词召回

关键词召回是基于查询词在文档中出现的次数来检索文档的方法。搜索引擎先在倒排索引中查找包含查询词的文档，然后根据词频、TF-IDF 等指标对文档进行排序。关键词召回的优点是速度快、实现简单，但它的局限在于无法捕捉到词汇之间的关系和上下文信息。因此，关键词召回可能会漏掉一些语义上相关但未包含查询词的文档。

1.5.2　语义召回

语义召回是基于文档和查询词之间的语义相似性来检索文档的方法。与关键词召回不同，语义召回关注的是查询词和文档内容的语义关联，而不仅仅是词汇匹配。语义召回通常利用词向量、主题模型或深度学习技术（如 BERT、Word2Vec 等）来度量文档和查询词之间的语义相似性。语义召回的优点是能够找到即使没有包含查询词也与查询意图相关的文档，但它的计算复杂度相对较高。

现代搜索引擎通常会结合关键词召回和语义召回技术，以充分利用它们的优点并弥补其各自的不足。这种方式可以提高搜索引擎的召回效率，为用户提供更准确、更相关的搜索结果。

1.6　排序

索引构建阶段通常会返回大量候选集，为了将这些候选集中最相关的内容展现给用户，需要在索引匹配之后增加排序的环节。排序的目标是在搜索引擎结果页面顶部展示最相关、质量最高的结果，确保用户可以快速找到想要的信息。排序过程通常涉及特征工程和构建排序模型两方面内容。前者将各种信息加工为基础的排序特征集，后者将综合给这些排序特征评分。由于搜索引擎涉及的数据体量巨大，因此在实际应用过程中通常会采用多级排序架构，优化资源的配置。

1.6.1　特征工程

在搜索引擎的排序问题中，特征工程的作用是捕捉用户查询词和候选文档之间的各种相关性关系，用于有效地区分相关结果和不相关结果。搜索引擎常用的特征组包含查询侧特征、文档侧特征和交互特征等。查询侧特征用于提取查询词的各种表示信号，帮助衡量查询词的重要性和流行程度，例如查询词长度、查询词热度、查询词历史点击率、查询词类别特征等，一些查询词的上下文也可能会提升搜索的相关性。文档侧特征与网页或者文档本身有关，帮助衡量文档的重要性、质量、实时性等。例如文档历史点击率、PageRank、文档字符数、文档结构特征、内容质量等。交互特征既包括 BM25、TF-IDF、关键词出现密度等经典文本匹配特征，也包含语义似然度特征。语义似然度特征通常需要借助一些统计模型或者深度学习模型获得，比如词嵌入、主题建模、BERT 模型等。实体匹配和位置匹配也比较重要，例如查询词中出现的人名、地名等。这些交互特征可帮助搜索引擎更准确地评估查询词和候选文档之间的相关性，从而为用户提供高相关度和高质量的搜索结果。

1.6.2　排序模型

排序模型综合各个排序特征给出最终的相关性评分。排序模型的主要目标是对搜索结果进行排序，使得高相关度和高质量的文档显示在搜索结果页面的顶部，而低相关度或低质量的文档排名较后。搜索引擎的排序目标通常需要考虑到基础相关性、时效性、权威性、用户反馈等多方面因素，综合考虑给出最优的排序结果。

（1）**基础相关性**。基础相关性是搜索引擎最为核心且最具挑战的指标之一，它衡量搜索结果是否准确、内容相关性能否满足用户的搜索需求。相关性的计算方法一直在不断发展，早期的搜索技术主要依赖若干公式和规则来描述和量化相关性。随着技术的进步，搜索引擎开始使用机器学习框架，将多种相关性因子融合在一起，以期获得更加精确的排序结果。

（2）**时效性**。时效性在搜索引擎排序中扮演着非常重要的角色，特别是对于那些内容更新频繁、用户需求具有明显时效性的查询。时效性指的是内容的新鲜度或与当前时间的相关性。对于新闻、事件报道、博客更新等类型的查询，用户往往希望获得最新的信息。因此，搜索引擎在排序时会考虑文档的发布时间或最后更新时间，以确保返回给用户的搜索结果是最新的。

（3）**权威性**。权威性是评估信息源可信度的重要标准之一，在学术、新闻及专业内容的搜索中尤为关键。搜索引擎通过分析网页链接的数量和质量（例如，使用 PageRank 算法），以及内容发布者的信誉和专业度，来判断一个页面或内容的权威性。此外，引用的外部源质量、域名的存在时间和历史，以及用户的互动程度等因素也被纳入考量，以确保提供的搜索结果不仅相关，还可靠和权威。

（4）**用户反馈**。用户反馈是搜索引擎优化其排序算法的宝贵资源。搜索引擎通过分析用户对搜索结果的点击行为、停留时间、返回率等行为指标，来评估结果的实际相关性和用户满意度。此外，用户对搜索结果的直接反馈，如评分、评论或使用"有用"和"无用"按钮的反馈，都可以被用来调整和优化后续的搜索结果。这样的动态调整帮助搜索引擎不断适应用户需求的变化，进一步提升搜索结果的准确率和用户体验。

1.6.3　多级排序框架

由于不同的排序模型具有不同的计算复杂度，搜索引擎通常采用多级排序框架来平衡检索性能与计算成本。这种框架可以在减少计算负担的同时，确保相关性最强的搜索结果被优先呈现给用户。

多级排序框架通常分为以下几个阶段。

（1）初步筛选：在这个阶段，搜索引擎使用简单、高效的方法从索引中快速检索与查询词相关的候选文档。这些方法可能包括布尔查询、TF-IDF 等。通过初步筛选，搜索引擎可以在短时间内减少需要处理的文档数量。

（2）粗略排序（粗排）：在初步筛选的基础上，使用计算相对简单的排序模型，如向量空间模型（VSM）或基于概率的模型（如 BM25）对候选文档进行粗略排序。这个阶段的目标是在计算成本较低的情况下，进一步缩小候选文档集合。

（3）精细排序（精排）：针对粗略排序后的文档子集，应用更复杂、计算密集型的排序模型，如排序学习模型（如 RankNet、LambdaMART 或 RankBoost）或神经排序模型（如 DRMM 或 BERT）。这些模型通常可以提供更高的排序准确性，但计算成本较高。因此，在这个阶段，只对有限数量的候选文档进行精细排序。

通过多级排序框架，搜索引擎可以在保持高效检索的同时，确保高相关度和高质量的文档被优先展示给用户。此外，还可以根据实际应用场景和硬件资源对多级排序框架进行调整，以实现最佳的性能和计算成本平衡。图 1.8 展示了多级排序框架下的检索过程。

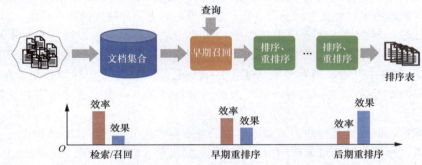

图 1.8   多级排序框架下的检索过程。早期过程以召回率为主，需要面对的文档量级更大，
更关注效率；后期排序和重排序过程更加关注效果

多级排序框架的背后思想是用尽量低的计算和时间代价筛选出相关性最强的内容。每次检索的计算量是各层计算量之和，每层的计算量是处理单个候选集的计算复杂度乘候选集大小。所以总的计算量可以表示为

$$\text{cost}_{\text{total}} = \sum_{d_i \in D_{\text{retrieval}}} \text{cost}_{\text{recall}}(\text{query}, d_i) + \sum_{d_j \in D_{\text{rank}}} \text{cost}_{\text{rank}}(\text{query}, d_j) + \sum_{d_k \in D_{\text{rerank}}} \text{cost}_{\text{rerank}}(\text{query}, d_k) \quad (1.1)$$

在工业应用场景中 $D_{\text{retrieval}}$ 的规模从千万到几十亿不等，D_{rank} 的规模大致是几百到几千，D_{rerank} 的规模则是几十到几百。从式（1.1）可以看出，从召回、粗排到精排，需要处理的文档的规模跨着一个甚至几个数量级，因此这 3 个阶段对计算复杂度的要求也是不一样的。粗排对准确率的要求没那么高，但是对时间的要求非常苛刻。相反，精排为了追求精度，排序函数的时间复杂度可以相对高一些。

1.7   其他

搜索引擎需要处理大量复杂的问题，涉及大规模数据处理、计算和实时响应等。因此，除了前文介绍的核心模块，搜索引擎还依赖许多支撑服务来保证研发工作的顺利进行。以下是一些常见的支撑服务。

（1）**机器学习平台**（Machine Learning Platform）。搜索引擎广泛应用机器学习技术进行排序、查询分类、时效性分析等任务。机器学习平台可以提供统一的数据处理、特征工程、模型训练、评估和部署等功能，帮助研发人员快速开发和迭代机器学习模型。

（2）**A/B 测试平台**（A/B Testing Platform）。在搜索引擎研发过程中，A/B 测试是衡量算法或功能效果的重要方法。A/B 测试平台可以帮助研发人员轻松设计实验、分析结果并做出数据驱动的决策。

（3）**大数据处理平台**（Big Data Processing Platform）。搜索引擎需要处理海量的网页、用户行为和其他数据等。大数据处理平台（如 Hadoop、Spark 等）提供了分布式存储和计算能力，可以高效地处理和分析这些大规模数据。

（4）**实时数据处理和分析系统**（Real-Time Data Processing and Analysis System）。搜索引擎需要实时响应用户查询并根据最新数据更新搜索结果。实时数据处理和分析系统（如 Kafka、Storm、Flink 等）可以帮助搜索引擎在短时间内处理大量数据并做出实时决策。

（5）**监控和报警系统**（Monitoring and Alerting System）。搜索引擎需要确保高可用性和稳定性。监控和报警系统可以实时监控系统性能、资源使用情况以及错误和异常等，及时发现潜在问题并进行报警。

这些支撑服务在搜索引擎研发和运营过程中起到了关键作用。它们共同保证了搜索引擎系统的高效、稳定和可扩展，为用户提供优质的搜索体验。

1.8　小结

本章全面介绍了搜索引擎的关键技术和架构，探讨了如何通过高效的爬虫系统从互联网上搜集信息，包括网页发现、网页下载和解析、数据存储等环节；还详细解释了内容理解和索引构建，阐明了如何从大量数据中提取有用信息，并将其有效地组织成可快速检索的索引形式。

进一步，本章深入讨论了查询理解的重要性和实施过程中涉及的一些操作，这些操作都是为了更好地捕捉用户的搜索意图，并提供更准确、更相关的搜索结果。关于召回和排序阶段的详细说明则揭示了如何从构建的索引中检索信息，并通过多级排序框架确保高质量内容的优先展示，以更好地满足用户的具体需求。

最后，除了核心模块，本章还强调了支撑服务的作用，如机器学习平台和大数据处理平台，这些服务为搜索引擎的高效运行提供了必要的技术基础。随着技术的不断发展和用户需求的变化，搜索引擎架构也在不断地演进，以应对新的挑战，从而为用户提供更快、更准确、更具个性化的搜索体验。

第 2 章

查询理解

查询理解是搜索引擎架构中的一个关键模块，其目标是准确理解查询词的语义和意图。为了达到这一目标，经典的搜索引擎系统通常会将查询理解任务拆解成若干步骤，分步骤和阶段处理不同的问题。

本章将深入探讨这一系列处理步骤的详细机制和实现原理。首先，我们会介绍查询语法的基础知识以及基于查询语法树的关键词索引匹配机制。接着，我们将详细说明查询词预处理、拼写纠错以及词权重计算等的工作原理和实现方法，这些内容构成了深入理解搜索引擎查询理解机制的基础。通过对这些步骤的综合运用，搜索引擎能够更准确地捕获和响应用户的搜索需求，从而提供更相关、更精准的搜索结果。

随着大语言模型的发展，除了上述经典的分步骤处理模块设计，通过大语言模型做端到端的查询理解，例如查询改写和查询扩展的应用越来越广泛。为此，我们也会在本章介绍基于大语言模型技术的查询理解方法。

2.1 查询语法与查询解析

搜索引擎的查询语法是指用户可以用来控制搜索引擎行为的特殊符号和指令。通过使用搜索引擎查询语法，用户可以更精确地指定搜索内容，并获得更符合预期的搜索结果。

2.1.1 基本查询语法

搜索引擎的基本查询语法包括关键词匹配类型以及不同关键词匹配结果集合之间的操作。基本的关键词匹配类型有以下几种。

- **完全匹配**：要求索引返回和关键词完全一致的倒排索引，例如查询词是"搜索引擎"，那么查询的倒排结果集合也必须是"搜索引擎"对应的倒排项。
- **部分匹配**：索引可以"命中"关键词的部分信息，例如查询"搜索引擎"，那么查询的倒排结果集合可以是包含"搜索"或者"引擎"的倒排项。

- **模糊匹配**：索引会返回包含所有关键词且顺序一致的网页，但允许在关键词中间插入其他字符。例如：查询"搜索 * 引擎"会返回包含"搜索引擎""搜索工具""搜索技术"等词的倒排项。

在基础的关键词匹配结果上，查询语法还定义了基本的倒排结果集合操作运算，如下所示。

- **AND**：表示必须同时包含所有关键词。例如，查询"搜索 AND 引擎"会返回包含"搜索"和"引擎"两个词的网页。
- **OR**：表示至少包含一个关键词。例如，查询"搜索 OR 引擎"会返回包含"搜索"或包含"引擎"或包含"搜索"和"引擎"两个词的网页。
- **NOT**：表示不包含某个关键词。例如，查询"搜索 NOT 引擎"会返回包含"搜索"但不包含"引擎"的网页。

在上述基本运算的基础上，搜索引擎需要先将用户的查询词解析成查询语法树（Query Syntax Tree），然后和倒排索引交互得到最终的查询结果。在查询语法树中，叶子节点是各种粒度的分词结果，其他节点定义了对叶子节点返回的结果集合的操作类型，例如与、或、非等。

2.1.2 查询解析

基于关键词的检索过程可以看作查询语法树的解析和执行过程，其基本原理是遍历查询语法树、计算每个节点的匹配文档以及合并结果。在这个过程中用户输入的查询语句会被解析成一棵查询语法树。这个过程涉及将查询语句中的关键词、操作符等元素识别并构建成树状结构，以便后续处理。解析完成后，系统会以深度优先的方式遍历这棵查询语法树。从根节点开始，递归地访问每个子节点。在遍历过程中，对于每个访问到的节点，系统都会根据节点的类型执行相应的操作。这可能包括执行搜索操作、过滤结果列表或者合并两个结果列表等。通过合并查询语法树中每个节点的结果，生成满足所有查询条件的搜索结果列表。这个列表是最终返回给用户的搜索结果集合。

下面以一个简单的查询示例 "dog AND (cat OR fish)" 来说明查询解析的过程。

（1）将查询语句解析成一棵查询语法树。树的结构可能是以 "AND" 为根节点，其下有两个子节点：一个是包含搜索词 "dog" 的 "Term" 节点，另一个是包含 "cat OR fish" 的 "OR" 节点。

（2）从根节点 "AND" 开始，递归访问每个子节点。

（3）访问包含 "dog" 的 "Term" 节点，执行搜索 "dog" 的操作，并生成包含 "dog" 的搜索结果列表。

（4）访问 "OR" 节点，并递归访问其子节点，即分别搜索 "cat" 和 "fish"，生成两个搜索结果列表。

（5）将 "cat" 和 "fish" 的搜索结果列表通过 "OR" 操作合并，得到包含 "cat" 或包含 "fish" 的搜索结果列表。

（6）将 "dog" 的搜索结果列表与 "cat" 或 "fish" 的搜索结果列表通过 "AND" 操作合并，得到最终的搜索结果列表，这个列表同时包含 "dog" 和至少一个 "cat" 或 "fish" 的文档。

查询解析过程示例如算法 1 所示。

算法 1　查询解析过程示例

```python
def evaluate_query(query, index):
    if query.type == "Term":
        # For term node, perform a search for the term and return the results
        if query.value in index:
            return index[query.value]
        else:
            return []

elif query.type == "AND":
    # Recursively evaluate each child node of the "AND" node
    results = [evaluate_query(child, index) for child in query.
        children]

    # Intersect the results from each child node to find the
        documents that satisfy the entire query
    return list(set.intersection(*map(set, results)))

elif query.type == "OR":
    # Recursively evaluate each child node of the "OR" node
    results = [evaluate_query(child, index) for child in query.
        children]

    # Merge the results from each child node to find the documents that satisfy
        the entire query
    return list(set.union(*map(set, results)))

# Example usage
index = {
    "dog": [1, 2, 3],
    "cat": [2, 3, 4],
    "fish": [3, 4, 5]
}

query = parse_query("dog AND (cat OR fish)")

# Evaluate the query using the index
results = evaluate_query(query, index)
```

2.2　查询词预处理

查询词预处理是查询理解的前置模块和基本组成部分，其目的是将用户输入的原始查询词转换为适合后续分析和处理的格式。该模块主要对查询词进行以下预处理。

- **全半角转换**：将全角字符转换为半角字符，主要针对英文、数字和标点符号等。例如，将"ａ ｂ ｃ"转换为"abc"。

- **大小写转换**：将所有字母转换为小写形式。例如，将"Hello"转换为"hello"。
- **繁简体转换**：将繁体字转换为简体字。例如，将"臺灣"转换为"台湾"。
- **特殊符号处理**：移除空格、特殊符号、表情符号等无意义字符。例如，将"# 你好吗？"转换为"你好吗"。
- **音标去除**：对于国际化语言，去除查询词中的音标。例如，将"Réunion"转换为"Reunion"。
- **中英混合查询词拆分**：将中英混合查询词中的汉字和英文分开。例如，将"你好world"转换为"你好 world"。
- **查询词截断**：对超过一定长度的查询词进行截断，避免对后续处理造成影响。
- **停用词处理**：移除常见无意义的字词，例如"的""是""和"等。

2.3 拼写纠错

拼写错误在搜索引擎中普遍存在，正常的搜索引擎大概会有 10% 的查询词带有拼写错误，而对于长尾的查询词，这个比例更高，可以达到 20%。造成拼写错误的原因多种多样，有的是随机敲错键盘按键，有的是记不住正确单词或者记错单词，有的是构词规则比较复杂本身就很难记住，等等。也正因为拼写错误的普遍存在，拼写纠错模块是任何成熟的搜索引擎中不可或缺的一部分，有效的拼写纠错模块可以明显提升用户的搜索体验。表 2.1 总结了常见拼写错误类型，除了这些常见的错误类型，还有一些多字、漏字之类的现象，不再一一枚举。

表 2.1　常见拼写错误类型

错误类型	错误拼写	正确拼写
同音错误	海塘花开	海棠花开
发音相近	流浪之女	牛郎织女
字形相近	壬者荣耀	王者荣耀
英文拼写错误	kinnect	kinect

为了解决错误拼写问题，需要建立错误拼写到正确拼写的概率模型，并根据这些概率模型预估哪些词有可能是用户真正想输入的。例如，最朴素的想法，可以用一张表记录每一个错误拼写所对应的正确拼写，然后对每一个查询词都查一遍表。这种做法确实可以解决一部分问题，尤其是利用用户查询日志以及用户的主动改写过程构造的纠错表可以覆盖很多历史头部查询。类似的做法还有总结一些常见的拼写错误类型，编成纠错规则。上述做法的准确率比较高，但能覆盖的查询词数量比较少，因为需要解决拼写问题的往往是一些长尾查询，而长尾查询是无法通过枚举的方法完全覆盖的。

相对于查表方法，应用更广泛的是基于贝叶斯或者隐马尔可夫模型的概率模型，这些概率模型能够应用于广泛的拼写纠错场景，且计算效率高，适合线上实时处理。

除了概率模型，随着神经网络与深度学习的发展，一些序列模型，例如 RNN、LSTM、Transformer 等也被用于拼写纠错。这些模型的准确率和召回率都比较高，但是计算代价也比较高，在实时场景应用时需要注意这些模型的计算延迟以及对计算资源的消耗情况。

1. 贝叶斯模型

基于贝叶斯公式的拼写纠错模型，如式（2.1）所示，错误拼写 Q 到正确拼写 C 的概率由正确拼写的先验概率 $P(C)$ 和一个正确拼写可能被写成当前形式的错误拼写的条件概率 $P(Q|C)$ 共同决定。

$$P(C\,|\,Q) = \frac{P(Q\,|\,C)P(C)}{P(Q)} \propto P(Q\,|\,C)P(C) \tag{2.1}$$

拼写纠错的过程就是对于给定的查询词 Q，从候选词中选择条件概率 $P(C|Q)$ 最大的词作为结果，即

$$C^* = \arg\max_C P(C\,|\,Q) \tag{2.2}$$

式（2.1）中有两个因子需要计算，一个是候选 C 的先验概率 $P(C)$，另一个是从正确拼写 C 到错误拼写 Q 的错误模型（Error Model）$P(Q|C)$。将查询词 Q 和 C 分别拆解为关键词或者单词序列，将 $P(Q)$ 和 $P(C)$ 改写为

$$P(Q) = P(q_1, \cdots, q_m)$$
$$P(C) = P(c_1, \cdots, c_n) \tag{2.3}$$

先验概率 $P(c_1, \cdots, c_n)$ 可以直接用语言模型（Language Model）建模，即

$$P(c_1, \cdots, c_n) = P(c_1)P(c_2\,|\,c_1)P(c_3\,|\,c_2, c_1) \cdots P(c_n\,|\,c_{n-1}, c_{n-2}, \cdots, c_1) \tag{2.4}$$

用一元模型简化得

$$P(c_1, \cdots, c_n) = P(c_1)P(c_2\,|\,c_1)P(c_3\,|\,c_2) \cdots P(c_n\,|\,c_{n-1}) \tag{2.5}$$

上述语言模型可以通过互联网中大量的语料库统计得到两个词之间的转移概率，即

$$P(c_i\,|\,c_j) = \frac{\text{freq}(c_i, c_j)}{\text{freq}(c_j)} \tag{2.6}$$

$\text{freq}(c_i, c_j)$ 和 $\text{freq}(c_j)$ 是语料库中两者的频次。

从正确拼写 C 到错误拼写 Q 的错误模型 $P(Q|C)$ 涉及多字、漏字、错字替换等具体情况。一种简化的处理方式是计算 C 和 Q 的编辑距离，然后用经验公式建立编辑距离到错误概率的映射关系：

$$\delta(Q, C) = \text{EditDist}(Q, C)^\lambda$$
$$P(Q\,|\,C) = 1 - \tanh(\delta(Q, C)) \tag{2.7}$$

式（2.7）中，λ 是调整编辑距离影响大小的参数。这种建模方式将不同的错误类型的概率看作相同的，无法在不同的错误类型之间做区分导致拼写纠错的准确率降低，例如，不能区分一个

未完成的查询词（前缀）到完整查询词的概率和一个带有拼写错误的查询词到正确的查询词的概率之间的不同。

对于上述问题，一种改进方式是显示建立不同片段、字母之间的转移概率，如图 2.1 所示，然后将单词拆成不同的片段，计算不同片段之间转移对的联合概率。例如从 schwarzenegger 到 shwartzeneger 的错误概率可以通过 sch→sh、war→war、ze→tze、negg→neg、er→er 的联合概率计算。从一个字符串到另外一个字符串可能存在多条状态转移路径，因此对各种概率求和，得到最终的结果为

$$P(C \rightarrow Q) = \sum_{\text{path}_i} P(\text{path}_i) = \sum_{\text{path}_i} P(t_{i,1}, t_{i,2}, \cdots, t_{i,k}) \tag{2.8}$$

path_i 是第 i 条状态转移路径，$t_{i,j}$ 是第 i 条状态转移路径中的第 j 个转移对。

M=1		M=2	
$p(a \rightarrow u)$	0.0001	$p(a \rightarrow u \mid h \rightarrow h)$	0.0006
$p(u \rightarrow a)$	0.0002	$p(u \rightarrow a \mid a \rightarrow u)$	0.2
$p(e \rightarrow a)$	0.002	$p(e \rightarrow a \mid a \rightarrow u)$	0.007

图 2.1　显示建立不同片段、字母之间的转移概率

2. 隐马尔可夫模型

隐马尔可夫模型（Hidden Markov Model，HMM）是一种在序列数据建模中应用广泛的概率模型，尤其在语音识别、自然语言处理等领域表现出强大的能力。隐马尔可夫模型能够模拟观测序列背后隐藏的状态序列，通过观测状态和隐藏状态以及它们之间的转移概率来描述序列的生成过程。这种模型特别适用于解决拼写纠错问题，因为它可以将用户的输入（观测状态）和正确的拼写（隐藏状态）通过概率模型联系起来。观测状态对应用户输入的可能存在拼写错误的词，而隐藏状态则对应这些词的正确形式。通过最大化特定序列的概率，隐马尔可夫模型可以找到最可能的正确拼写序列。

如图 2.2 所示，在一阶隐马尔可夫模型中，每个隐藏状态仅与前一时刻的隐藏状态相关，每个观测状态也仅和它对应的隐藏状态相关。

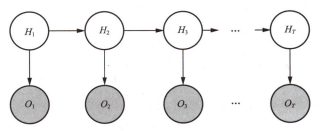

图 2.2　一阶隐马尔可夫模型结构示意

整个状态的概率可以拆解为

$$P(H_1, H_2, \cdots, H_T, O_1, O_2, \cdots, O_T)$$
$$= P(H_1)P(H_2 \mid H_1) \cdots P(H_T \mid H_{T-1}) \cdot P(O_1 \mid H_1)P(O_2 \mid H_2) \cdots P(O_T \mid H_T) \qquad (2.9)$$

隐马尔可夫模型的特殊结构使得它比较适合对拼写纠错问题进行建模，其观测状态对应用户输入的查询词，其隐藏状态对应正确的查询词。构建拼写纠错模型就是为了寻找隐藏状态序列以使整个状态的概率最大，即最大化式（2.9）的值。

文献 [6]、[7] 在隐马尔可夫模型的基础上设计了 3 种由隐藏状态到观测状态的转移类型，分别如下。

- 替换：例如将 "goverment" 替换为 "government"。
- 合并：例如将 "home page" 合并为 "homepage"。
- 拆分：例如将 "illinoisstate" 拆分为 "illinois state"。

模型的优化目标是计算在给定的观测值和隐马尔可夫模型参数下最优的隐藏状态序列，其表达式为

$$C^* = \arg\max_C P(C \mid Q, \boldsymbol{A}, \boldsymbol{B}, \pi) \qquad (2.10)$$

其中，$\boldsymbol{A}$、$\boldsymbol{B}$、π 分别表示隐马尔可夫模型中的隐含状态转移概率矩阵、观测状态转移概率矩阵和初始状态概率分布；Q 表示观测状态序列，即用户输入的字符串序列，C 表示拼写纠错后的候选字符串序列。

为了准确预估状态转移概率，文献 [6]、[7] 使用了一种判别式训练方法，其训练样本是一组 <query, spelling correction> 对。在训练过程的开始随机初始化模型参数，然后每次根据当前的模型参数选择最好的 k 个拼写纠错结果。为了使模型的结果更靠近标注数据，每次都会为标注数据的参数加上梯度量，同时对返回的结果减去梯度量。上述计算过程反复迭代，直到最终结果收敛。

2.4　词权重计算

词权重计算是信息检索的核心任务，它的主要目的是判断查询词中不同词（term）之间的相对权重，这些词权重会应用到关键词召回过程中并直接影响甚至决定关键词召回的准确率。从词权重的视角来看，任何信息检索都可以抽象为以下范式：

$$\text{score}(q, D) = \sum_{t \in q \cap D} w(t) f(t, D) \qquad (2.11)$$

其中，$f(t, D)$ 是 t 和 D 的匹配分数，而 $w(t)$ 则是每个 term 的相对权重，也是本节要讨论的核心问题。

根据具体实现方法的不同，词权重计算的方法也不同，如启发式规则方法，可根据 IDF 判断每个词的相对重要性，这类早期方法相对比较简单且容易实现，但是通常不够准确，因为这些方法并没有将词的上下文以及相对位置考虑在内。随着自然语言处理和神经网络技术的发展，词的向量化表示提供了词权重计算的另外一种可能：将每个词的向量化表示作为特征输入，预

测每个词的权重。

为了提高文档检索的效率以及有效去除查询词中的噪声，搜索系统通常会计算查询词中每个词的重要程度，仅保留 1 ～ 2 个最重要的词要求候选文档必须匹配，其他则可忽略。基本的方式是按照 IDF 计算每个词的权重，保留 IDF 值最大的前几个 term。这种方法简单易行，但准确率较低。为了更加准确地计算查询词中每个词的权重，通常可以利用有监督的方式根据大量的搜索日志总结词权重模型。

2.4.1 词权重模型

一种词权重计算的方法是以词的向量化表示为基础，经过线性变换后得到每个词的权重[8]。

$$w_i = \mathrm{sigmod}(\boldsymbol{W}^\top \boldsymbol{X})$$
$$\boldsymbol{X} = [x_0 - q, x_1 - q, \cdots, x_k - q] \qquad (2.12)$$
$$q = \frac{1}{k}\sum_{i=1}^{k} x_i$$

以图 2.3 中的查询词"全球""高温""天气""原因"为例，首先通过向量化表示将每个词转化为词向量，然后拼接在一起送入线性层，经过线性变换以后得到每个词的权重。

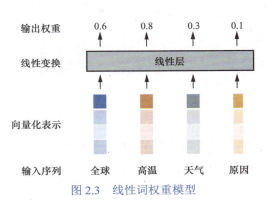

图 2.3　线性词权重模型

2.4.2 词权重模型训练过程

词权重的标注过程通常带有很强的主观性，不同的标注人员赋予的词权重差异比较大。因此，一种客观的评估方式是利用查询词的相关结果集倒推每个词的权重，每个词的预估权重可以用人工标注的相关性文档或者现有搜索引擎的头部搜索结果预测。假设查询词 q 的相关文档集合是 R_q，其中包含词 t 的文档的个数是 $R_{q,t}$，那么词 t 的预估权重

$$P(t \mid q) = \frac{|R_{q,t}|}{|R_q|} \qquad (2.13)$$

如图 2.4 所示，以查询词"全球高温天气原因"为例，假设其分词结果为"全球 / 高温 / 天气 / 原因"，且全部的相关性结果数量为 3，那么标题中包含"全球"的数量为 2，包含"高温"的数量为 3，包含"天气"的数量 1，包含"原因"的数量为 0。因此，对应的词权重分别为

$$\mathrm{TermWeight}(\text{全球}) = 2/3$$
$$\mathrm{TermWeight}(\text{高温}) = 3/3$$
$$\mathrm{TermWeight}(\text{天气}) = 1/3 \qquad (2.14)$$
$$\mathrm{TermWeight}(\text{原因}) = 0$$

在实际应用中，需要对词权重做归一化、平滑等后处理。

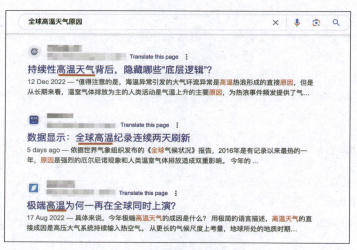

图 2.4   词权重预估方式示例

在上述词权重数据收集的基础之上，有两种优化目标的设计方式，一种是以 <term, termWeight> 作为标注数据用均方差拟合词权重，这种思路下的整体优化目标设计如下：

$$L = \sum_{q_i} \sum_{t_j} [f(q_i, t_{i,j}) - w_{i,j}]^2 \tag{2.15}$$

其中 $f(q_i, t_{i,j})$ 是以查询词 q_i 中第 j 个词的权重计算结果，w_{ij} 是标注的权重值。

另一种设计方式是以单个的词 – 文档对作为目标，即 <term, D>，以预测词出现在 D 中的概率，其整体优化目标设计如下：

$$L = \sum_{q_i} \sum_{t_j} \sum_{D_k} -y_{i,j,k} \log P_{i,j,k} - (1 - y_{i,j,k}) \log(1 - P_{i,j,k}) \tag{2.16}$$

其中 $y_{i,j,k}$ 标记查询词 q_i 中的第 j 个词是否出现在第 k 篇文档 D_k 中，如果出现则值为 1，反之为 0；$P_{i,j,k}$ 是预测结果。

2.4.3　词权重应用

为了在线上系统中使用计算出来的词权重，我们需要对召回公式加以改造，例如以 BM25 作为基础，引入词权重：

$$\text{score}(q, D, w) = \sum_{i=1}^{|Q|} \text{IDF}(q_i) \cdot \frac{\text{freq}(t_i, D) \cdot w_i \text{freq}(t_i, q) \cdot (k_3 + 1)}{[k_3 + w_i \text{freq}(t_i, q)] \cdot K} \tag{2.17}$$

其中 q、D、w 分别是查询词、候选文档和词权重，t_i 是查询词中的第 i 个词，w_i 是对应的权重，k_3 是参数。$\text{freq}(t_i, D)$ 和 $\text{freq}(t_i, q)$ 分别是 t_i 出现在文档和查询词中的次数。$K = k_1 \cdot (1 - b) + b \cdot \dfrac{|D|}{\text{avg}|D|} + \text{freq}(t_i, D)$，$k_1$ 和 b 是参数，默认 $k_1 = 1.2$、$b = 0.75$。

2.4.4 其他词权重计算方法

前述基于经验公式的词权重计算方法和线性预估方法可操作性比较强，而且线上的计算效率比较高，是大家普遍采用的方法。但这些方法的缺点是词权重的计算没有充分利用查询词中的其他 term 作为上下文，一种改进方式是利用 BERT 的模型结构以查询词中的 term 作为输入，预估每个 term 的权重。如图 2.5 所示，词权重模型以 BERT 的输出结果作为输入，得到有上下文表征的词向量，然后以这些词向量作为输入经过线性层后输出词权重。上述过程输出的词权重会通过召回公式融合到每个候选文档的评分过程中。

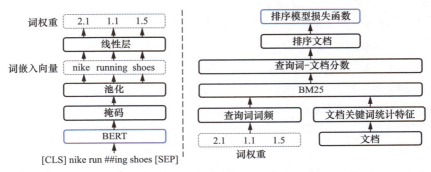

图 2.5 用 BERT 预估词权重的模型结构以及应用示意

2.5 查询分类

查询分类旨在根据历史查询词点击的文章的属性判断当前查询词的类别。例如，根据查询词点击的文章是否为新闻文章训练新闻类查询词分类器。

2.5.1 垃圾查询识别

任何一个搜索引擎每天都会收到大量的垃圾请求，准确识别这些请求一方面可以提高系统的安全性，避免搜索引擎被攻击；另一方面也可以节省线上的计算资源，同时避免查询日志被"污染"。根据垃圾查询的具体表现，可以分等级处理垃圾查询词，对于超出限定长度范围的查询词或者不在正常编码范围内的查询词，可以直接过滤掉。对于符合过滤条件的查询词，可以通过搜索日志构建查询词的语言模型识别当前查询词属于正常查询的概率。如果构建语言模型仍然无法解决此类问题，那么可能需要标注一批数据，同时抽取查询词的形态特征来训练一个分类器模型识别垃圾查询。

搜索引擎有大量的查询是无效的垃圾查询，这些查询词的来源有的是网络爬虫，有的是恶意攻击，还有一些单纯就是无效输入。这些查询词不但浪费了在线计算资源，而且会给搜索模型引入噪声，污染搜索模型的后续训练。因此，对这些垃圾查询的有效识别是查询词处理流水线中的基本工作。识别的方法体系包括简单的规则以及基于语言模型构建的垃圾词分类器。

例如，可以用大量正常的查询词训练一个正常查询词的语言模型，用于估计查询词属于正常查询的概率：

$$P(\text{query}) = \prod P(t_{i+1} \mid P(t_i)) \tag{2.18}$$

其中，$P(\text{query})$ 代表整个查询词的概率，$P(t_{i+1}|P(t_i))$ 代表在给定前一个词 t_i 的情况下，下一个词 t_{i+1} 出现的条件概率。通过计算整个查询词序列的联合概率，我们可以估计出这个查询词序列出现的概率。高概率的查询词序列通常意味着它是由实际用户发出的有意义的查询，而低概率的查询词序列则可能指向垃圾查询。

对于那些符合基本过滤条件但语言模型分数仍不足以判定的查询词，我们需要进一步提取查询词的特征，并训练一个分类器来识别垃圾查询。这些特征可能包括以下几点。

- **查询词长度**：垃圾查询往往长度异常，可能过长或过短。
- **特殊字符使用频率**：垃圾查询中可能包含大量特殊字符或乱码。
- **查询词中的单词的频率**：对于非垃圾查询，其构成的单词通常在日常语言中使用频率较高。
- **查询词的词性组合**：正常的查询往往遵循一定的词性组合规律，而垃圾查询可能不符合这些规律。

根据上述特征，我们可以训练一个分类器模型，如逻辑回归、随机森林或深度学习模型，用其判断一个查询是否为垃圾查询；还可以利用用户的行为数据，如查询后的点击率和跳出率，以此作为反馈信号来不断优化垃圾查询的识别效果。

垃圾查询的模式可能会随时间变化，因此需要定期更新语言模型和分类器模型，以适应新的垃圾查询模式。此外，对于那些边界案例，可以引入人工审核机制，将人工标注的结果反馈给模型，以进一步提高垃圾查询识别的准确性。

通过上述方法，搜索引擎能够有效地过滤掉大量无效的垃圾查询，从而提升系统的整体性能，确保用户能够获得高质量的搜索体验。

2.5.2　时效性查询识别

时效性查询可以分为两类：表述清晰的时效性查询和与事件紧密相关的突发事件查询。前者通过模式挖掘和语义理解就能够较好地理解，这类查询通常指的是用户需求具体、信息明确的搜索请求，其内容更新频繁，但不一定与突发事件相关。因此，处理这类查询的方法应当侧重于理解用户的查询意图以及提供最新的信息，使用基于 BERT 的查询分类方法就能够取得比较高的精确率：

$$\text{RecencyScore}(\text{query}) = \text{BERT}_{\text{recency}}(\text{query}) \tag{2.19}$$

其中，$\text{RecencyScore}(\text{query})$ 表示查询词的语义时效性分数，而 $\text{BERT}_{\text{recency}}(\text{query})$ 则是用时效性语料库进行微调之后的 BERT 分类模型。

对于突发事件查询，其挑战在于如何快速、准确地识别突发事件，并对相关内容进行评分和排序，以便用户能够实时获取最新信息。以突发事件为代表，可以通过语料库中新索引的文档内容和用户输入的查询词的变化趋势来判断。时效性查询的基本假设是在某一时间段相关内容和查询的量会突然增加，例如 2025 年 1 月 DeepSeek-R1 公布后，一段时间内，相关题材的内容相对以前会大幅增加。基于以上假设，可以通过以下方式判断查询是否属于突发事件查询。

- 利用新闻站点建立专门的资讯库，判断资讯库中是否召回足够多的相关内容。例如"OpenAI 发布 GPT"这一事件发生，系统将从各大新闻站点收集相关文章，如果资讯库中相关文章数量骤增，这个查询词就被标记为具有高时效性。
- 分析召回内容的时间分布，如果召回大量新内容，则当前查询词的时效性较高。
- 运用时间序列分析技术，监测特定查询词的搜索量。若某个词的搜索量突然激增，表明可能与某个事件有关。例如监测到"SpaceX"这个查询词在特定时段内的搜索量突然从日常的背景噪声中脱颖而出，显著增加，表明发生了突发事件。
- 对用户行为数据进行建模，收集用户的点击数据和停留时间，使用机器学习模型来分析用户对内容的兴趣度。如果用户大量点击并长时间阅读与某个查询词相关的最新新闻内容，表明该查询词具有高时效性。如果用户点击了多篇标有"刚刚发布"或"1 小时前"等时间标签的新闻链接，这说明查询词相关的内容很可能与一个突发事件相关。

基于上述思路，我们介绍两类时效性查询的识别方法，一类是无监督的基于语言模型的方法，另外一类是有监督的方法。

基于语言模型的时效性查询识别　基于语言模型的时效性查询识别的做法是利用某一时段的用户的查询词和新入库的文档作为语料库判断新输入的查询词的语言模型分数。以 N 元语言模型为例，有

$$P(q) = \prod_{i=1}^{n} p(x_i \mid x_{i-1}) \tag{2.20}$$

其中 $q = [x_1, x_2, \cdots, x_n]$，为当前查询词分词后的序列，而 $p(x_i|x_{i-1})$ 是语料库中 x_{i-1} 到 x_i 的状态转移概率，通过统计语料库中的相邻词频关系得到。

在上述思路的基础上分别用查询词和入库的文档作为语料库就可以得到基于查询词的语言模型 $P_Q(q)$ 和基于文档内容的语言模型 $P_C(q)$，用时段 t 内的语料库构建的语言模型可以表示为 $P_{Q,t}$ 和 $P_{C,t}$。t 时段的语言模型与 $(t-i)$ 时段的语言模型相比，即可得出时段 t 的时效性：

$$\text{recency}_Q(q) = \frac{P_{Q,t}(q)}{P_{Q,t-i}(q)} \sim \log P_{Q,t}(q) - \log P_{Q,t-i}(q) \tag{2.21}$$

综合查询词与文档内容的热度模型为

$$\text{recency}(q) = \lambda \cdot \text{recency}_Q(q) + (1-\lambda) \cdot \text{recency}_C(q) \tag{2.22}$$

其中，i 与 λ 为超参数，需要根据具体的数据做调整。

有监督的时效性查询识别　有监督的时效性查询识别将查询侧和内容侧的时效性特征送入有监督模型，输出时效性查询词的预测分数。具体的时效性特征涉及查询侧、内容侧和用户行

为数据的描述。

查询侧的特征如下。

- 频次以及频次的变化。用 $\text{freq}_t(q)$ 表示 t 时刻的查询频次，则可以用 $\text{freq}_t(q)$ 和 $\text{freq}_t(q)/\text{freq}_{t-1}(q)$ 表示频次以及频次的变化。
- 前述基于语言模型计算的无监督时效性特征。$\text{recency}(q)$、$\text{recency}_Q(q)$、$\text{recency}_C(q)$ 在内容类型维度上的点击分布。
- 查询词在内容发布时间维度上的点击分布。
- 周期性特征。对于周期性查询词，例如"春节花灯看展""十一放假安排"等，需要用傅里叶变换计算出周期性特征。图 2.6 所示是周期性特征的计算示意，图 2.6（a）为一年内的查询分布，图 2.6（b）为傅里叶变换计算出的时间周期。

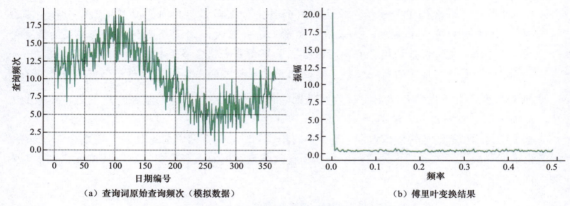

（a）查询词原始查询频次（模拟数据）　　　　（b）傅里叶变换结果

图 2.6　用傅里叶变换将查询频次变换为周期性信号

在图 2.6（a）中，有"十一放假安排"一年内的每日查询频次的模拟数据，可以看到有明显的周期性波动，这可能代表着十一前后的查询频次增加。在图 2.6（b）的傅里叶变换结果中，观察频率（横轴）与振幅（纵轴）之间的关系，在频率接近 0 的地方有一个峰值，这表示查询词具有很强的年度周期性（因为横轴的单位是 1 次 / 天，所以 1/365 对应每年一次）。如果观察到频率为 1/365 附近的振幅明显增大，这将进一步验证查询词具有显著的年度周期性。这个周期性特征可以被搜索引擎用来在每年的这个时候提前优化搜索结果，以展示更相关的"十一放假安排"的内容

内容侧的特征包括召回内容的时间分布和类型分布等信息。时间分布指按照网页的发布时间计算召回文档集合整体的时间分布，据此估算当前查询词是否和突发事件相关。对于突发事件类查询词，召回内容多为新发布内容。类型分布用于检查召回文档是否为新闻时政等突发事件类型。在图 2.7 所示的两张直方图中，可以清楚地看到召回文档在时间轴上的分布特点。

- 新内容的时间分布（图 2.7 上半部分）：直方图显示了大多数召回文档都是在最近 30 天内发布的，这表明这些内容是新的。这种分布模式通常与突发事件相关的查询词匹配，因为在突发事件发生后，会有大量相关的新内容被生成和发布。

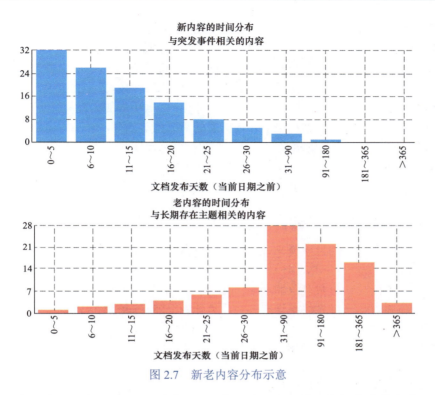

图 2.7　新老内容分布示意

● 老内容的时间分布（图 2.7 下半部分）：直方图显示了召回文档主要集中在 31 到 365 天之间发布，这表明这些内容是较老的。这种分布模式可能表明查询词与长期存在的主题或非突发事件相关，而不是与最近发生的事件相关。

通过对比这两张图，可以理解如何通过分析召回内容的时间分布来评估当前查询词是否与突发事件相关。新内容的集中分布通常是突发事件查询的一个明显信号，而老内容的广泛分布则可能指向更常规或持续性的查询主题。

在前述时效性特征的基础上，通过人工标注数据收集训练样本，可以训练一个突发事件类查询词的分类器。具体的模型可以使用线性回归、XGBoost、DNN 等结构，可用于预测查询词是否为突发事件类查询词。

2.6　查询扩展

通常撰写文档标题的作者和使用搜索引擎的用户并非同一人群，大家在描述同一事物和概念时所使用的词汇和表达方式也存在很多差异，因此查询词和文档内容之间可能会出现关键词不匹配导致基于关键词的索引匹配方法失效的现象。查询扩展就是解决这一问题的方法。查询扩展的基本思路是把某些关键词扩展成可以描述同一概念的其他关键词，达到增加召回内容、提升文本匹配召回率的目的。

从使用的语料库来看，查询扩展的方法分为使用与查询词无关的语料库和使用与查询词相关的语料库。例如，使用同义词词典做查询扩展，那么这些同义词无法将查询词中的所有关键词都考虑在内，因此是与查询词无关的。反之，如果从查询词的相关文档中，比如使用其他方法或者其他引擎返回的头部结果作为查询词的候选集，那么生成的关键词就是与查询词相关的。除上述两种语料库外，搜索日志是用于查询扩展的第三种信息源，对于点击结果集合非常类似的两个查询词，可以假设它们的语义表达存在相关性，因此彼此的词汇可以相互补充。

从方法上来看，查询扩展的技术路线从最开始的基于词典的规则方法，到后面基于统计、词向量表示和预训练语言模型的方法，伴随着信息检索、机器学习的不断进步而发展。

2.6.1　基于词典的查询扩展

基于词典的查询扩展通过字典、WordNet 等挖掘出相关的同义词，例如 car 的同义词包含 auto-mobile、vehicle 等。WordNet 还提供了词的抽象或者具象的定义，例如将 apple 扩展成抽象的 fruit，或者将 flower 扩展成具象的 rose、daisy、tulip 等。这类方法比较简单，但缺点是同义词是静态的不能随着信息世界的变化而改变，另外每个同义词的生成过程也是孤立的，忽略了同一查询词中其他的关键词信息。例如，"apple watch" 中的 apple 就不能以水果解释。"bank of yanzi river" 中的 bank 也不能作"银行"解释。

2.6.2　基于相关文档的查询扩展

基于相关文档做查询扩展的一个基本假设是原始查询词和待扩展词在相关文档中存在共现（Co-Occurrence）关系，且共现关系越强，它们之间的关联关系就越强。因此，一种建模方式是用待扩展词和查询词的共现概率近似查询扩展概率，即

$$P(w \mid Q) = \frac{\sum\limits_{D_i \in D_Q} \mathrm{tf}(w, D_i)}{\sum\limits_{D_i \in D_Q} \sum w' \mathrm{tf}(w', D_i)} \tag{2.23}$$

其中，$P(w|Q)$ 是根据给定的查询词 Q 扩展出关键词 w 的概率，D_i 是查询词 Q 的第 i 个相关结果，$\mathrm{tf}(w, D_i)$ 是扩展词 w 在文档 D_i 中的词频，w' 表示文档 D_i 包含的其他关键词，$\mathrm{tf}(w', D_i)$ 表示其他关键词 w' 在文档 D_i 中的词频。相关文档可以通过人工标注或者其他搜索引擎的头部搜索结果收集。

以图 2.8 中的"癌症治疗方法"这个查询词为例，搜索结果中有"手术""化疗""放射治疗（放疗）""免疫疗法"等相关信息，计算查询词分词结果 " 癌症 /

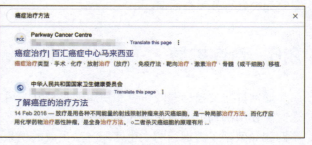

图 2.8　癌症治疗方法搜索结果

治疗/方法"和文档中包含的相关关键词的共现关系，就能够得到"癌症"和"手术""化疗""放射治疗"等词之间的扩展关系。

 一种查询扩展方法是抓取搜索引擎"飘红"数据，获取扩展词或者同义词。

2.6.3　基于向量化表示的查询扩展

一种静态、全局的向量化查询扩展方法是用 Word2Vec 输出的词向量作为词的表示形式，以此为基础，利用预训练的词向量计算关键词之间的似然度，最后根据似然度为每个词计算最相近的 k 个值作为扩展候选。这种从大量的语料库中训练的全局查询扩展词表，得到的扩展词与查询无关，未必能够体现当前查询词的语义。

因此，基于查询词本身生成扩展词的局部扩展模型通常效果更好一些。一种基于查询词的局部扩展模型能够计算扩展词与整个查询词的平均似然度，保留似然度较高的扩展词。具体公式如下：

$$\text{score}(t_c, q) = \frac{1}{|q|} \sum_{t_q \in q} \cos(\vec{vt_c}, \vec{vt_q}) \quad (2.24)$$

其中 t_c 是候选扩展词，t_q 是查询 q 中的词。式（2.24）取候选扩展词与当前查询中每个词的余弦平均值作为扩展分数。

图 2.9 对比了全局扩展模型与局部扩展模型的差异，从效果来看局部扩展得到的相关性更好一些。

利用 Word2Vec 方式训练出来的词向量更多反映的是在训练语料库中词与词之间的共现关系，且忽略了同一个查询词、同一句文本表达中的先后顺序及上下文关系。相对而言，BERT 则可以利用特殊的网络结构充分捕捉上下文关系。因此 BERT-QE 利用 BERT 作为向量输入，预测相关的文档和相关的文章段落，最后选取头部相关文章以及头部相关段落作为查询扩展的候选集。

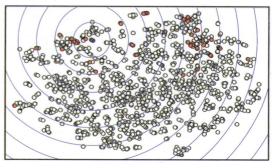
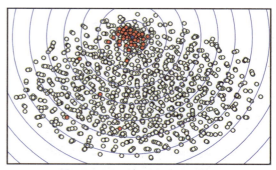

图 2.9　全局扩展模型和局部扩展模型语义与相关性示意。图中蓝点是查询词的位置，红点表示扩展出的词大量出现在检索结果集中，未填充的白点表示扩展出的词很少或者没有出现在检索结果集中。蓝色等高线是扩展词到查询词的余弦距离。可以看到，局部扩展模型得到的结果语义相关性要比全局扩展模型更好

2.6.4　基于大语言模型的查询扩展

查询理解是指对用户输入的查询词做深入理解和扩充，而大语言模型在自然语言理解方面

有巨大的优势，因为这些模型能够利用其在海量数据训练中获得的强大的语言和知识理解能力，提炼和预测与原始查询词语义相关的词汇或短语。这种方法的优势在于，不仅可以通过直观的提示词（Prompt）工程直接调用模型生成相关内容，还可以通过模型的内在语言理解能力自动产生高质量的查询扩展建议。图 2.10 和图 2.11 展示了利用大语言模型做查询扩展的方法框架。具体来讲，这类方法通过大语言模型和提示词工程利用大语言模型的内在语言知识获得与原始查询相关的查询词和 / 或文档片段，然后综合原始查询和扩展内容做检索。利用大语言模型做查询扩展的第一步是使用大语言模型（LLM）根据原始查询（q）生成扩展查询（Expansion(q)）。这通常需要经过构建一个精心设计的提示来实现，该提示将原始查询作为输入，并指导模型输出与之密切相关的扩展词汇或短语。图 2.10 中的提示词是 "Answer the following question" 并要求大语言模型通过思维链（Chain of Thought，CoT）的方式提升效果；图 2.11 则通过给定的一些例子（Few Shot）提升查询扩展的效果。查询扩展的形式化表示如式（2.25）所示。

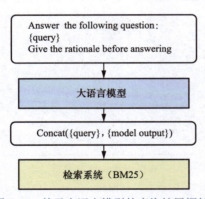

大语言模型提示词
Write a passage that answers the given query:

Query： what state is this zip code 85282
Passage： Welcome to TEMPE, AZ 85282.
85282 is a rural zip code in Tempe, Arizona.
The population is primarily white···
···

Query： when was pokemon green released
Passage：

大语言模型输出

Pokemon Green was released in Japan on February 27th, 1996. It was the first in the Pokemon series of games and served as the basis for Pokemon Red and Blue, which were released in the US in 1998. The original Pokemon Green remains a beloved classic among fans of the series.

图 2.10　基于大语言模型的查询扩展框架：先根据提示词工程获取查询扩展结果，然后和原始查询词一起检索相关文档

图 2.11　查询扩展的提示词具体示例

$$\text{Expansion}(q) = \text{LLM}(\text{prompt}(q)) \tag{2.25}$$

在完成查询扩展后，通常会得到一个和用户问题相关的信息片段，这个相关信息片段可以用于增强检索效果。原始文档与扩展文档结合可以提高检索系统覆盖的广度和深度，增加检索结果的相关性和完整性。

$$\text{DocSet}(q) = \text{Retrieve}(q, \text{Expansion}(q)) \tag{2.26}$$

2.7　查询改写

　　搜索引擎的用户不单是信息的消费者也是信息的生产者。如果搜索引擎返回的结果不能够准确反映出用户的搜索意图，很多用户会修改自己的查询词重新搜索直到找到满意的搜索结果。这个过程会被搜索引擎记录下来，并且整理成 < 原始查询词，修改后的查询词，修改后的查询词点击的标题 > 这类三元组数据。类似的数据可以用来做查询改写，最简单、直接的方式就是查表，将没有点击的原始查询词作为 key，修改后有点击的查询词作为 value，当下次再遇到相同的原始查询词时可以用查询改写中的 value 进行扩展。但这类方法只能应用到完全一致的查询词上，并不具备可扩展性。因此，一个自然的想法就是用建模的方式进行查询改写。本节将重点介绍这两种方式。

2.7.1　基于机器翻译模型的查询改写

　　基于机器翻译模型的查询改写方法为源查询 q_{src} 匹配最优目标查询 q_c^*，用线性模型描述如下：

$$q_c^* = \arg\max_{q_c} \sum_{m=1}^{M} \lambda_m h_m(q_{src}, q_c) \tag{2.27}$$

其中 λ 为参数，$h(q_{src}, q_c)$ 为特征函数。特征函数可参考如下设计。

　　源查询特征组　h_1 表示查询词中单词的数量，h_2 表示查询词中停用词的数量，h_3 表示查询词的语言模型分数，h_4 表示查询的频次，h_5 表示查询词中单词的平均长度。

　　目标查询特征组　h_6 表示单词数，h_7 表示停用词数，h_8 表示目标查询词的语言模型分数，h_9 表示查询的频次，h_{10} 表示目标查询词中单词的平均长度。

　　交叉特征组　h_{11} 表示源查询词和目标查询词点击 URL 的 Jaccard 似然度，h_{12} 表示源查询与目标查询的频次差异，h_{13} 表示源查询与目标查询的余弦似然度，h_{14} 表示源查询与目标查询的单词数差异，h_{15} 表示源查询与目标查询中相同单词的数量，h_{16} 表示源查询与目标查询的语言模型似然度差异，h_{17} 表示源查询与目标查询的停用词数差异，h_{18} 表示源查询与目标查询单词平均长度差异。

　　上述特征组中，h_{11}、h_{12}、h_{13} 通常作用更为显著。

　　改写模型的训练　无论机器翻译还是查询改写，都很难通过人工标注的方法获得足够的训练数据，有两个原因：第一，查询改写通常需要大量的训练样本，这个数量非人工标注可及；第二，很难清楚地定义什么样的改写是合适的。从另外一个角度看，使用搜索引擎的用户在获取信息的同时主动为搜索引擎标注了数据。所以，通常这样的标注数据会被用作查询改写的训练语料库。具体来讲，将收集 < query,title> 点击对，用这些点击对作为查询改写的语料库。

2.7.2　基于大语言模型的查询改写

　　因为大语言模型有充分的预训练过程，包含非常多的先验知识，而且输出连贯且有实际意义的内容，所以适合用于查询改写。然而，大语言模型没有经过和业务目标对齐的训练，因此可能会生成和业务目标并非一致的查询改写结果。在实际引用过程中，通常需要引入额外的训练过程，如监督微调（SFT）和对齐优化目标，让大语言模型输出结果和业务目标更加一致。

大语言模型调优　在搜索引擎的查询改写中，大语言模型的 SFT 是核心优化策略。这种方法利用从线上搜索日志中挖掘的数据，或根据之前有效的查询改写策略生成的数据，实现大语言模型的调优。这些数据通常包含大量的用户查询和相应的点击信息，有助于模型理解哪些查询改写能够产生更高的用户满意度。根据历史数据，可以构建一组查询对，每一对包括原始查询和修改后的查询，后者是用户实际点击的结果。这种方法不仅考虑查询的语义重写，也考虑到用户实际的点击行为，使得数据更贴近真实的用户意图。

SFT 的训练目标是最大化给定输入 x 的条件下输出 y 的条件概率 $p(y|x)$，让模型学会在给定原始查询（提示 x）的条件下生成改写后的查询（目标 y）。输出序列的概率 $p(y|x)$ 可以进一步分解成序列中每个元素的概率乘积，即 $\prod_{i=1}^{n} p(y_i|y_{0:i-1}, x)$，这里 y_i 是在给定先前生成的序列片段 $y_{0:i-1}$ 和输入 x 的情况下下一个元素的概率。在上述定义的基础上，优化目标可以表示为

$$\mathcal{L}_{\text{SFT}}(\theta) = -\mathbb{E}_{(x,y) \sim D_{\text{SFT}}} \sum_{i=1}^{n} \log p(y_i \mid y_{0:i-1}, x; \theta) \tag{2.28}$$

其中 D_{SFT} 是查询改写数据集，θ 是模型参数，$p(y_i|y_{0:i-1}, x; \theta)$ 是当前模型在给定先前生成的序列片段 $y_{0:i-1}$ 和输入 x 的情况下下一个元素的概率。在训练过程中，为了避免引入噪声，忽略输入提示 x 中固定前缀对应的损失。这可能是因为固定前缀不会改变，不需要模型去学习如何生成它们。

大语言模型对齐　除了保证生成结果的语言连贯性，查询改写同时需要考虑搜索场景下的业务指标，如相关性和成交率等。因此，在对大语言模型做 SFT 之后还需要继续调整大语言模型参数，对齐优化目标。一种对齐离线指标的方式是使用偏好排名优化（Preference Rank Optimization，PRO）来调整查询改写模型的输出，以便其反映由离线反馈提供的偏好顺序。损失函数 L_{PRO} 涉及每对查询改写的比较，以及它们在 PRO 奖励函数下的排名。损失函数鼓励模型提高较优查询改写的排名。对于两条改写结果 y_1 和 y_2，模型的偏好概率应该与其奖励结果相关，具体的定义为

$$P = \frac{\exp(r(y_1, x))}{\exp(r(y_1, x)) + \exp(r(y_2, x))} \tag{2.29}$$

对于多条改写结果，每条改写结果的偏好概率定义为

$$P_i = \frac{\exp(r(y_i, x))}{\sum_{j=1}^{N} \exp(r(y_j, x))} \tag{2.30}$$

在此基础之上，对齐的目标函数定义为

$$L_{\text{Align}}(\theta) = -\mathbb{E}_{(x,y) \sim D_{\text{Align}}} \sum_{i=1}^{n} P_i(x, y; \theta) \tag{2.31}$$

图 2.12 展示了用大语言模型做查询改写的完整流程。

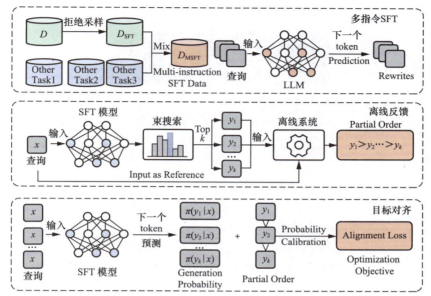

图 2.12　用大语言模型做查询改写的三个阶段：①基于已有数据做 SFT；
②收集 SFT 模型输出结果的业务指标；③对齐大语言模型的业务指标

2.8　小结

本章主要介绍搜索引擎查询理解的核心环节、基本的查询词解析语法和预处理过程，以及拼写纠错、词权重计算等基础构件；还介绍查询分类、查询扩展、查询改写等高级查询词处理。搜索引擎通过构建查询语法树，将用户输入转化为可操作的查询，并采用深度优先遍历算法，执行匹配、过滤或合并操作，最终生成符合查询条件的结果。此外，大语言模型技术的广泛应用，通过端到端处理显著提升了查询理解的效率和准确性。

本章内容以理论和概念为主，具体的实现代码和细节讨论较少，读者需根据实际情况选择合适的实现方法。随着技术的不断发展，一些方法可能显示出时代性，但在不同系统和问题的背景下，应选择不同性价比的方法以适应变化。

第 3 章

倒排索引技术

索引技术是搜索引擎的核心功能，自早期搜索引擎以来一直占据着重要地位。虽然现今多种基于机器学习的方法已被用于提升召回效果，但索引技术的作用依旧不容小觑。支撑此功能的核心是倒排索引，倒排索引不仅是搜索引擎的基石，其性能优劣直接影响搜索结果的质量和搜索的响应速度。

尽管现有众多开源工具和云平台提供了倒排索引的功能，但是深入探讨索引的原理与实践仍具有重要意义。掌握索引的相关知识不仅有助于选择更合适的技术方案，还能深化对问题本质的理解。例如，面对需求对实时性和查询效率的不同重视程度，我们应根据实际需求选择适宜的解决方案。此外，虽然开源工具和云平台提供了一般性的解决方案，但在通用性和查询效率之间往往会加以平衡。在现有技术的基础上寻求改进，以提高系统效率是持续的需求。本章将深入探讨倒排索引的基础理论和实践，着重介绍倒排索引的设计和应用技术，主要包括以下几方面内容。

（1）倒排索引使用何种数据结构最为合适？如何针对不同的数据类型和查询需求，选择合适的数据结构选择。

（2）如何通过索引压缩算法提高倒排索引的存储效率。在处理海量文档时，如何平衡压缩效率与查询速度。

（3）倒排索引应如何支持各类查询，例如精确查询、前缀查询和模糊查询等？

（4）针对海量数据和高并发访问，应如何实现数据的分片和复制，以提升查询效率和系统稳定性。

本章还将讨论构建倒排索引的构建、倒排索引的分布式服务等其他相关问题，以帮助读者加深对索引技术的理解。

3.1　倒排索引的基本结构

倒排索引（Inverted Index）是为支持文本的快速检索而专门设计的一种根据关键词检索相

关文档的数据结构。倒排索引的基本结构包括词典和倒排列表。为了支持对词典的快速检索，倒排索引通常又包含词典的索引结构，其基本结构如图 3.1 所示。词典主要用于快速定位关键词的位置信息及其对应的倒排列表，倒排列表则用于快速找到包含当前关键词的相关文档。两者高效配合才能实现快速查询的效果。

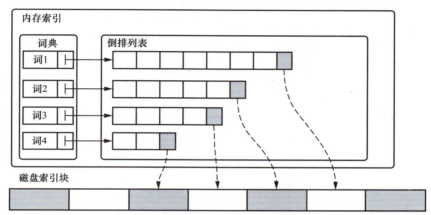

图 3.1　倒排索引的基本结构。倒排索引主要包括词典和倒排列表。一般会把词典全部放到内存中，而倒排列表因为体量比较大，通常会按照某种策略将其同时分散到内存和磁盘两种存储介质中

3.1.1　词典

词典在搜索引擎中扮演着至关重要的角色，其主要目的是实现对倒排索引中关键词的高效检索。词典的核心目标是构建一个从关键词到倒排列表的映射关系。在离线索引构建阶段，词典的主要任务是插入新的关键词；若处于在线查询阶段，则主要处理对关键词的查询请求，若关键词存在，则返回相应的倒排列表。

为了适应不同的查询需求，构建词典的数据结构选择多样：哈希表提供快速的精准查询；前缀树（Trie 树）提高了前缀查询的效率；而有限状态转换器则能支持复杂的模式匹配查询。这些数据结构各具特点，使得词典可以灵活高效地支持各类查询操作。

基于哈希表的词典表示　哈希表由存储空间和哈希函数构成。哈希函数的作用是将字符串映射为一个整型数据，常用的哈希函数包括基于 MD5 的二次哈希函数，该函数首先计算一个字符串的 MD5 值，然后通过取模运算将字符串映射到对应的哈希存储空间。根据哈希函数的映射关系，每个哈希表中的每一个元素在数组中都有相对确定的存储位置。

由于哈希函数的设计，不同的输入字符串可能会被映射到同一存储位置，即发生哈希冲突。哈希表中的冲突处理是一个重要的考虑点，其概率与哈希存储空间的大小即存储数组的容量密切相关——哈希存储空间越大，冲突概率越小，但增大空间仅能减少而不能消除冲突。常见的处理哈希冲突的方法之一是链地址法，即在每个哈希位置维护一个链表存储冲突元素。查询时，

先通过哈希函数确定数组位置，然后沿链表顺序查找目标元素。另一种方法是开放定址法，如线性探测，从初始冲突位置开始，顺序寻找空闲位置。此外，二次哈希等技术也可以用于处理哈希冲突。图 3.2 是用哈希表作为词典存储结构的倒排索引示意。

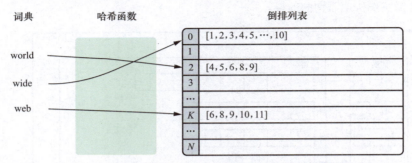

图 3.2　用哈希表作为词典存储结构的倒排索引示意

　　基于哈希表的词典表示方法的优势在于能够以常量时间复杂度进行关键词检索，但这种方法由于以单一关键词为基本存储单元，因此空间消耗较大，并且不支持模糊查询与前缀查询。

　　基于 Trie 树的词典表示　Trie 树又称字典树、前缀树，是一种以树形结构来组织字典的 N 元子树数据结构。在这个树形结构中，每个节点代表一个字符（根节点表示空字符），从根节点到叶子节点构成一个完整的关键词，叶子节点存储以关键词作为 key 对应的 value 信息。Trie 树的特点是不同的关键词有不同的遍历路径，但有共同前缀的关键词会共享 Trie 树的某些边与节点。以图 3.3 中 tea、ted、ten 这 3 个单词为例，这 3 个单词因为有共同的前缀 te，所以在 Trie 树中共享根节点，但是这 3 个单词分别有各自的叶子节点用于存储对应的信息。Trie 树共享前缀信息这一特点也使得 Trie 树适合用于前缀查询。另外观察根节点 ->i->in->inn，因为 i、in 本身构成单词，因此它们既作为叶子节点存储信息，也作为其他单词的中间节点。

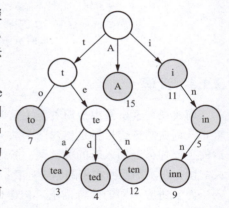

图 3.3　Trie 树示意。根节点代表空字符，中间节点和叶子节点分别用白色和灰色表示。叶子节点中存储附属信息

　　Trie 树的基本操作包括生成树时的插入操作和使用时的查询操作。

　　Trie 树的插入操作　当插入一个新的关键词时，在 Trie 树中遍历关键词的每一个字符，对于已经存在的字符，不需要新的操作；在遍历过程中遇到 Trie 树中不存在的字符时，以当前字符为内容在 Trie 树中插入新的节点，在遍历结束时将当前关键词对应的 value 信息写入叶子节点，时间复杂度为 $O(K)$，K 为关键词长度。在最坏情况下，每个单词都不共享前缀，存储每个关键词的空间复杂度 $O(K)$。Trie 树插入过程的伪代码参见算法 2。

算法 2　Trie 树插入过程

```
 1: function Insert(trie,key,value)
 2:    node ←trie.root
 3:    for 0 <=i < length(key) do
 4:       if root.children[key[i]] == null then
 5:           node.children[key[i]] ←Node(key[i])
 6:       end if
 7:       node ←node.children[key[i]]
 8:    end for
 9:    node.value ←value
10:    node.isLeaf ←True
11: end function
```

Trie 树的查询操作　在 Trie 树中遍历关键词的每一个字符直至到达以最后一个字符为叶子节点的状态，这时候取出叶子节点所存储的 value 信息然后返回；如果在遍历过程中找不到以相应的字符为内容的节点，则说明 Trie 树中不存在当前查询的关键词。查询过程的时间复杂度为 $O(K)$，伪代码参考算法 3。

算法 3　Trie 树查询过程

```
 1: function Find(trie,key)
 2:    node ←trie.root
 3:    for 0 <=i < length(key) do
 4:       if root.children[key[i]] == null then
 5:           return False
 6:       end if
 7:       node ←node.children[key[i]]
 8:    end for
 9:    return node.value
10: end function
```

基于有限状态转换器的词典表示　基于有限状态转换器（Finite State Transducer，FST）的词典表示是一种高效的搜索和存储机制，常用于搜索引擎、自然语言处理和其他领域中的文本检索。FST 本质上是有限状态机（Finite State Machine，FSM）的一种扩展，它不仅能够存储状态和转移规则，还能在状态转换过程中产生输出，这使得它非常适合用来映射键值对（例如，从单词到其词频或文档列表的索引）。

FST 由节点（状态）和边（转换）组成，每条边除了标记输入字符，还可以附加输出值。输入一个字符串开始从起始状态出发，按照字符串的字符顺序逐条遍历边，如果能够从起始状态通过字符串中的所有字符到达某个终止状态，则认为该字符串在 FST 中。

图 3.4 所示的 FST 存储了以下词典信息：mop->0、moth->1、pop->2、star->3、stop->4、top->5。FST 的每条边上都附带额外的信息，这些信息在遍历 FST 的过程中会被收集起来。以 stop 的访问过程为例，边 s 对应的数字是 3，t 对应的数字是 1，加起来是 4，即得到以 stop 为 key 对应的 value 是 4。图中没有标注数字的边默认其对应的数字为 0。

不同词典结构的比较　以下是从检索效率、支持的查询类型以及存储空间效率 3 个维度对哈希表、Trie 树和 FST 这 3 种词典数据结构的比较。

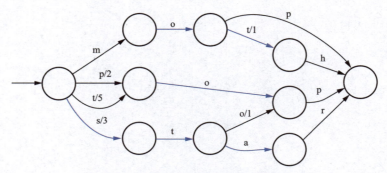

图 3.4 基于 FST 的词典存储结构示意

- 检索效率：哈希表在检索效率方面表现最优，因为它直接通过计算哈希值访问数据，无须遍历树状或图状结构，这使得哈希表在处理精准查询时特别高效。
- 支持的查询类型：哈希表主要支持精准查询，而不适用于前缀或模糊查询。相比之下，Trie 树和 FST 能够支持前缀查询，其中 FST 还能处理更复杂的模式匹配，因为它可以利用共享的前缀和后缀来优化路径遍历。
- 存储空间效率：在存储空间效率方面，哈希表通常需要将每个关键词单独存储，而 Trie 树通过共享公共前缀减少存储需求，FST 则进一步优化了空间使用，通过最大化前缀和后缀的共享，从而达到最高的存储效率。

为了结合这些结构的优点，搜索引擎在构建索引时可能会同时采用哈希表和 Trie 树或 FST。在这种设计中，哈希表用于快速执行精准查询，而 Trie 树或 FST 用于处理前缀查询和其他复杂查询。这种混合结构允许搜索引擎在保持查询速度的同时，提高查询的灵活性和存储效率。

3.1.2 倒排列表

倒排列表用于存储文档与关键词的包含关系以及位置信息，其基本结构包含表头和文档列表两部分。表头包括关键词和文档频次等信息；文档列表记录了包含当前关键词的文档集合以及关键词出现在当前文档的频次和位置等信息。文档列表中的这些信息要比倒排词典大得多，在实际应用中通常需要将其放在磁盘中存储。

接下来，我们以 3 个文档为例，介绍倒排列表的基本结构。

- Doc1：The Internet is the global system of interconnected computer networks for information sharing.
- Doc2：The World Wide Web (WWW) is an information system sharing resources over the Internet.
- Doc3：A search engine is an information system designed to retrieve information over the Internet.

图 3.5 展示了两种不同的倒排列表结构，左侧是不带位置信息的倒排列表结构，右侧是带

位置信息的倒排列表结构。不带位置信息的倒排列表是基本的倒排列表，可以支持基本的布尔查询；位置信息在结构化的查询如组合词查询和近邻查询中会用到。除了位置信息以外，还有命中位置的一些属性信息，例如字体大小、是否为标题或者超链接部分等。这些信息可以被打包放到一个结构体里面。

词典	文档频次	倒排列表
a	1	3
an	2	2,3
computer	1	1
design	1	3
engine	1	3
for	1	1
global	1	1
information	3	1,2,3
interconnect	1	1
internet	3	1,2,3
is	3	1,2,3
network	1	1
of	1	1
over	2	2,3
resource	1	2
retrieve	1	3
search	1	3
share	2	1,2
system	3	1,2,3
the	3	1,2,3
to	1	3
web	1	2
wide	1	2
world	1	1
www	1	2

（a）不带位置信息的倒排列表

词典	文档频次	倒排列表
a	1	3,1,[1];
an	2	2,1,[7]; 3,1,[5]
computer	1	1,1,[9]
design	1	3,1,[8]
engine	1	3,1,[3]
for	1	1,1,[11]
global	1	1,1,[5]
information	3	1,1,[12]; 2,1,[8]; 3,2,[6,11]
interconnect	1	1,1,[8]
internet	3	1,1,[2]; 2,1,[14]; 3,1,[14]
is	3	1,1,[3]; 2,1,[6]; 3,1,[4]
network	1	1,1,[10]
of	1	1,1,[7]
over	2	2,1,[12]; 3,1,[12]
resource	1	2,1,[11]
retrieve	1	3,1,[10]
search	1	3,1,[2]
share	2	1,1,[13]; 2,1,[10]
system	3	1,1,[6]; 2,1,[9]; 3,1,[7]
the	3	1,2,[1,4]; 2,2,[1,13]; 3,1,[13]
to	1	3,1,[9]
web	1	2,1,[4]
wide	1	2,1,[3]
world	1	1,1,[2]
www	1	2,1,[5]

（b）带位置信息的倒排列表

图 3.5 倒排列表示意

综上，基本的倒排列表的数据结构如下。

$$\text{term} \rightarrow docid|hit\_num|hit_1|hit_2|\cdots docid'|hit\_num'|hit_1'|hit_2'| \tag{3.1}$$

每一个 hit 信息都包含位置、字体、类型等信息，其中 hit_num 表示 hit 信息的数量。

3.2 索引压缩算法

对于现代搜索引擎，存储完整的倒排索引需要占用大量的存储空间。为了提高存储效率，搜索引擎的开发者采用了多种数据压缩算法——主要分为索引块压缩和字节压缩两大类。

索引块压缩算法主要针对索引数据的结构性特点进行优化。例如，PForDelta 算法适用于数字列表，通过将连续的索引块中的整数值压缩，可以显著减小存储空间。这种算法特别适合处理大量的、值接近的数字，它通过预测连续值之间的差异，只存储这些差异值而非完整数据，从而达到压缩的效果。

字节压缩算法则侧重于每个数字的内部表示，通过减少表示单个数字所需的位（bit）数来降低空间占用率。例如，使用可变长度编码（如 VByte 编码）可以根据数字的大小动态调整所使用的字节数。较小的数字使用较少的字节，而较大的数字则使用更多的字节。

在搜索引擎的具体实现中，索引块压缩和字节压缩经常被联合使用以优化效果。通常，使用索引块压缩首先作用于一组连续的索引项，对整个索引块的数据结构进行优化；完成索引块压缩后，使用字节压缩算法进一步对索引块中的每个数字进行压缩，优化每个数据项的存储。

3.2.1　索引块压缩算法

索引块压缩的处理对象是一块连续的索引或者整个倒排列表，主要针对索引数据的结构性特点进行优化，比较有代表性的索引块压缩算法包括 Frame of Reference、PForDelta、Roaring Bitmap 等。

Frame of Reference　因为倒排列表是从小到大排列的有序数组，所以可以只存储两个文档 ID 之间的差值而不必存储原始的文档 ID。例如，假设倒排列表为 [73, 300, 302, 332, 343, 372]，采用差值编码后变为 [73, 227, 2, 30, 11, 29]。这种差值表示的学术名词叫作 Delta 编码或者 D-Gap 编码。第一个数字 73 就是参考值，这种数字表示方法就是 Frame of Reference。这种做法的一个优点是可以用相对较小的数字表示完整的倒排列表，这些数字表示形式便于压缩。例如，如果用 4 字节表示一个数字，那么上述 6 个文档 ID 需要 24 字节来表示。但是如果采用 D-Gap 编码，最大的数字是 227，那么每个数字只需要 1 字节来表示。图 3.6 展示了 Lucene 用 Frame of Reference 算法压缩倒排列表的具体过程。首先采用差值表示对原始倒排列表进行编码，然后将完整的倒排列表分成固定大小的块，最后用尽可能少的位数对每一个块进行打包操作。例如将 [73, 227, 2, 30, 11, 29] 分成 [73,227,2] 和 [30,11,29] 两个块。前一个块中的最大值是 227，需要用 8 位来表示，后一个块中的最大值是 30，最多需要 5 位来表示。每一个块需要一个字节作为头信息，因此总共需要的存储空间是 7×（1+3+1+2）字节。

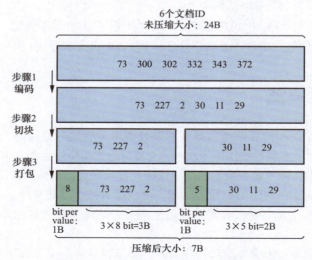

图 3.6　用 Frame of Reference 算法压缩倒排列表的具体过程

PForDelta　PForDelta（Patched Frame-of-Reference with Delta Encoded Gap）是一种基于 Delta 编码思想的压缩算法，对于一组从小到大排列的数据，只存储首位数字和连续整数之间的差值。

该算法对完成 Delta 编码后得到的数据进行分块，每个数据块存储固定个数的数据（例如 128 个），然后分别对每个数据块进行独立的压缩和解压。这样做除了可以利用数据的局部特征，对不同部分采用不同的压缩策略外，还可以在解压缩时只选择解压缩部分数据块，不需要对整个文件进行操作。

PForDelta 算法的基础思想是对于一个数据块，认为其中大部分数据只需要较小的空间就可以存储，而剩下的部分被当作异常数据处理。一般通过设定一个值 framebit，使得超过 90% 的数据可以直接由 framebit 位存储，称为正常部分，剩下的少于 10% 的数据单独存储，称为异常部分。

比如一组数据 10, 34, 69, 77, 126, 137, 150, 179, 278, 279, ⋯，在 Delta 编码后得到数据 10, 24, 35, 8, 49, 11, 13, 29, 99, 1, ⋯，设定 framebit = 5，那么小于 32（2^5）的数据都可以直接存储，大于等于 32 的 35、49 和 99 需要单独存储。PForDelta 压缩过程示意如图 3.7 所示。

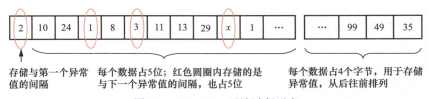

图 3.7　PForDelta 压缩过程示意

图 3.7 中第一个位置的"2"表示与第一个异常值的间隔是 2，往后间隔 2 个数据可以找到第一个异常值的位置，可以通过异常部分知道这个异常值是 35，然后根据这个位置的"1"往后间隔 1 个数据找到下一个异常值的位置，这个异常值是 49，以此类推可以继续找下去。异常部分的存储是倒序的，这样做是为了在解压缩的时候更方便地把异常值填进去。

解压缩的过程就是先把正常部分每 5 位提取出来，然后按前面所说将异常值的位置找出来并且根据异常部分填入异常值。

除了存储数据，整个数据还需要一个头信息，用于记录 framebit 的取值以及压缩后的长度等。

Roaring Bitmap　Roaring Bitmap 是一种优化的位图数据结构，特别适用于处理大量的稀疏数据，进而有效减少存储这些数据的空间。Roaring Bitmap 将 32 位整型数据分成高 16 位（等价于 $N/65536$）和低 16 位（等价于 $N\%65536$）。按照高 16 位对数字进行分桶，每个数字被分到以高 16 位为 ID 的桶中，桶中存放低 16 位。没有数字的桶内容为空。从数字分解的角度来看，Roaring Bitmap 对数字的分解方法可以用 $x =$bucketID$*65536+x\%65536$ 表示。图 3.8 展示了 Roaring Bitmap 对一个数组的具体编码过程。

Roaring Bitmap 按照每个桶中数字的稠密程度采用稀疏和稠密两种表示方式。以桶中的数字个数是否超过 4096 为限，当桶中的数字不足 4096 个时，采用稀疏表示方式，即用一个数组枚举当前桶中的每个数字；当桶中的数字超过 4096 个时，转化为稠密表示方式，用一张位图来表示这个桶里的数字。Bitmap 中的每一位表示当前的桶中是否包含 [0,65535] 中的某一个具体数字，包含对应的位为 1，反之为 0。这张 Bitmap 大小为 8 KB，与桶中数字多少无关。图 3.9 给出了稀疏表示（ArrayContainer）和稠密表示（BitmapContainer）的具体示例，以及两种表示方法在不同数字数量下的占用空间差异。清单 3.1 展示了 Roaring Bitmap 编码压缩过程。

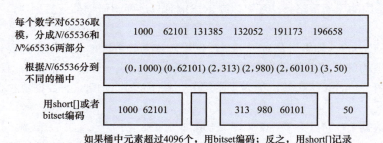

图 3.8　Roaring Bitmap 编码压缩过程

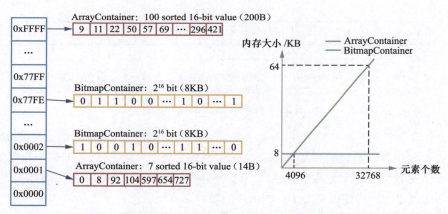

图 3.9　Roaring Bitmap 的稀疏表示（ArrayContainer）和稠密表示（BitmapContainer）

清单 3.1　Roaring Bitmap

```
#define CONTAINER_SIZE (1 << 16)
#define CONTAINER_MASK (CONTAINER_SIZE - 1)

typedef struct Container {
  unsigned short values[CONTAINER_SIZE];
  int count;
} Container;
typedef struct RoaringBitmap {
  Container *containers;
  int container_count;
} RoaringBitmap;
```

```c
RoaringBitmap *create_roaring_bitmap() {
  RoaringBitmap *bitmap = (RoaringBitmap *)malloc(sizeof(RoaringBitmap))
    ;
  bitmap->container_count = 0;
  bitmap->containers = NULL;
  return bitmap;
}

void add_value_to_container(Container *container, unsigned int value) {
  container->values[container->count++] = value & CONTAINER_MASK;
}

void add_value_to_bitmap(RoaringBitmap *bitmap, unsigned int value) {
  unsigned short high_bits = value >> 16;
  Container *container = NULL;
  for (int i = 0; i < bitmap->container_count; i++) {
    if (bitmap->containers[i].values[0] == high_bits) {
      container = &bitmap->containers[i];
      break;
    }
  }
  if (container == NULL) {
    container = (Container *)malloc(sizeof(Container));
    container->count = 0;
    add_value_to_container(container, high_bits);
    bitmap->containers = (Container *)realloc(bitmap->containers, (bitmap
      ->container_count + 1) * sizeof(Container));
    bitmap->containers[bitmap->container_count++] = *container;
  }
  add_value_to_container(container, value);
}
bool contains_value_in_container(Container *container, unsigned int
  value) {
  for (int i = 0; i < container->count; i++) {
    if (container->values[i] == (value & CONTAINER_MASK)) {
      return true;
    }
  }
  return false;
}

bool contains_value_in_bitmap(RoaringBitmap *bitmap, unsigned int value)
    {
  unsigned short high_bits = value >> 16;
  for (int i = 0; i < bitmap->container_count; i++) {
    if (bitmap->containers[i].values[0] == high_bits) {
      return contains_value_in_container(&bitmap->containers[i], value);
    }
  }
  return false;
}

void union_bitmaps(RoaringBitmap *bitmap1, RoaringBitmap *bitmap2) {
  for (int i = 0; i < bitmap2->container_count; i++) {
    Container *container2 = &bitmap2->containers[i];
    bool found = false;
    for (int j = 0; j < bitmap1->container_count; j++) {
```

```
            if (bitmap1->containers[j].values[0] == container2->values[0]) {
                found = true;
                for (int k = 0; k < container2->count; k++) {
                    add_value_to_container(&bitmap1->containers[j], container2->
                        values[k]);
                }
                break;
            }
        }
        if (!found) {
            Container *container = (Container *)malloc(sizeof(Container));
            *container = *container2;
            bitmap1->containers = (Container *)realloc(bitmap1->containers,
                (bitmap1->container_count + 1) * sizeof(Container));
            bitmap1->containers[bitmap1->container_count++] = *container;
        }
    }
}
```

游程编码 游程编码（Run Length Encoding，RLE）又称为行程编码，通过存储每个值的重复次数（游程长度）来表示一系列重复值，适合压缩有大量重复或者连续递增的数据。当重复 / 连续值占数据的很大一部分时，其效果更加明显，如果数据并不遵循这种规律，有可能出现编码后使用的内存比直接存储原始数据使用的更多的情况。

假设输入数据如下：

$$2, 2, 2, 4, 4, 4, 4, 5, 5, 1, 1 \tag{3.2}$$

游程编码的输出结果为

$$(3, 2), (4, 4), (2, 5), (2, 1) \tag{3.3}$$

其中 (3, 2) 表示 2 出现了 3 次，以此类推，后面有 4 个 4、2 个 5 和 2 个 1。

根据具体的应用场景，也可以用游程编码表示连续递增的序列，例如用二元组中的第一个数字表示起始值，第二个数字表示连续递增的序列长度。例如，对输入数组

$$11, 12, 13, 14, 15, 21, 22 \tag{3.4}$$

使用游程编码压缩后，表示为

$$(11, 4), (21, 1) \tag{3.5}$$

其中 (11, 4) 表示从 11 之后有 4 个连续递增的数字。

清单 3.2 给出了游程编码的 C 语言实现清单。

清单 3.2 游程编码

```c
void rle_encode(int *data, int data_size, int *compressed_data, int *
    compressed_data_size) {
    int count = 1;
    int current_value = data[0];
    int compressed_index = 0;
    for (int i = 1; i < data_size; i++) {
        if (data[i] == current_value) {
            count++;
        } else {
```

```
            compressed_data[compressed_index++] = count;
            compressed_data[compressed_index++] = current_value;
            count = 1;
            current_value = data[i];
        }
    }
    compressed_data[compressed_index++] = count;
    compressed_data[compressed_index++] = current_value;
    *compressed_data_size = compressed_index;
}

void rle_decode(int *compressed_data, int compressed_data_size, int *
    data, int *data_size) {
    int data_index = 0;
    for (int i = 0; i < compressed_data_size; i += 2) {
        int count = compressed_data[i];
        int value = compressed_data[i + 1];
        for (int j = 0; j < count; j++) {
            data[data_index++] = value;
        }
    }
    *data_size = data_index;
}
```

Bloomfilter　Bloomfilter（布隆过滤器）本质上是一个大小固定的位数组，其中每个位代表数组中的一个位置。为向布隆过滤器添加一个元素，使用多个哈希函数对该元素进行哈希处理，生成的哈希值用于设置位数组中的相应位。为了测试一个元素是否在集合中，对该元素再次使用相同的哈希函数进行哈希，并检查数组中结果位置的位。如果所有位都已设置，则该元素很可能在该集合中；如果没有设置任何位，则该元素肯定不在集合中。

由于其概率性质，误报的概率很小，这意味着布隆过滤器可能会报告某个元素在集合中——即使它不在集合中。然而，假阴性的概率为零，这意味着布隆过滤器永远不会报告一个元素不在集合中，而实际上它在集合中。

布隆过滤器可用于索引压缩，以减小索引，同时保持对底层数据的快速访问。在索引压缩中，目标是以紧凑的形式存储索引，以减小存储其所需的内存量或磁盘空间。

在索引压缩中使用布隆过滤器的一种方法是创建压缩位图索引[1]。位图索引是一种数据结构，它将一组值存储为位向量，其中每个位对应一个可能的值。要在位图索引中查找值，只需检查是否设置了相应的位。但是，对于大型数据集，位图索引可能会变得非常大，因此可能需要对其进行压缩，以减小索引。

创建一组布隆过滤器，将其用于压缩位图索引。每个布隆过滤器都是使用不同的哈希函数构造的，用于测试特定值是否存在于相应的子集中。要在压缩位图索引中查找一个值，首先要根据它的哈希值确定它属于哪个子集，然后测试相应的布隆过滤器是否报告该值存在。如果布隆过滤器报告该值存在，那么可以使用未压缩的位图索引在相应的子集中查找该值。

使用布隆过滤器压缩位图索引，我们可以将索引存储在更小的内存或磁盘空间中，同时保持对底层数据的快速访问。但是，由于布隆过滤器出现误报的概率很小，因此压缩位图索引在

1　压缩位图索引：用于表示压缩数据的位图索引。——作者注

查找值时可能偶尔会误报。这在误报成本较低的应用程序中通常是可以接受的。

　　下面我们通过一个例子详细介绍布隆过滤器工作过程。假设要用布隆过滤器存储以下字符串集合 ["apple", "banana", "orange", "grape", "melon"]。首先，初始化长为 m 的位数组，这里以 $m = 16$ 为例，即

$$\text{bit\_array} =[0, 0, 0, 0, 0, 0, 0, 0, 0, 0, 0, 0, 0, 0, 0, 0] \tag{3.6}$$

然后设计 k 个哈希函数，每个哈希函数的输出值在 $[0,m-1]$。这里设计如下 3 个哈希函数：

$$\text{hash}_1(x) = (x * 3) \bmod 16$$
$$\text{hash}_2(x) = (x * 5) \bmod 16$$
$$\text{hash}_3(x) = (x * 7) \bmod 16$$

对于每一个字符串，都先经过哈希函数得到哈希值，然后将位数组中的对应位置的值设为 1，例如：

$$\text{bit\_array}[\text{hash}_1("apple")] = 1$$
$$\text{bit\_array}[\text{hash}_2("apple")] = 1$$
$$\text{bit\_array}[\text{hash}_3("apple")] = 1$$

对每个字符串做相同的处理后，位数组里面的值如下：

$$\text{bit\_array} =[1, 1, 1, 0, 1, 1, 1, 1, 0, 0, 0, 0, 0, 0, 0, 1] \tag{3.7}$$

在查询的时候，对于查询字符串 str 依次计算每一个哈希值，并检查位数组中对应位置的值是否为 1，如果有一个值不为 1 则查询失败：

$$\text{res} \leftarrow \text{bit\_array}[\text{hash}_1(str)] \& \text{bit\_array}[\text{hash}_2(str)] \& \text{bit\_array}[\text{hash}_3(str)] \tag{3.8}$$

3.2.2　字节压缩算法

　　字节压缩算法侧重于每个数字的内部表示，通过减少表示单个数字所需的位数来降低空间占用率。先用一元编码（Unary Encoding）作为简单铺垫，然后介绍 Gamma、Rice 编码等字节压缩算法。

　　一元编码　对于给定的数值 X，一元编码采用 $(X-1)$ 个 1 和 1 个 0 来表示（或者用 $(X-1)$ 个 0 和 1 个 1 来表示）。例如，5 表示为 11110 或者 00001，3 表示为 110 或者 001。一元编码在表示大整数的时候所占用的位较多，因此多用于表示小整数。

　　Gamma 编码　Gamma 编码将一个数分解为 2 的幂次方和余部：

$$x = 2^N + d \tag{3.9}$$

其中 N 是 x 的对数取整。在编码的时候用一元编码表示 N，即用 $(N-1)$ 个 0 和 1 个 1 表示 N，用二进制编码表示 d。例如 $1 = 2^0 + 1$，其 Gamma 编码表示为 1。$2 = 2^1 + 0$，其 Gamma 编码表示为 010。$11 = 2^3 + 3$，其 Gamma 编码表示为 0001011.

　　Rice 编码　Rice 编码是一种无损熵编码，被广泛应用于数据压缩中。当待压缩的数据包含许多小值时，Rice 编码尤其高效。Rice 编码的基本思想是将输入值表示为商和余数的组合。商表示从输入值中减去一个固定值的次数，余数表示输入值与固定值的最近倍数之间的差异。

　　举个例子，假设要压缩以下整数数组：[2, 4, 6, 8, 10, 12, 14, 16]。为了使用 Rice 编码，我们

需要选择一个固定值，用其计算商和余数。假设选择值 4，对于每个输入值，首先通过固定值除以它来计算商：

$$2/4 = 0$$
$$4/4 = 1$$
$$6/4 = 1$$
$$8/4 = 2$$
$$10/4 = 2$$
$$12/4 = 3$$
$$14/4 = 3$$
$$16/4 = 4$$

接下来，通过将输入值与固定值取模来计算余数：

$$2\%4 = 2$$
$$4\%4 = 0$$
$$6\%4 = 2$$
$$8\%4 = 0$$
$$10\%4 = 2$$
$$12\%4 = 0$$
$$14\%4 = 2$$
$$16\%4 = 0$$

然后，将商和余数连接起来，将每个输入值表示为一系列二进制数，再使用一元编码。在一元编码中，每个数字由一系列 1 表示，后跟一个 0。例如，数字 3 表示为 "1110"。

因此，上述输入数组的 Rice 编码的比特流将是

$$0001\ 1101\ 1110\ 0010\ 1110\ 0000\ 1110\ 0000$$

要解码比特流，只需反向执行该过程。读入商和余数的一元编码，再通过将商乘固定值并加上余数来重构原始整数。

3.2.3 索引结构示例

图 3.10 展示了谷歌早期的索引结构，每个关键词对应的倒排列表由多个索引块构成。每个索引块的结构可以分成头部（Header）、文档 ID 投放（DocId Posting）和有效负载投放（Payload Posting）。

（1）**头部**：每个索引块的起始部分，包含关键元数据。

- 块中最后一个文档 ID 的差值（delta to last docid in block）：使用变长整数（varint）编码表示，帮助快速定位文档。
- 块长度（block length）：同样采用 varint 编码，标示当前块的字节长度，便于块的读取和解析。

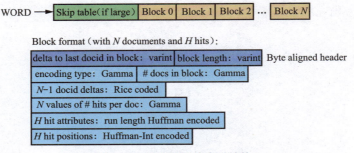

图 3.10 谷歌早期的索引结构

- 编码类型（encoding type）：指示使用的压缩类型，例如 Gamma 编码。
- 块中文档数量（# docs in block）：使用 Gamma 编码表示块中文档的数量。

（2）文档 ID 投放。

- 文档 ID 差值（N-1 docid delta）：使用 Rice 编码的文档 ID 差值列表，适用于处理连续文档 ID 中的小范围数字。
- 每个文档的命中次数（N values of # hits per doc）：使用 Gamma 编码，有效压缩频繁出现的小数值。

（3）有效负载投放。

- 命中属性（H hit attribute）：如标签或特定权重，采用游程长度加哈夫曼编码（run length + Huffman）处理，优化重复值的存储。
- 命中位置（H hit position）：使用哈夫曼整数编码（Huffman-Int encoded），提高存储效率。

这种结构中使用的压缩算法包括 Gamma 编码、Rice 编码、Huffman 编码等。Gamma 编码适用于非负整数，特别适合压缩小范围内连续的数值。Rice 编码则更适合在已知数值范围较小的情况下使用，如文档 ID 的差值。Huffman 编码是一种根据字符出现频率进行编码的方法，可以有效压缩命中位置和属性数据。

整个索引结构的设计旨在优化查询效率和存储空间。通过细分不同的数据块和利用合适的压缩算法，搜索引擎可以快速地对大量数据进行压缩存储，并在查询时迅速解压缩相关数据，从而加快响应速度。此外，通过对文档 ID 和命中信息的差分编码，可以进一步提高跳转和定位的速度，尤其是在处理大规模数据集时更显重要。

3.3 索引合并

3.1 节和 3.2 节详细介绍了倒排索引的基础架构及压缩算法，这些算法涉及单一关键词的数据处理。对于在线查询，常常需要同时处理多个关键词的倒排列表，并对它们执行合并操作。接下来，我们将讨论索引合并的基本流程以及不同的合并策略。

3.3.1 倒排列表的基本合并操作

构建倒排列表的目的是在查询时能够非常高效地获得查询词对应的结果集。如果查询词包含多个词，那么需要合并每个词对应的倒排列表。合并操作也是检索倒排列表时最为耗时的操作。根据构建倒排列表采用的具体结构不同，在查询时所采用的倒排列表合并方法也不一样，但具体过程大致包含以下 3 步。

（1）从内存或者磁盘读取每个词对应的倒排数据块。

（2）对倒排数据块进行解码，得到倒排列表。

（3）合并解码后的倒排列表并加以排序，得到最终的查询结果集。

上述过程的形式化描述参见算法 4。

算法 4 倒排列表合并过程

```
Require: termSet                         # 词列表
Ensure: docIdSet                         # 最终的文档列表
 1: function MergePostingList
 2:     for term in termSet do
 3:         doclist ←read_disk(term)      # 从磁盘读取倒排数据块
 4:         docs ←decode(doclist)         # 解码，得到倒排列表
 5:         for doc in docs do
 6:             docIdSet.insert(doc)
 7:         end for
 8:     end for
 9:     docIdSet.build()                  # 合并，排序
10:     return docIdSet
11: end function
```

倒排列表合并操作中最为基础的是对两个有序数组的合并操作，即求两个有序数组的交集。算法 5 描述了计算两个有序数组的交集的基本过程，即每次都取两个列表的头部元素进行比较，如果头部元素值相同则说明找到一个共同的元素，把它加到结果集中；反之，将值较小的那个头部元素的列表指针向后移动，以寻找下一个共同的元素。因为需要遍历两个列表，所以时间复杂度为 $O(m+n)$，m 和 n 分别是两个列表的元素个数。

算法 5 计算两个有序数组的交集

```
 1: function Intersect(p1,p2)
 2:     answer ←<>
 3:     while p1 ≠ NIL and p2 ≠ NIL do
 4:         doc1 ←DocID(p1)
 5:         doc2 ←DocID(p2)
 6:         if doc1 == doc2 then
 7:             Add(answer,doc1)
 8:             p1 ←next(p1)
 9:             p2 ←next(p2)
10:         else if doc1 < doc2   then
11:             p1 ←next(p1)
12:         else
13:             p2 ←next(p2)
14:         end if
15:     end while
```

```
16:      return answer
17: end function
```

3.3.2　基于二分查找的倒排索引合并

如果两个倒排列表的元素个数差异比较大，那么可以用二分查找方法在比较长的那个列表中逐个查找较短列表中的每个元素。假设 $m \ll n$，整个过程需要 m 次二分查找，时间复杂度为 $O(m\log n)$。基于二分查找的有序数组求交集过程可参考算法 6。

算法 6　基于二分查找的有序数组求交集过程

```
 1: function IntersectWithBinarySearch(p1,p2)
 2:    if length(p1) > length(p2) then
 3:        Swap(p1, p2)
 4:    end if
 5:    while p1 ≠ NIL do
 6:       if BinarySearch(DocID(p1), p2)  then
 7:           Add(answer,DocID(p1))
 8:       end if
 9:       p1 ←next(p1)
10:    end while
11:    return answer
12: end function
```

3.3.3　基于跳表的倒排索引合并

当两个倒排列表都比较长时，在倒排列表上引入跳表指针可以加速检索过程。其基本思路是在有序列表之上引入跳表指针，使得可以从一个元素跳过一组连续的数字直接访问之后的元素。这种做法给顺序访问开设了快捷通道。其特殊结构使得数据的访问时间复杂度从 $O(N)$ 降到 $O(\log N)$。以图 3.11 为例，假设要合并 [2,4,8,41,48,64,128] 和 [1,2,3,8,11,17,21,31] 两个倒排列表。第一个列表上建立了 2 到 41、41 到 128 的跳表指针，第二个列表上建立了 1 到 11、11 到 31 的跳表指针。比较两个列表的第一个节点时，虽然有跳表结构，但是并没有利用上。在比较 41 和 11 时，因为 11<41，所以用 11 的跳表元素 31 继续和 41 比较，因为 31 也小于 41，所以 11 和 31 中间的元素可以跳过计算过程。带跳表结构的倒排列表合并过程参考算法 7。

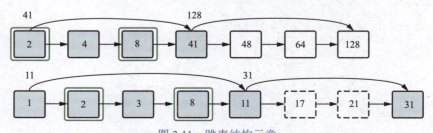

图 3.11　跳表结构示意
图中灰色部分是比较倒排列表时访问到的元素，
虚线框里的 17 和 21 是被跳过的元素，2 和 8 是最终的结果

算法 7　带跳表结构的倒排列表合并过程

```
 1: function IntersectwithSkips(p1,p2)
 2:     answer ←<>
 3:     while p1 ≠ NIL and p2 ≠ NIL do
 4:         doc1 ←DocID(p1)
 5:         doc2 ←DocID(p2)
 6:         if doc1 == doc2 then
 7:             Add(answer,doc1)
 8:             p1 ←next(p1)
 9:             p2 ←next(p2)
10:         else if doc1 < doc2 then
11:             if hasSkip(p1)   then
12:                 while hasSkip(p1) and docID(skip(p1)) <=docId(p2)) do
13:                     p1 ←skip(p1)
14:                 end while
15:             else
16:                 p1 ←next(p1)
17:             end if
18:         else
19:             if hasSkip(p2) then
20:                 while hasSkip(p2) and docID(skip(p2)) <=docId(p1)) do
21:                     p2 ←skip(p2)
22:                 end while
23:             else
24:                 p2 ←next(p2)
25:             end if
26:         end if
27:     end while
28:     return answer
29: end function
```

　　跳表的优点是可以加速倒排列表的访问过程，缺点是需要占用额外的内存，而且在计算过程中需要进行额外的比较。跳表指针越多，平均每一段也就越短，利用率越高，但是进行的比较次数也会比较多；反之，如果跳表指针较少，那么平均每一段会比较长，利用率会降低。一种解决方式是设计多级跳表，底层跳表比较短，越往上层的跳表越长。这种层次结构有利于提高跳表的利用率。另外将每一层跳表指针的数量设置为 $\sqrt{L}$，L 是当前层列表的长度。

　　前面的几种方法讨论了合并两个倒排列表的方法，但在实际问题中要处理的显然不止两个倒排列表。在合并多个倒排列表时遵循的原则是"先合并短的列表，然后合并长的列表"。

3.4　倒排索引的构建

　　倒排索引的构建过程基本上可以分为两个阶段：准备和写入。在准备阶段，需要通过一系列的操作将原始文档转化成关键词信息序列，包括归一化、分词、去除停用词和取词根等。经过一系列的准备工作，在写入阶段看到的是关键词序列，接下来的操作是访问倒排词典和倒排列表，将关键词以及对应的文档信息写入倒排列表。在做完上述两个阶段的主要工作以后，在收尾阶段需要将这些信息写入磁盘。图 3.12 所示的是索引构建的基本流程。

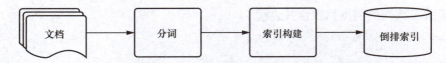

图 3.12   索引构建的基本流程。索引构建最主要的两步操作是分词（Tokenization）和
索引生成（Index Building）

3.4.1   关键词分词

关键词分词（Tokenization）操作是将待检索文档转化成一组关键词序列，并对每个关键词做归一化处理。对于有空格分隔的文本，可以直接按照空格将文本变成关键词序列。例如 "The World Wide Web (WWW) is an information system sharing resources over the Internet" => ["The", "World","Wide", ...,"Internet"]。但对于中文、日文、韩文等没有按照空格自然分隔的语言，需要专门做词例化程序（又叫作分词器）。

3.4.2   索引构建

在关键词分词的基础上，索引构建的主要工作是更新词典和倒排列表，将新的 <term, docid> 组合写入倒排索引中。由于搜索引擎处理的文档体量比较大，构建索引时需要关注所需要的时间、索引构建过程中需要的空间大小以及生成索引的大小。时间和空间可用性决定了不同场景下使用不同的方法，当数据规模比较小且内存足够用时，完全利用内存的索引构建方法是最简单、高效的；当数据规模增大到内存不够用时，需要基于磁盘的索引构建方法；当数据规模继续增大，以至于一台计算机无法存储全部数据时，分布式的索引构建方法就会成为必然选择。索引构建过程的代码如清单 3.3 所示。

内存版索引构建   假设内存能够容纳全部的词典和倒排列表数据，那么构建索引的工作就是扫描每个文档，从中读取关键词序列，然后把序列中的每个关键词加入词典和倒排列表中。整个过程的伪代码如算法 8 所示。

算法 8   内存版索引构建过程

```
 1: function buildIndexInDisk(docSet)
 2:     memSize ←0
 3:     for doc in docSet do
 4:         tokens ←tokenize(doc)
 5:         while tokens.hasNext() do
 6:             token ←tokens.next()
 7:             if dict.contains(token) then
 8:                 postingList ←dict.get(token)
 9:             else
10:                 postingList ←dict.insert(token)
11:             end if
12:             postingList.add(doc.id)
13:             memSize + +
14:             if memSize > THRESHOLD then
```

```
15:                    dict.sortTerms()
16:                    writeToDisk(dict)
17:                    dict.clear()
18:                    memSize ←0
19:              end if
20:          end while
21:      end for
22:      if !dict.empty() then
23:          dict.sortTerms()
24:          writeToDisk(dict)
25:          dict.clear()
26:          memSize ←0
27:      end if
28: end function
```

清单 3.3　索引构建过程

```python
def build_index(docs):
    index = {}
    docid = 0
    for doc in docs:                    #遍历全部文档
        docid += 1                      #生成文档ID
        tokens = parse_doc(doc)         #将文档解析为关键词序列
        tokens = set(tokens)            #去除重复关键词
        for token in tokens:
            if token not in index:
                index[token] = {}
            index[token].append(docid)  #将docid加入token的倒排列表中
    return index
```

文档编码　因为倒排索引中的文档是按照文档编码从小到大存储的，这就意味着文档编码的方法会影响最终的召回结果集，因此赋予高质量的文档较小的编码集有助于提升搜索结果的平均质量。根据搜索引擎要处理的业务，不同的文档类型需要设计不同的质量分数计算器，例如，对网页可以按照 PageRank 得到的分数倒序排列，为每个文档生成编码。如果无法从单一维度比较两个文档的优劣，比如需要同时考虑更新频率和索引的质量，那么可以按照这两个维度对文档分别进行排序，然后从两个队列中轮询文档赋予编码，例如每次从质量队列中挑选头部的 m 个文档，然后从时效性队列中挑选头部的 n 个文档，以此类推，直至所有文档被处理完。

磁盘版索引构建　内存版索引构建方法的主要局限是需要将词典和倒排列表全部装入内存，这限制了该方法可以处理的文档体量。为了能够处理更大规模的数据，我们在算法 8 的基础上，在使用的内存超出限定大小的时候将索引块写入磁盘，然后清空内存继续生成剩下文档的索引。当所有文档都遍历完成以后，需要重新合并不同的索引块，生成最终版本。在合并索引时需要同时打开所有的索引块，然后读取同一个关键词在不同索引块中对应的倒排列表，合并之后写入最终的完整索引。在合并过程中，每次都找到全局最小的关键词（词），然后从各个索引中读取关键词对应的倒排列表，合并后将其写入磁盘。整个过程的伪代码如算法 9 所示。

算法 9　磁盘版索引生成过程

```
1: function mergePartitions(indexFiles)
2:     indexList ←<>
```

```
 3:      for idxFile in indexFiles do
 4:          index ←open(idxFile)
 5:          indexList.add(index)
 6:      end for
 7:      while do
 8:          term ←nil
 9:          postings ←nil
10:          for index in indexList do                    # 找到最小的词
11:              if term == nil or term < index.nextTerm() then
12:                  term ←index.nextTerm()
13:              end if
14:          end for
15:          if term == nil then
16:              break                                    # 合并完成，没有剩余词
17:          end if
18:          mergedPostings ←<>
19:          for index in indexList do                    # 合并倒排列表
20:              postings ←index.readPosting(term)  # 从磁盘读取倒排列表
21:              mergedPostings.add(postings)
22:          end for
23:          writeToDisk(term,mergedPostings)
24:      end while
25: end function
```

内存与磁盘索引的混合存储 搜索引擎通常存在比较明显的头部热词与长尾词，为了充分利用查询词热度分布不均衡的特点，我们可以将倒排索引分级处理。一种做法是将常被访问到的查询词对应的倒排列表放在内存中，而将长尾查询词的索引放到磁盘中存储。假设内存和磁盘索引的平均访问时间分别是 α 和 β，头部查询和长尾查询的次数分别是 M、N，则混合存储方式的平均访问时间为

$$t_{\text{hybrid}} = \frac{M \times \alpha + N \times \beta}{M + N} = \frac{M}{M + N} \times \alpha + \left(1 - \frac{M}{M + N}\right) \times \beta \qquad (3.10)$$

头部查询词的访问占比 $\dfrac{M}{M + N}$ 越大，平均访问时延越低，越接近内存访问时延。这种方法的一个变种是缓存索引，即不对关键词的分布做任何先验假设，而是根据关键词的访问频次和内存大小，缓存访问最频繁的前 k 个关键词的倒排列表。这种方法需要在每次索引更新时销毁缓存数据。

另外，可以根据文档的热度分布，将每个关键词对应文档列表划分为内存存储类型和磁盘存储类型。利用有限的内存空间降低整体访问时延。

分布式索引构建 当数据量超出一台机器所能承受的范围，或者需要加速索引构建过程时，利用分布式计算方法并行构建索引就变得顺理成章。在诸多分布式计算框架中，选择流行的 MapReduce 作为分布式索引构建的计算方法。MapReduce 也是一种分布式计算框架，此框架主要包含 map 和 reduce 两个计算阶段。map 阶段将数据分成一系列的 <key, value> 中间数据，然后根据数据分片策略，具有相同 key 的数据会被分到同一个 reducer 机器上。reduce 阶段对具有相同 key 的数据做聚合操作，然后根据具体应用输出数据。基于 MapReduce 框架的索引构建首先将全量文档集合分成若干份，在 map 阶段解析每份文档，并输出当前文档集合里的 <term, docID> 数对。随后每

个 mapper 以 term 为键值，将自己的 <term, docID> 分成和 reducer 数量相同的组，并将每组数据发送到对应的 reducer 机器上。每个 reducer 接收到不同的 mapper 发送过来的 <term, docID> 数据以后，合并倒排索引生成最终版本。分布式索引构建过程示意如图 3.13 所示。

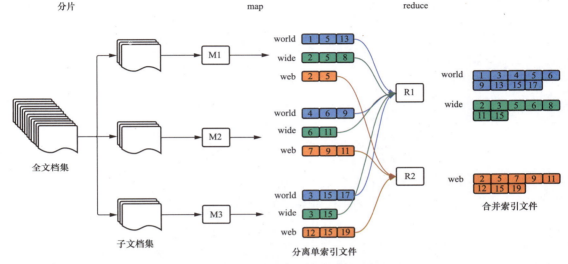

图 3.13 分布式索引构建过程示意

索引的动态更新（Dynamic Index） 前面讨论的索引构建方法均假设候选文档是静态的，不涉及文档如何更新的问题。但在实际场景中，文档的更新效率对搜索引擎的时效性有明显影响。例如，如果索引是小时级别更新的，就无法实时响应突发事件。又如，在电商搜索系统中，商户新增一款商品，希望客户马上就可以搜索到自己的商品。在这些场景中，批量重建全部的索引是不可行的。为了实时索引新入库的内容，一种策略是在主索引的基础之上新增一块实时索引，当有新入库内容时会先更新实时索引，实时索引会被定期合并到主索引中。在检索时，会同时从主索引和实时索引查询，然后合并两种索引返回的结果。在线查询多个索引块并合并倒排列表不利于提升在线查询效率，因此我们希望索引块尽量少以提升在线查询的效率。但是，合并索引涉及很多的 I/O（Input/Output，输入输出）操作，也会影响到索引的服务效率。因此，我们希望尽量减少这类操作。索引动态更新需要平衡这两方面的需求，制订合理的索引合并策略。

一种索引合并策略是每当内存满了，就把内存的索引和当前磁盘索引合并生成一个更大的索引文件。假设每次待合并的索引的大小为 M，这种策略使得磁盘上的索引每次增大 M，所以每次操作后的磁盘大小分别是 $M, 2M, 3M, \cdots$。因此，每次从磁盘读取的索引大小为 $0, M, 2M, 3M, \cdots, (n-1)M$。写入磁盘大小为 $M, 2M, 3M, \cdots, nM$。这种顺序索引合并策略的读写次数分别为

$$[0+1+2+\cdots+(n-1)]M = \frac{(n-1)n}{2}M$$

$$(1+2+\cdots+n)M = \frac{n(n+1)}{2}M$$

上述方法的时间复杂度为 $O(n^2)$。

上述合并策略的缺点是每次新增索引的合并都涉及全部的索引数据，效率较低。一种优化方法是索引系统存在一组按照文件大小划分的不同级别的索引文件，不同级别的索引文件的大小以 2 的幂次方递增，即 $M,2M,4M,8M,\cdots$。每次生成新的索引文件时，首先合并同级别的索引文件到下一个级别，这种策略下每个倒排列表只会参与到跨越级别的索引合并过程中。为了方便计算复杂度，我们用 2^k 替代 n，假设索引规模为 $2^k \times M$，那么总的磁盘写入数据量为最终的索引文件以及各个中间文件的数据量的总和，即

$$2^k \times M + 2 \times 2^{k-1} \times M + 4 \times 2^{k-2} \times M + \cdots + 2^{\log 2^k} \times 1 \times M$$
$$= M \times \underset{2^k + 2^k + \cdots + 2^k}{(\log 2^k = k)}$$
$$= M \times k \times 2^k$$
$$= M \times n \times \log n$$

即对数索引合并策略写入磁盘的时间复杂度为 $O(n \log n)$，小于顺序索引合并策略的 $O(n^2)$。顺序索引合并策略与对数索引合并策略过程如图 3.14 所示。

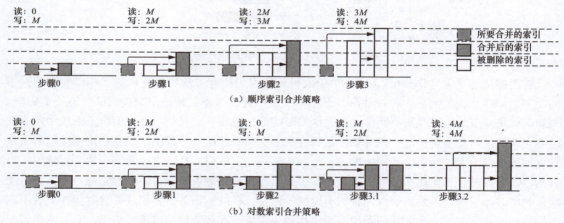

图 3.14 顺序索引合并策略与对数索引合并策略过程示意

文档删除 除了要处理新增文档的问题，我们在实际应用中还需要处理删除文档的问题。由于索引文件通常比较大，不太可能每次需要删除一个文档的时候把整个索引文件解包，删除文档，然后重新打包生成新的索引。一种删除文档的方法是构建待删除文档索引，其构建方法和其他索引构建方法相同，只是作用相反。每次查询请求都会同时访问正常的索引和删除文档索引，在合并完正常索引的倒排列表后把删除文档索引中的文档去掉。删除文档索引中的文档会在下次索引合并的时候从正常索引中被去掉。

因为文档更新和文档删除机制比较复杂，所以在实际应用中通常维护两套索引，一套索引用于线上服务，同时定期重新生成另外一套索引。新的索引生成以后，将线上服务切换到新版本，然后删除老的索引。

3.5 倒排索引的分布式服务

为了提升索引服务的吞吐量和稳定性，并降低查询的时延，必须将查询涉及的大量计算任务分解成若干较小的任务，然后将这些任务分发到不同的机器上协同执行。在搜索引擎中，主要采用两种分布式计算策略：分片（Sharding[1]）和复本（Replica）。

分片策略根据数据的某个维度（如文档 ID 或关键词的哈希值）将数据集分散到不同的桶中，以独立处理每个桶内的数据子集并在计算后汇聚结果，从而完成整个查询任务。复本策略则是将相同的服务或数据横向复制多份，每份的功能完全相同，主要用于提高服务的可用性和水平扩展性，以提高系统的整体吞吐量。

文档集分片策略　文档集分片策略涉及按文档的特定属性（如 ID 范围或属性哈希值）进行分区。这种策略可以有效地平衡负载，因为查询可以并行地在多个分片上执行，每个分片处理查询中涉及特定的文档子集。此策略不仅缩短了查询响应时间，还通过分散存储和处理压力，提高了系统的稳定性和可扩展性。

关键词分片策略　关键词分片策略则侧重于按关键词进行数据分区。此策略通过对关键词进行哈希处理，将它们分布到不同的分片中。每个分片独立索引和处理含有特定关键词的查询，这种策略尤其适合处理高频查询词汇，能够显著提高这些词汇的查询效率和速度。此外，关键词分片也简化了索引的维护，因为更新或增加新词汇只影响相关分片。

复本策略　复本策略通过创建数据或服务的多个副本来提高系统的容错性和可用性。在这种策略下，每个副本可以独立接收和处理查询请求，从而在主副本出现故障时，可以无缝切换到备用副本继续服务。此外，复本还可以根据查询负载动态调整，优化资源使用并应对高峰期的访问压力。这种策略是提高大规模分布式搜索引擎服务稳定性和扩展性的关键。

得益于开源社区的发展，我们可以直接使用比较成熟的软件包构建关键词索引。Lucene 和 Elasticsearch 是比较流行的两个开源关键词索引项目，接下来我们介绍如何用这两种工具构建关键词索引。

3.6 案例一：使用 Lucene 进行搜索

Lucene 是由 Apache 软件基金会支持的开源全文检索库，采用 Java 语言编写，专门用于高效的信息检索和文本搜索。它提供强大的索引和搜索功能，可处理大规模文档集合，支持分词、模糊搜索、通配符查询和排序等高级功能。

Lucene 广泛应用于搜索引擎、日志分析和电子商务等领域，支持多语言文本处理，具有高扩展性和灵活性。开发者可以利用 Lucene 构建自定义搜索应用程序，也可以将其集成到更复杂的搜索平台中，如 Elasticsearch 和 Solr。

1　这里的"分片"，是一种特定技术，用于分布式数据库系统中，旨在将数据分布到多个数据库实例或服务器上，以提高系统的可扩展性和性能。——作者注

由于 Lucene 提供面向文档和字段的索引模型,它不仅支持全文检索,还可以优化结构化数据和半结构化数据的查询性能,因此成为大规模数据检索领域的核心工具之一。

下面是使用 Lucene 的具体示例。

1. 添加依赖

在 Maven 项目的 pom.xml 文件中添加以下依赖项:

```xml
<dependencies>
    <dependency>
        <groupId>org.apache.lucene</groupId>
        <artifactId>lucene-core</artifactId>
        <version>9.7.0</version>
    </dependency>
    <dependency>
        <groupId>org.apache.lucene</groupId>
        <artifactId>lucene-analyzers-common</artifactId>
        <version>9.7.0</version>
    </dependency>
    <dependency>
        <groupId>org.apache.lucene</groupId>
        <artifactId>lucene-queryparser</artifactId>
        <version>9.7.0</version>
    </dependency>
</dependencies>
```

2. 创建索引

创建索引,代码如下:

```java
import org.apache.lucene.analysis.standard.StandardAnalyzer;
import org.apache.lucene.document.*;
import org.apache.lucene.index.*;
import org.apache.lucene.store.*;

import java.io.IOException;
public class LuceneIndexingExample {
    public static void main(String[] args) throws IOException {
        // 创建分析器和索引目录
        StandardAnalyzer analyzer = new StandardAnalyzer();
        Directory index = new RAMDirectory();

        // 创建索引写入器配置
        IndexWriterConfig config = new IndexWriterConfig(analyzer);
        IndexWriter writer = new IndexWriter(index, config);

        // 添加文档
        addDoc(writer, "Wireless Mouse",
            "Ergonomic wireless mouse with USB receiver.",
            25.99, "Electronics");
        addDoc(writer, "Gaming Keyboard",
            "Mechanical gaming keyboard with RGB lighting.",
            75.49, "Electronics");
        addDoc(writer, "Office Chair",
            "Comfortable office chair with lumbar support.",
            129.99, "Furniture");
```

```
        writer.close();
    }

    private static void addDoc(IndexWriter writer, String name,
                               String description, double price,
                               String category) throws IOException {
        Document doc = new Document();
        doc.add(new TextField("name", name, Field.Store.YES));
        doc.add(new TextField("description", description, Field.Store.YES
            ));
        doc.add(new DoublePoint("price", price));
        doc.add(new StoredField("price", price));
        doc.add(new StringField("category", category, Field.Store.YES));
        writer.addDocument(doc);
    }
}
```

3. 搜索文档

搜索文档，代码如下：

```
import org.apache.lucene.analysis.standard.StandardAnalyzer;
import org.apache.lucene.document.Document;
import org.apache.lucene.index.DirectoryReader;
import org.apache.lucene.queryparser.classic.QueryParser;
import org.apache.lucene.search.*;
import org.apache.lucene.store.Directory;
import org.apache.lucene.store.RAMDirectory;


import java.io.IOException;

public class LuceneSearchExample {
    public static void main(String[] args) throws Exception {
        // 加载索引
        Directory index = new RAMDirectory();
        StandardAnalyzer analyzer = new StandardAnalyzer();
        DirectoryReader reader = DirectoryReader.open(index);
        IndexSearcher searcher = new IndexSearcher(reader);

        // 执行查询
        searchByDescription(searcher, analyzer, "wireless");
        searchByCategory(searcher, "Electronics");
        searchByPriceRange(searcher, 20, 100);
    }

    // 按描述搜索
    private static void searchByDescription(IndexSearcher searcher,
                                StandardAnalyzer analyzer,
                                String keyword) throws Exception
                                {
        QueryParser parser = new QueryParser("description", analyzer);
        Query query = parser.parse(keyword);
        executeQuery(searcher, query);
    }
```

```java
    // 按类别筛选
    private static void searchByCategory(IndexSearcher searcher,
                                          String category) throws IOException
                                                                {
        Query query = new TermQuery(new Term("category", category));
        executeQuery(searcher, query);
    }

    // 按价格范围筛选
    private static void searchByPriceRange(IndexSearcher searcher,
                                            double minPrice, double maxPrice)
                                            throws IOException {
        Query query = DoublePoint.newRangeQuery("price", minPrice,
            maxPrice);
        executeQuery(searcher, query);
    }

    // 执行查询并输出结果
    private static void executeQuery(IndexSearcher searcher, Query query)
                                    throws IOException {
        TopDocs results = searcher.search(query, 10);
        System.out.println("Total Hits: " + results.totalHits);
        for (ScoreDoc hit : results.scoreDocs) {
            Document doc = searcher.doc(hit.doc);
            System.out.println("Name: " + doc.get("name") + ", Price: " +
                doc.get("price"));
        }
    }
}
```

4. 关键代码解析

（1）**分析器**（Analyzer）。使用 StandardAnalyzer 进行分词处理，适合大多数语言和用例。

（2）**索引字段类型**。

- TextField：支持全文检索。
- StringField：支持精确匹配（不分词）。
- DoublePoint：支持数值范围查询。

（3）**查询解析**（QueryParser）。

- 支持自然语言解析：例如输入 "wireless"。
- TermQuery：精确匹配关键字。
- RangeQuery：支持数值范围筛选。

（4）**组合查询**。使用 BooleanQuery 合并多个条件：

```java
BooleanQuery.Builder builder = new BooleanQuery.Builder();
builder.add(new TermQuery(new Term("category", "Electronics")),
    BooleanClause.Occur.MUST);
builder.add(DoublePoint.newRangeQuery("price", 20, 50),
```

```
        BooleanClause.Occur.MUST);
Query query = builder.build();
```

5. 运行输出

运行输出示例如下：

```
Total Hits: 1
Name: Wireless Mouse, Price: 25.99
```

6. 注意事项

- 内存存储（RAMDirectory）适用于测试环境，生产环境建议使用 FSDirectory。
- 多字段搜索可结合 BooleanQuery 提高灵活性。
- 根据需求选择合适的分析器，例如 KeywordAnalyzer 或 WhitespaceAnalyzer。

3.7 案例二：基于 Elasticsearch 的关键词索引

Elasticsearch 是一个基于 Lucene 构建的分布式搜索和分析引擎，专为大规模数据检索和实时分析设计。它以 RESTful API 提供服务，支持结构化和非结构化数据的全文搜索、过滤、聚合分析以及实时更新等。

Elasticsearch 具备高可扩展性和高可用性，支持分布式存储与集群管理，可轻松处理海量数据。其核心功能包括多字段搜索、模糊匹配、自动补全和地理位置查询等，广泛应用于日志管理、监控系统和电商平台等。

下面是使用 Elasticsearch 的具体示例。

1. 安装 Elasticsearch

- 使用 Docker 安装，代码如下：

```
docker pull elasticsearch:8.5.0
docker run -d --name elasticsearch -p 9200:9200 -e "discovery.type=
    single-node" -e "xpack.security.enabled=false" elasticsearch
    :8.5.0
```

- 验证安装，代码如下：

```
curl -X GET "localhost:9200"
```

2. 创建索引

创建名为 products 的索引，代码如下：

```
curl -X PUT "localhost:9200/products" -H 'Content-Type: application/json
    ' -d '
{
  "mappings": {
    "properties": {
```

```
            "name": { "type": "text" },
            "description": { "type": "text" },
            "price": { "type": "float" },
            "category": { "type": "keyword" }
        }
    }
}'
```

3. 插入数据

插入一条数据，代码如下：

```
curl -X POST "localhost:9200/products/_doc/1" -H 'Content-Type:
    application/json' -d'
{
    "name": "Wireless Mouse",
    "description": "Ergonomic wireless mouse with USB receiver.",
    "price": 25.99,
    "category": "Electronics"
}'
```

4. 查询数据

（1）全文搜索。查找包含关键字 wireless 的文档，代码如下：

```
curl -X GET "localhost:9200/products/_search" -H 'Content-Type:
    application/json' -d'
{
  "query": {
    "match": {
      "description": "wireless"
    }
  }
}'
```

（2）分类筛选。筛选类别为 Electronics 的文档，代码如下：

```
curl -X GET "localhost:9200/products/_search" -H 'Content-Type:
    application/json' -d'
{
  "query": {
    "term": {
      "category": "Electronics"
    }
  }
}'
```

（3）按价格范围筛选。筛选价格在 20 到 30 的文档，代码如下：

```
curl -X GET "localhost:9200/products/_search" -H 'Content-Type:
    application/json' -d'
{
  "query": {
    "range": {
      "price": {
```

```
            "gte": 20,
            "lte": 30
          }
        }
      }
}'
```

（4）组合查询。同时匹配描述包含 wireless 且价格范围为 20 ～ 50 的文档，代码如下：

```
curl -X GET "localhost:9200/products/_search" -H 'Content-Type:
    application/json' -d'
{
  "query": {
    "bool": {
      "must": [
        { "match": { "description": "wireless" } },
        { "range": { "price": { "gte": 20, "lte": 50 } } }
      ]
    }
  }
}'
```

5. 更新文档

将 ID 值为 1 的文档价格更新为 22.99，代码如下：

```
curl -X POST "localhost:9200/products/_update/1" -H 'Content-Type:
    application/json' -d'
{
  "doc": {
    "price": 22.99
  }
}'
```

6. 删除文档

删除 ID 值为 1 的文档，代码如下：

```
curl -X DELETE "localhost:9200/products/_doc/1"
```

7. 删除索引

删除整个索引，代码如下：

```
curl -X DELETE "localhost:9200/products"
```

8. 关键说明

- **映射与类型**：使用映射定义字段结构和数据类型。
- **文本与关键字区别**：文本（text）用于全文搜索，关键字（keyword）用于精确匹配。
- **查询 DSL**：支持强大的组合查询，如 match、term、range 和 bool 等。
- **实时性**：文档变更立即生效。

3.8　小结

　　本章主要介绍了搜索引擎中的倒排索引技术，包括其基本结构、压缩算法、合并方法、构建过程和分布式服务策略等。倒排索引通过词典和倒排列表存储关键词与文档的关系，以便检索相关内容。本章详细讨论了词典的哈希表、Trie 树和 FST 实现，并对比了每种方法的优缺点。在索引压缩算法方面讨论了 Frame of Reference、PForDelta、游程编码和布隆过滤器等压缩算法。此外，还介绍了倒排列表的合并方法，包括二分查找和跳表，讨论了分布式服务中的分片和复本策略，以提高服务的性能和稳定性。倒排索引的核心思想是通过优化索引结构和压缩算法，实现高效、可扩展的文本检索。

　　除了上述理论，本章还介绍了基于 Lucene 和 Elasticsearch 创建关键词索引的示例，以供读者参考。

第4章

关键词检索

关键词检索是搜索引擎中非常重要的一个功能，其核心任务是基于倒排索引计算和用户查询词匹配的相关文档。在实际的搜索引擎中，因为候选文档的数量庞大且用户输入的查询词通常和文档内容不完全一致，所以需要系统地衡量候选文档是否满足用户的查询需求。一般来讲，我们可以把查询需求分解到以下几个维度（评分因子）。

- 相关性：衡量文档内容和查询词是否相关。
- 权威性：文档来源是否权威可信。
- 时效性：文档内容是否是最近的信息。

上述 3 个维度从查询词和文档内容的角度定义了什么是好的搜索结果，但是我们还需要从用户的角度考虑搜索结果的质量，因为用户通过对内容的阅读理解以及结合其他信息源做出的判断是一个很重要的参考。用户的反馈通常通过点击等信号隐式地体现，点击数据可以被近似理解成用户对搜索结果的投票。

本章会先介绍关键词检索的一些准备工作，然后进一步讨论上述几个评分因子的具体实现细节，以及将不同因子融合在一起返回单一分数的具体方法。

4.1 预备知识与准备工作

在索引构建和查询解析的相关内容中，我们深入探讨了查询解析与倒排索引。这里简要介绍与关键词检索密切相关的内容。

查询词表示　在关键词检索阶段，查询词 Q 被表示为一组关键词序列 $< q_0, q_1, \cdots, q_k >$。每个关键词有自己的 ID、长度（例如中文分词粒度不同会产生不同长度的关键词）和重要程度等信息，可用作判断关键词相关性的依据。根据查询词的长度，通常选择最重要的 2 ~ 3 个关键字作为核心词。除了关键词本身，每个关键词都有一个可替换词列表。这些可替换词也会参与到命中信息和相关性的计算过程中。例如，对于查询词"新能源汽车评测"，"评测"和"测评"

是可以相互替换的。清单 4.1 给出了查询词表示的具体实现。

清单 4.1　查询词表示

```python
class Term:
    def __init__(self, id, content, length, importance, synonyms):
        self.id = id  # 关键词ID
        self.content = content  # 关键词内容
        self.length = length  # 关键词长度
        self.importance = importance  # 关键词重要程度
        self.synonyms = synonyms  # 可替换词列表
    def __repr__(self):
        return self.content

class Query:
    def __init__(self, query_string):
        self.terms = self.process_query(query_string)  # 由关键词组成的序列

    def process_query(self, query_string):
        # 解析查询字符串并获取关键词信息的过程
        pass
```

命中信息描述　定义文档中出现的查询关键字称为"一次命中"（Occurrence）。我们可以通过以下信息描述"一次命中"的细节。

- **关键字标识**。通过关键字在查询词中的位置来表示当前命中的是查询词中的哪个关键词。例如对于 query=" 机器 / 学习 "，ID(" 机器 ") = 0，ID(" 学习 ")=1。
- **出现的信息域**。通常信息域包括标题、URL、Anchor Text 和正文等。
- **命中位置**。描述文档中的哪个关键字被命中，以及它位于文档的什么位置。例如对于查询词"机器 / 学习"和目标文档"信息 / 检索 / 和 / 机器 / 学习 / 是 / 计算机 / 科学 / 的 / 重要 / 分支。"，Offset(" 机器 ") = 3，Offset(" 学习 ")=4。
- **命中属性**。被命中的关键字在文档中的属性，包括文本类型（标题、URL 等）、文本属性、是否为粗体等。
- **关键字长度**。在中文分词结果中通常包含多个汉字，汉字的个数即关键字长度。
- **关键词的相对重要程度**。一句话通常由多个关键词构成，有些词对核心语义的影响比较大，省略以后就不能准确还原原来的语义；有些词则属于修饰性的词，去掉之后并不影响核心语义。

清单 4.2 给出了命中信息描述的具体实现。

清单 4.2　命中信息描述

```python
class Occurrence:
    def __init__(self, keyword_id: int, field: InfoField, offset: int,
        hit_attr: HitAttribute, keyword_length: int, relative_importance:
         float):
        self.keyword_id = keyword_id  # 关键字标识
        self.field = field            # 出现的信息域，如标题、正文、URL或者超文本链接等
        self.offset = offset          # 命中位置
```

```
        self.hit_attr = hit_attr                    # 命中属性，是否为粗体、斜体等
        self.keyword_length = keyword_length        # 关键字长度
        self.relative_importance = relative_importance  # 关键词的相对重要程度
```

4.2　文本相关性

　　相关性计算是搜索引擎最为核心以及最具挑战的问题之一，用于衡量搜索结果是否准确、内容相关性能否满足用户的搜索需求。相关性的计算方法一直在不断发展，早期的搜索技术主要依赖若干公式和规则来描述和量化相关性。随着技术的进步，搜索引擎开始使用机器学习框架，将多种相关性因子融合在一起，以期获得更加精确的排序效果。进入深度学习时代，以 BERT 为代表的语义模型越来越受欢迎。但深度学习方法也存在一些问题，如需要平衡泛化能力与准确性、在线计算复杂度高、需要大量数据进行训练，以及模型训练和部署复杂等。所以尽管深度学习在计算相关性上表现出色，但关键词匹配仍然是一种精准且高效的方法，尤其是在处理海量文本数据、需要快速召回的场景中，它仍然具有不可替代的优势。

　　基于关键词的相关性计算方法的核心是计算查询词和候选文档的命中信息，然后基于命中信息进一步计算相关性。业界对相关性计算方法研究比较充分，包括布尔模型、概率模型、向量空间模型、语言模型以及经典的 TF-IDF、BM25 公式等。在本节中，我们会根据计算方法是孤立地考虑单个关键词还是将不同关键词的联合命中情况考虑在内，将基于关键词的相关性计算模型分为频次模型和紧密度模型。频次模型以单个关键词作为基本处理单位，其基本假设是关键词出现在文档中的次数越多越相关，忽略关键词的命中距离等信息；与之相对，紧密度模型充分考虑不同关键词的命中位置，其基本假设是命中位置越靠近相关性越好。除了这两大类的相关性计算模型，我们也会介绍其他相关性计算模型。比如考虑命中位置的相关性计算模型，其基本假设是命中位置会影响相关性计算，例如命中标题更重要一些、命中文档的起始部分更重要一些等；又如，衡量查询词的类型与文档表述内容是否匹配的意图匹配模型等。

4.2.1　命中频次特征

　　命中频次特征大多数都是基于词袋模型（Bag of Words Model）计算的。词袋模型的核心思想是把文本（句子或文档）看作词的集合，或者更准确地说，是带权重的集合，即考虑每个词出现的频次或者权重，但不考虑其在文本中的位置。词袋模型忽略了关键词出现的位置以及关键词之间的语法关系，对每个关键词的建模是相对独立的。在此框架和思路下，相关性计算可以形式化地表示为对出现在标题中的关键词进行加权求和：

$$\text{Score}(Q,T) = \sum_{q_i \in Q \bigcap T} w_i \qquad (4.1)$$

其中 Q 和 T 分别为查询词和文档的关键词集合，$Q = \{q_1, q_2, \cdots, q_n\}$，每个关键词的权重为 w_i。我们将以经典的 TF-IDF 和 BM25 为例介绍词袋模型的具体方法，然后在此基础之上计算信息覆盖率等。

TF-IDF　TF-IDF 是 Term Frequency-Inverse Document Frequency 的缩写，它是在信息检索和文本挖掘中广泛使用的一个权重因子，用于评估一个词在文档和整个语料库中的重要性。其表达式为

$$\text{Score}(Q, D) = \sum_{q_i \in Q} \text{TF}(q_i, D) \text{IDF}(q_i) \tag{4.2}$$

其中 $\text{TF}(q_i, D)$ 表示关键词 q_i 出现在文档 D 中的次数，$\text{IDF}(q_i)$ 则是在全部文档集合中 q_i 的逆向文档频率，用于表征 q_i 的独特性，其具体定义如下：

$$\text{IDF}(q_i) = \log \frac{N}{\text{DF}(q_i)} \tag{4.3}$$

其中 N 是全部文档数量，$\text{DF}(q_i)$ 是包含 q_i 的文档数量。当一个关键词普遍出现在大量的文档中时，其独特性较差，逆向文档频率较低；反之，当关键词只出现在少数文档中时，其独特性较好，逆向文档频率较高。

TF-IDF 的计算方法简单，容易理解，且在大规模文档集上的计算效率很高。通过 IDF 部分，TF-IDF 能够对在大部分文档中频繁出现的词（例如"是""的"等停用词）进行"惩罚"，使得更具有区分度的词在计算中获得更高的权重。TF-IDF 已被应用于各种文本挖掘和信息检索任务中，例如文档分类、聚类、搜索排名等。

但是因为 TF-IDF 公式是词频的线性求和，所以存在以下两个问题。

- **词频饱和**：在 TF-IDF 中，词频（TF）对权重的贡献是线性的，这意味着一个词在文档中出现的次数越多，它的权重就越大。但实际上，词的重要性增长到某个点之后会逐渐饱和。例如，一个词在文档中出现 100 次与出现 10 次相比，它的相关性并不会增加 10 倍。
- **文档长度归一化**：TF-IDF 不考虑文档的长度。长文档由于其本身的长度，很可能会有更高的词频，而这并不意味着它更相关。

针对上述两个问题，BM25 引入非线性函数和文档长度加以修正。

BM25　BM25 是 TF-IDF 的扩展，它对词频权重和逆向文档频率都做了修正，以弥补 TF-IDF 的不足。BM25 的核心公式如下：

$$\text{BM25} = \sum_{q_i \in Q} \text{IDF}(q_i) \frac{\text{TF}(q_i, D)(k_1 + 1)}{\text{TF}(q_i, D) + k_1 (1 - b + b \frac{|D|}{\text{avgdl}})} \tag{4.4}$$

- q_i 是查询词中的第 i 个关键词。
- $\text{TF}(q_i, D)$ 是关键词 q_i 出现在文档 D 中的频次。
- $|D|$ 是文档 D 中的关键词数量。

- avgdl 是所有文档的平均长度。
- k_1 和 b 是参数，通常，$k_1 \in [1.2, 2.0]$，$b \approx 0.75$。

BM25 函数可以拆解成 IDF 和 TF 两个组成部分。先来看一下 TF 部分，$\dfrac{\mathrm{TF}(q)(k_1+1)}{\mathrm{TF}(q)+k_1(1-b+b\dfrac{|D|}{\mathrm{avgdl}})}$，

相对于 TF-IDF 对词频线性加和，BM25 采用了一个非线性函数来处理词频。先暂时忽略掉

分母中对长度的权重调整因子 $\left(1-b+b\dfrac{|D|}{\mathrm{avgdl}}\right)$，同时将剩余部分 $\dfrac{\mathrm{TF}(q)(k_1+1)}{\mathrm{TF}(q)+k_1}$ 重新整理成以下

公式：

$$y = \frac{(k+1)x}{x+k} \tag{4.5}$$

式（4.5）是一个非线性函数，对于自然数 x，因变量 y 的取值范围是 $[0, k+1]$，这样就保证了
BM25 的值不会随着词频 TF 的增大而无限变大。图 4.1 展示了 $y = \dfrac{(k+1)x}{x+k}$ 在 $k = 2$ 和 $k = 100$ 时的

函数曲线，同时在图中引入了 $y=x$ 作为参考。k 越大，该函数越接近于 $y=x$，但不超过其上限 $(k+1)$。

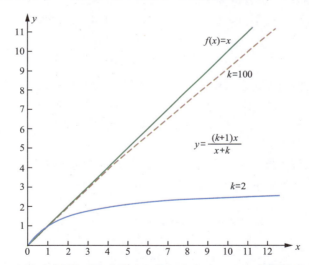

图 4.1　BM25 与 TF-IDF 对不同词频的反应。图中红线部分表示 TF-IDF 的线性求和，蓝线部分表示 BM25
　　　　公式中的非线性函数。可以看到，相对于 TF-IDF，BM25 会对词频做过饱和处理

BM25 相对于 TF-IDF 的第二点改进是引入文档长度归一化部分。其表达式为

$$\mathrm{normalizer} = 1-b+b\frac{|D|}{\mathrm{avgdl}} \tag{4.6}$$

当 $|D|$ = avgdl 时，这部分的值为 1，当 $|D|<$avgdl 时，normalizer<1，因此分母 $(x + k * \mathrm{normalizer})$
变小，整体值变大；反之，当 $|D|>$avgdl 时，normalizer>1，分母变大，整体值变小。图 4.2 比

较了在相同 TF 和 IDF 下，文档长度对于 BM25 最终结果的影响。中间线条是 |D| = avgdl 时的函数曲线，其上方是 |D| < avgdl 时的响应曲线，下方是 |D| > avgdl 时的响应曲线。参数 b 的作用是调整文档长度对相关性影响的大小。b 值越大，文档长度对相关性的影响越大，反之越小。而文档的相对长度越长，k 值将越大，则相关性得分会越小。这可以理解为，当文档较长时，包含关键词的机会越大，因此，词频相同的情况下，长文档与关键词的相关性应该比短文档与关键词的相关性弱。当 b=1 时，BM25 最大限度地进行归一化；当 b=0 时，则完全不进行归一化，而实际中，b 通常被设置为接近 0.75 的值。

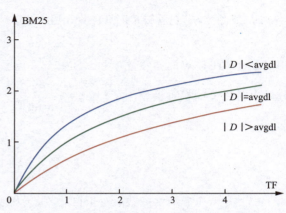

图 4.2　文档长度对于 BM25 最终结果的影响

　　上述非线性响应函数和文档长度归一化因子的两点改进共同确保了 BM25 的词频饱和机制，即词频对 BM25 最终结果的影响是正向的，但其影响范围并不会随着出现次数的增加而无限增大，而会随着文档长度和具体参数的设定有一定的上限。除了对 TF 部分的调整，BM25 对 IDF 公式也做了调整，具体如下：

$$\text{IDF}(q_i) = \log \frac{N - \text{DF}(q_i) + 0.5}{\text{DF}(q_i) + 0.5} \tag{4.7}$$

其中 N 是索引库的全部文档数量，$\text{DF}(q_i)$ 是包含关键词 q_i 的文档数量。式（4.7）中的 IDF 和 TF-IDF 公式中的 IDF 的作用相同。当一个关键词高频出现在各种文档中时，它的独特性较差，权重较小；反之，权重较大。BM25 中之所以采用这种形式的 IDF，就是为了在文档频率非常高时对其进行平滑处理。

　　查询词覆盖率　查询词覆盖率可用于衡量查询词中的关键词有多少出现在文档中。为了区别不同查询词的重要程度，通常对不同的关键词加权，即

$$\text{QueryCoverage}(Q, D) = \frac{\sum_{q_i \in Q \cap D} w_i}{\sum_{q_j \in Q} w_j} \tag{4.8}$$

其中 Q 表示查询词中的关键词集合，D 表示文档的关键词集合，$q_i \in Q \cap D$ 表示既在查询词中又在文档中的关键词。$\sum_{q_i \in Q \cap D} w_i$ 是文档和查询词共有的关键词权重之和，$\sum_{q_j \in Q} w_j$ 是查询词中的关键词权重之和。这个公式确保了覆盖率是加权的，因此更重要的查询词会对信息覆盖率产生更大的影响。例如，对于查询词"深度学习算法优点"，如果"深度学习"和"算法"被赋予了较大的权重，那么文档标题中包含这些词的文档将获得更高的信息覆盖率。

　　类似地，我们还可以对称地计算标题的信息覆盖率，用于表示文档标题中有多少信息出现在查询词中。其计算公式如下：

$$\text{TitleCoverage}(Q, D) = \frac{\sum_{q_i \in Q \cap D} w_i}{\sum_{q_j \in D} w_j} \tag{4.9}$$

标题与查询词的信息覆盖率，这两个指标能够从两个方向评估查询词和文档标题之间的匹配度。通过这个公式，可以衡量标题中关键词对查询词的重要性。例如，如果查询词是"机器学习优点"，而标题是"机器学习在金融领域的优点"，那么标题的信息覆盖率会更高，因为标题中的关键信息（机器学习和优点）都出现在了查询词中。

例如，以 IDF 作为词权重，即 $w_i = \text{IDF}(q_i)$，则上述公式可以分别改造为

$$\text{QueryCoverage}(Q, D) = \frac{\sum_{q_i \in Q \cap D} \text{IDF}(q_i)}{\sum_{q_j \in Q} \text{IDF}(q_j)} \tag{4.10}$$

和

$$\text{TitleCoverage}(Q, D) = \frac{\sum_{q_i \in Q \cap D} \text{IDF}(q_i)}{\sum_{q_j \in D} \text{IDF}(q_j)} \tag{4.11}$$

为了避免对被命中词的线性相加导致部分被命中词因为其独特性而被"过分强调"，通常引入非线性变换让结果更加平滑，例如，对 IDF 求均方根（Root Mean Square，RMS）得到被命中部分词的平均信息覆盖强度，即

$$\text{平均信息覆盖强度} = \sqrt{\frac{\sum_{q_i \in Q \cap D} \text{IDF}(q_i)^2}{|Q|}} \tag{4.12}$$

除了正向回答候选文档多大程度满足了查询需求，同样可以回答还有哪些关键词没有出现在候选文档中以及候选文档中有哪些词是查询词中未出现的。不同的词被丢掉对相关性计算有不同程度的影响，越重要的词被丢掉，相关性越差。为了表达这一思想，利用词袋模型计算查询词中未被命中的核心词的权重，以此作为被丢掉的信息的度量方式。具体计算公式如下：

$$\text{丢失信息} = \sum_{q_i' \in Q - D} \text{IDF}(q_i') \tag{4.13}$$

为了避免较大的 IDF 值过度影响结果，也可以对丢失信息做几何平均，计算被丢失信息的平均强度：

$$\text{平均信息丢失强度} = \sqrt{\frac{\sum_{q_i' \in D - Q} \text{IDF}(q_i')^2}{|D - Q|}} \tag{4.14}$$

当文档中的词全部出现在查询词中时，$(D - Q)$ 为空，定义平均信息丢失强度为 0。

词袋模型总结 词袋模型实现简单，计算效率比较高，通常是各种信息检索系统的基准模型。但是它的缺点也比较明显：无法感知上下文，对命中的位置和顺序不敏感，这些因素导致

词袋模型往往不能单独满足复杂的信息检索需求。为了更精确地评估查询词与文档之间的相关性，我们将在接下来的内容中如何用紧密度特征描述命中的位置和顺序关系。

4.2.2 命中紧密度特征

紧密度（Proximity）主要用于对关键词在文档中出现的位置和顺序进行建模，其基本假设是词与词之间的相互关联性是形成连贯句子和组织章节的核心要素，而关联性则通过关键词在文档中出现的位置和顺序体现。例如，虽然"苹果"和"计算机"都是频繁出现的词汇，但当它们紧密连接时，它们的意义与当它们分开出现时的意义可能会有所不同。又如，以查询词"智能手表发布"为例，如果标题是"智能手表发布吸引消费者关注"，则可以判定该文档与查询词相关；但若标题为"智能技术发展助力机械手表发布创新功能"，尽管包含所有查询词，由于命中位置的变化以及否定词的出现，文档的语义发生明显变化，对相关性也有明显的影响。

文本匹配中比较重要的一种是连续命中，即在文档中有两个或者多个查询关键词连续出现。根据被命中关键词在查询词中的分布，我们将命中分为精准命中、连续命中、区间命中等类型。

> **定义4.1　精准命中**
>
> 查询词完整地出现在文档中，文档中包含与查询词完全一致的文本片段。例如 query=" 杭州亚运会 "，title=" 第 19 届杭州亚运会金牌榜 "。

根据精准命中的位置和数量，我们可以设计精准命中数量、头部精准命中数量、精准命中首次出现位置等特征。

- **精准命中数量**：查询词完整出现在文本中的次数，例如 query = "a b"，text="a b x x a b"，那么精准命中数量为 2。
- **头部精准命中数量**：查询词出现在头部文本中的次数。头部文本通常指第一个段落或者文本最开始的前 k 个词。
- **精准命中首次出现位置**：查询词第一次出现在文本中的位置，例如 query = "a b"，text = "x x a b x a b"，那么查询词第一次出现在文本中的位置为 2。

如果完整的查询词没有被精准命中，那么还可以检查查询词中的部分邻接关键词有没有被连续命中。例如，"苹果智能手表发布"没有被精准命中，还可以继续检查"苹果智能手表"有没有被命中。根据被命中的子查询中关键词的数量，可以将命中情况分为双词精准命中、三词精准命中和多词精准命中等。与精准命中类似，双词精准命中的相关特征如下。

- **双词精准命中数量**：被命中的两个关键词连续出现在查询词中的次数。例如 query = "a b c"，text="a b x x a c x x b c x"，双词精准命中数量为 2。
- **头部双词精准命中数量**：即出现在头部文本的双词精准命中数量。

- **双词精准命中首次出现位置**：以前述查询词和文本为例，首次出现位置为 0。

类似地，对于三词和多词精准命中，可以设计出三词 / 多词精准命中数量、三词 / 多词头部精准命中数量、三词 / 多词精准命中首次出现位置。

> **定义 4.2　连续命中**
>
> 文档中连续出现查询词中的关键字，称为连续命中，例如，query=" 杭州亚运会金牌榜 "，title=" 亚运会金牌榜直播 "，标题命中查询词中的部分信息"亚运会金牌榜"。精准命中是连续命中的一种特殊情况，它比连续命中要求更加严格。

连续命中有以下特点。

（1）在文档中的命中位置连续。

（2）要求被命中词出现在查询词中，但对其在查询词中的位置和顺序没有要求，即此处的"连续"指的是在文档中的命中位置的连续，但对其在查询词中是否连续没有要求。

（3）连续命中的文本不相互交叉、重叠。

与精准命中类似，我们可以根据连续命中的关键词个数、连续命中的位置、连续命中的数量以及被命中关键词的顺序是否与查询词中的顺序一致等维度设计特征。除了条件严格的精准命中，我们也可以在放宽条件的连续命中文本中计算特征，例如仅要求两个命中词的距离不超过一定的预设距离。

根据所命中关键词的个数，首先将连续命中分为两个词的命中、三个词的命中以及多个词的命中等。两个关键词的连续命中的特征组：当查询词中有相邻的两个词连续出现在文档中，称为精准双词命中。与之相关的特征有精准双词命中数量、精准双词命中首次出现位置、头部双词命中数量。以 query = "a b c"，title = "x a b x x b c x x" 为例，这些特征的具体值分别如下。

保序连续命中　关键词出现在文档中的顺序与其在查询词中的前后关系是否一致也是判断查询词与文档是否相关的一种因素。为了便于描述，定义两个关键词连续出现在文档中，且相对顺序与查询词中的一致的命中为保序连续命中。为了保证命中的关键词在查询词中相距不是太远，需要设置一个参数 d，要求被命中的两个词的距离不超过 d，例如 $d = 3$。以 query = "a b c"，text="a x b x a c x c b" 为例，因为被命中词 "a c" 出现在文本中的顺序与出现在查询词中的顺序一致，所以是一个保序连续命中。与连续命中类似，可以与命中数量、命中位置、命中长度等维度信息组合出保序连续命中的相关特征组：双词 / 三词 / 多词保序连续命中数量、头部双词 / 三词 / 多词保序连续命中数量、双词 / 三词 / 多词保序连续命中首次出现位置等。

近似连续命中　如果命中位置并不连续，但是相邻命中位置的距离非常近，例如最多跳过 2 个词，称为近似连续命中。以 query = "a b c"，text="a x x b x a x x c x x x b x c" 为例，其近似连续命中分别为 a x x b、a x x c 和 b x c。结合被命中词的个数、命中位置、出现近似连续命中情况的数量，可以设计出以下特征组：双词 / 三词 / 多词近似连续命中数量、头部双词 / 三词 / 多词近似连续命中数量、双词 / 三词 / 多词近似连续命中首次出现位置等。

连续命中总结　连续命中在文本匹配中占有举足轻重的位置。不同于基于单个关键词计算的词袋模型，连续命中同时考虑了位置信息和命中顺序，从而更好地捕捉了语言中的上下文及其语法特性。为了更系统地描述这种匹配方式，按照其准确率从高到低，我们定义了 4 种命中类型：精准命中、连续命中、保序连续命中及近似连续命中等。这些分类不仅提供了一个清晰的框架来呈现命中的细节，也为后续的计算过程提供了基础。在实际应用中，这些特征类型将在相关性计算阶段被一一评估并生成，接着由高级模型利用这些数据计算出最终的相关性得分。

定义 4.3　区间命中

区间命中的"区间"一词是指包含查询词中所有关键词的最短文本，包括查询词中重复的关键词，区间命中不要求命中位置连续。例如，query = " 新品手机发布会 "，text=" 新品科技公司宣布即将举行手机发布会活动 "。连续命中描述了命中位置连续出现的情况，区间命中则扩展命中范围用于描述命中位置不连续的情况。

基于区间命中的概念定义如下特征。

- **最小区间长度**：包含所有查询关键词的最小文本段的长度。例如，假设查询词为 "A B C"，对于文本 "Ⓐ X X Ⓑ C Y Y"，长度为 5；对于文本 "Ⓐ X Ⓑ X C Ⓑ C Ⓐ"，长度为 3。

- **区间命中数量**：表示文本中满足条件的区间命中的数量。例如，对于文本 "A X B X C A B C"，区间命中数量为 2。需要注意的是，不同区间命中之间不会相互重叠，即一个关键词不会同属于多个区间。在计算区间的时候，出于计算效率的考虑，一般采取贪婪算法，即将最开始包含所有查询关键字的文本作为第一个区间。

- **区间关键词密度**：区间中的关键词的数量与区间长度的比率。对于文本 "Ⓐ X X Ⓑ C Y Y" 和查询词 "A B C"，区间内的关键词数是 3（A、B、C），所以关键词密度是 $\frac{3}{5}$。在此定义基础之上，可以给出整段文本的最小区间、平均区间以及第一个区间的关键词密度等衍生特征。

$$区间关键词密度 = \frac{命中的关键词数量}{区间长度} \tag{4.15}$$

- **区间位置**：包括第一个命中区间的位置、区间的平均位置等。

- **短区间**：表示文本中不超过预设长度的区间的数量。长度阈值通常根据查询词的长度决定，例如查询词包含两个关键字的时候阈值为 3，包含 3 个关键字的时候阈值为 5，等等。这个特征有助于区分紧密的关键词命中与分散的关键词命中，因为短的区间通常意味着更高的相关性。在短区间概念的基础上，可以定义短区间数量、短区间位置等特征。

- **紧凑区间**：相邻命中的距离不超过预设值，通常设置的阈值不超过 3。例如，query =

"新品发布会邀请函"，text="新品/科技公司/推出/发布会/邀请函已发送。"此时，"新品"和"发布会邀请函"的距离只有 2 个词，满足紧凑区间的定义。紧凑区间有助于识别查询词在文本中的密集程度，为计算文本与查询词的相关性提供更多上下文信息。在紧凑区间概念的基础上，可以定义紧凑区间的数量和位置等特征。

- **保序区间**：表示文本中关键词出现的顺序与它们在查询词中的顺序一致的区间的数量。例如，对于查询词 "A B C" 和文本 "A B C A C B"，即使这两个文本都有 3 个关键词，只有第一个文本的关键词顺序与查询词一致，因此保序区间数量为 1。这个特征有助于捕获查询意图，因为有时关键词的顺序会影响意义（例如，"机器学习"与"学习机器"在中文中意义不同）。在保序区间命中的基础上，可以定义出保序区间首次出现位置、保序区间数量等特征。保序区间分别与短区间和紧凑区间的概念组合又可以得到保序短区间、保序紧凑区间概念，然后分别计算保序短区间/保序紧凑区间的位置、数量等特征。

- **计算区间特征的数据结构**：由于倒排索引记录的不是完整的原始文本，而是每个关键词在文档中的位置列表，因此需要通过合并多个位置列表的形式计算出区间信息。例如，考虑查询词 "A B" 和文档 "X A X X B Y A Z B X"。从倒排索引中，可以得到以下位置列表：A:[2, 7]、B:[5, 9]。将 A、B 换成在查询词中的关键词 ID 就可以得到如下命中列表：0-2;0-7;1-5;1-9。所有的区间命中特征都是基于这个命中列表计算的。例如为了计算最小命中区间长度，开始时，从 A 的第一个位置（2）出发，寻找 B 的位置，最近的 B 在位置 5。因此，一个可能的区间是从位置 2 到位置 5，区间长度为 4。接下来，从 A 的第二个位置（7）出发，最近的 B 在位置 9，得到区间长度为 3。因为 3 小于 4，所以最小区间长度为 3。

> **定义 4.4　命中距离**
>
> 　每次命中的距离/间隔，最小为 1。例如，对于 query="a b c"，text="a b x x c"，命中距离分别为 1 和 3。基于命中距离的特征计算隐含假设命中距离越短，紧密度越高，相关性越好。

基于命中距离的特征如下。

- **平均命中距离**：对文档中的所有命中计算平均距离，以前面的查询词文档为例，平均命中距离为 (1+3)/2=2。形式化的定义如下：

$$\text{AvgDist}(Q) = \text{Averagedist}(q_i, q_j)，\quad q_i, q_j \in Q \cap D \tag{4.16}$$

在命中距离的基础上，可以定义命中密度：

$$\sum \min(\text{IDF}(q_i), \text{IDF}(q_j)) \cdot \frac{(k_1+1) \cdot \sum_{\text{occ}(q_i, q_j)} \text{tpi}(q_i, q_j)}{K + \sum_{\text{occ}(q_i, q_j)} \text{tpi}(q_i, q_j)} \tag{4.17}$$

其中 $(q_i, q_j) \in Q \cap D, q_i \neq q_j$，$\text{tpi}(q_i, q_j) = \dfrac{1}{d(q_i, q_j)^2}$，$d(q_i, q_j)$ 表示命中距离。式（4.17）的

形式与 BM25 公式类似，$\sum_{\text{occ}(q_i,q_j)} \text{tpi}(q_i,q_j)$ 可以类比 BM25 公式中的 TF 部分，$\min(\text{IDF}(q_i), \text{IDF}(q_j))$ 可以类比 IDF 部分。参考图 4.1，不难得出命中密度和 $\sum_{\text{occ}(q_i,q_j)} \text{tpi}(q_i,q_j)$ 正相关。而 $\text{tpi}(q_i,q_j)$ 又是距离平方的倒数，因此当距离都比较近时命中密度比较高，反之，当命中位置都离得比较远时命中密度比较低。

4.2.3 语言模型特征

语言模型是对一段文字的概率建模，即输入一段文本，输出这段文本的概率估计。在信息检索中，通常用语言模型估算用给定的语料库生成一段文本的概率。语言模型是对语料库中关键词分布的概率总结，总结出来的规律可以用于预测一段文本的生成概率。如果将候选文档作为独立的语料库，复用上述思想就可以通过查询词的生成概率估计查询词和候选文档的似然度，这就是文档语言模型的基本思路。

在最简单的文档语言模型中，查询词和文档的似然度由每个关键词的联合分布决定，即给定 $Q = [q_0, q_1, \cdots, q_n]$ 和文档 D，Q 的语言模型分数为

$$P(Q) = \prod_i P(q_i \mid D) \tag{4.18}$$

$P(q_i|D)$ 是关键词 q_i 在文档 D 上的概率值，可以通过频次计算：

$$P(q_i \mid D) = \frac{\text{cnt}(q_i)}{|D|} \tag{4.19}$$

其中 $\text{cnt}(q_i)$ 是关键词 q_i 在文档中出现的次数。

上述计算方式是一种一元词袋模型，没有考虑到关键词的位置关系，"机器学习"与"学习机器"以及"学习先进机器操作"等概率相同。为了弥补不足之处，我们使用二元语言模型计算查询词的概率：

$$P(Q) = P(q_0) \prod_{i=0} P(q_{i+1} \mid q_i) \tag{4.20}$$

其中 $p(q_{i+1} \mid q_i) = \frac{\text{cnt}(q_i, q_{i+1})}{\text{cnt}(q_i)}$，$\text{cnt}(q_i, q_{i+1})$ 是关键词组 (q_i, q_{i+1}) 出现在文档中的次数。

采用单个文档估计关键词以及关键词组出现的概率不可避免地会遇到稀疏性问题，这是因为统计语料不足，会对每个关键词的概率估计不准甚至导致缺失。为了解决稀疏问题，我们可以对单个文档的概率估计以及整个文档的概率估计做线性加权，即

$$P(q_i) = \lambda P_D(q_i) + (1 - \lambda) P_C(q_i)$$
$$P(q_{i+1}|q_i) = \lambda P_D(q_{i+1}|q_i) + (1 - \lambda) P_C(q_{i+1}|q_i) \tag{4.21}$$

其中 $P_D(q_i)$ 和 $P_D(q_{i+1}|q_i)$ 是单个文档的概率分布，$P_C(q_i)$ 和 $P_C(q_{i+1}|q_i)$ 是完整语料库的数据分布。另一种平滑策略则是将每个关键词的扩展序列考虑进来，将这部分词在文档中出现的概率也考虑在内，即

$$P(Q \mid D) = \prod_i \sum_j P(q_i \mid w_j) P(w_j \mid D) \tag{4.22}$$

其中 q_i 是查询词中的第 i 个关键词，w_j 是和 q_i 相关且出现在文档 D 中的查询词，$P(q_i \mid w_j)$ 从大语料库上统计得到。

4.2.4 意图匹配特征

意图匹配特征用于判断搜索词与文档信息的类目或者属性是否匹配。例如当 query="周杰伦七里香"时，因为查询词中同时出现了歌手和歌曲的名字，那么查询目的大概率是要找音乐相关内容。如果在较好的文本命中特征基础之上，文档的分类特征也是音乐，那么查询词和文档的意图特征有较好的匹配。需要注意的是，查询词的分类与文档的分类未必一一对应，因此需要离线构建不同类别关键词之间的匹配相关度。例如，对于历史知识类的查询，教育、历史、百科等都可能有很好的匹配，娱乐八卦则离得比较远。这种关联映射往往通过离线的数据分析构建相对轻量级的量化表示方法。

意图匹配特征在电商搜索中往往更加重要，在查询分类阶段获取到查询词的类目、属性预测特征以后，通常与商品的结构化信息进行匹配检查查询意图是否与候选文档匹配。例如 query="耐克女跑步鞋"，可以识别出匹配名称为"耐克"，商品人群为"女性"，商品类别为"鞋"。在电商场景中，查询词的商品类目预测一般使用统计或分类的方法；文档/商品侧的结构化信息提取则需要依赖商家提供的信息。结构化信息的意图匹配特征往往被用在召回或海选阶段进行相关性过滤，作为最基本的相关性保障。

4.3 权威性计算

意图匹配虽然重要，但存在网页作弊问题，如通过填充与实际内容并不相关的关键词来提升查询相关性。但当用户查询时，他们更期望返回的网页是权威且可信的，例如搜索"苹果电脑"时，排在首位的应该是 Apple 的官网，而不是其他第三方网站。因此，除了高度的相关性，搜索引擎所返回信息源的权威性和可靠性也至关重要。权威性是对网页内容以及信息来源可靠程度的定量分析。不仅要求搜索引擎返回的网页有比较高的相关性，还要保证信息源的可靠性。一个网页的权威性得分可能基于其获得的反向链接数量、链接的来源质量以及内容的质量和深度等。此外，确定一个网页的权威性还可以考虑其他因素，如页面历史、域名的存在时间和信誉以及用户的互动和反馈等。在充斥着各种信息的数字世界里，权威性成了辨别信息真实性的关键指标，可以帮助用户更容易地找到可信赖的内容。在权威性计算中，我们通常会计算网页权威性（与查询词无关的静态权威性）以及关键词权威性（与关键词相关的动态权威性）。

网页权威性 互联网上网页之间通过超链接相互投票得到每个网页的静态权威性，例如采用经典的 PageRank 算法为每个网页计算一个权威性分数，其计算表达式为

$$PR(p_i) = (1-d) + d \times \sum_{p_j \in B(p_i)} \frac{PR(p_j)}{L(p_j)} \tag{4.23}$$

- $PR(p_i)$ 表示网页 p_i 的权威性。
- $B(p_i)$ 表示指向 p_i 的网页集合。
- $L(p_j)$ 表示网页 p_i 的外部链接数。
- d 是阻尼系数，是需要调整的超参数。

关键词权威性　网页权威性是一个与查询词无关的全局概念，而与关键词相关的权威性在检索阶段的指导意义更大一些，例如中国银行官网汇率网页对"汇率"一词的权威性比较高。计算关键词权威性的一种思路是收集指向当前网页的超文本，然后根据网页之间的关联关系以及引用网页自身的 PageRank 对不同的关键词做加权求和，即

$$\text{Auth}(p_i, t) = \sum_{p_j \in \text{Adj}(p_i, t)} \frac{PR(p_j)\text{TF-IDF}(p_j, t)}{\text{dist}(p_i, p_j)^2} \tag{4.24}$$

- $\text{Auth}(p_i, t)$ 是网页 p_i 对关键词 t 的权威性。
- $p_j \in \text{Adj}(p_i, t)$ 是超链接指向网页 p_i 且超文本中包含关键词 t 的网页集合。
- $PR(p_j)$ 是网页 p_j 的 PageRank。
- $\text{dist}(p_i, p_j)$ 是网页 p_i、p_j 在连通图中的距离。

上述公式的核心思想是用关联网页的权威性以及这些网页和关键词的相关性联合定义当前网页对关键词的权威性。

上述计算方式仅得到了网页对每个关键词的权威性，对于查询词与网页之间的权威性关系，则需要进一步执行聚合操作。在得到每个关键词的权威性分数之后，通过几何平均就能得到当前网页对于查询词的权威性分数，相对于算术平均，几何平均对极端值不那么敏感。因此，当考虑多个独立因子时，即使其中一个因子的值非常高或非常低，它也不会对几何平均值产生太大的影响。几何平均的定义表达式为

$$G = \sqrt[n]{a_1 \times a_2 \times \cdots \times a_n} \tag{4.25}$$

由此可知，两个数的几何平均 $G = \sqrt{a_1 \times a_2}$。

关键词与网页之间的权威性关系如下：

$$\text{Auth}(D, Q) = \sqrt[n]{\text{Auth}(D, q_1) \times \text{Auth}(D, q_2) \times \cdots \times \text{Auth}(D, q_n)} \tag{4.26}$$

4.4　文档的时效性计算

搜索引擎中很多查询词是和时效性相关的，例如，对于"超强台风'摩羯'袭击亚洲多国""夏威夷山火爆发"等突发事件，需要返回最新的新闻网页，又如，对于"国庆节调休""车辆限行规定""北京房价"等查询，也都需要返回最新的信息，因此对文档的时效性计算非常重要。

一般来讲，可以利用链接分析和内容分析两种方式获取网页时间相关的标记。如图 4.3 所示，链接分析和内容分析可以得到细粒度的时效性特征。另外，我们可以基于网页内容计算内容的时效性。互联网上的讨论热点会随着时间的流逝在不停地变化。当看到一段文字时，我们该如何判断它讨论的是什么时期的内容呢？一种朴素的做法是用不同时期获得的内容生成不同时期的语言模型，然后用这些语言模型计算当前内容的生成概率。这种做法的好处是一个文档是否"新"不仅取决于这个文档是什么时候创建的，还取决于这个文档和当前互联网普遍关注的内容是否紧密相关。即使是一个老的网页，如果它和当前热议内容相关，也应该作为时效性内容来参考，例如，张国荣的经典歌曲《红》总是在每年的 4 月 1 日前后带来一波流量。基于上述思想，我们将入库网页分为长期内容库和时效性内容库（最新获取的内容库），然后基于时效性内容库构建语言模型评估每个网页的时效性：

$$\text{Timeliness(Doc)} = \text{LM(Doc)} \tag{4.27}$$

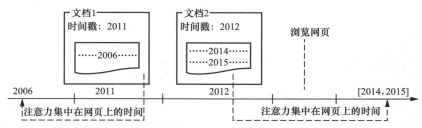

图 4.3　网页的创建时间与内容讲述的相关时间

在一元语言模型下，每个文档的具体语言模型实现如下：

$$\text{LM(Doc)} = \prod_{t_i \in \text{Doc}} P(t_i) \tag{4.28}$$

其中 $P(t_i)$ 是文档中每个关键词在时效性内容库中的概率分布。

除了利用收集的网页库构建语言模型，我们还可以利用用户输入的查询词构建时效性语言模型，以更迅速地反映网民关注的热点内容。具体的表达式为

$$\text{Timeliness(Doc)} = \text{LM}_{\text{webpage}}(\text{Doc}) + \alpha\text{LM}_{\text{queryset}}(\text{Doc}) \tag{4.29}$$

其中 α 为调整两者相对重要性的因子。

4.5　点击反馈

用点击数据以及其他用户交互行为数据改进搜索引擎的质量是信息检索领域的普遍共识，其基本假设是一次点击可以被认为是查询词对搜索结果的一次投票、一次隐式地将查询词和文档关联在一起的行为。点击反馈数据会用在搜索引擎的各个阶段系统性地改进搜索质量，例如在召回阶段提升召回相关性、在查询分析阶段优化查询改写、在排序阶段提升排序质量、

在离线数据分析中帮助文档分类等。在本节中，我们仅讨论如何利用点击反馈改进关键词召回结果。

查询词通常比细粒度的关键词更加稀疏，因此在索引中完整地保存查询词本身对构建倒排索引就是一个极大的挑战，而且完整的查询词也不利于后续有变形的查询词充分利用之前的点击信息。例如，完整存储"北极冰川因全球气候变暖而加速融化"将无法帮助改进"气候变暖导致北极冰川融化"，尽管它们的语义非常接近。因此，从性能与效果两方面考虑，一般情况下，通常在索引构建阶段就将关联的查询词打散成细粒度的关键词写入索引。具体来说，可以将关联度较高的查询词作为新的信息组成部分加入分词以及索引构建的过程中，根据查询词与文档的点击数据计算每个关键词的点击权重并写入索引，即

$$\text{ClickScore}(Q,Q') = \sum_{q_i \in Q \cap Q'} \text{IDF}(q_i)\text{ClickWeight}(q_i) \tag{4.30}$$

其中 Q' 是文档关联的点击查询，$\text{ClickWeight}(q_i)$ 是关键词 q_i 的关联分数，通过离线数据挖掘得到。

4.6　特征融合

相关性、权威性、时效性以及点击反馈等都是描述文档内容能否满足用户需求的非常重要的因子，但这些独立的因子都只是局部描述，单独使用其中任何一个都不能系统地描述所有信息。另外，孤立地使用某些维度的特征会丢失不同维度信息之间相互交互的机会。为了系统且充分地利用不同维度的信息对查询词和文档的信息匹配程度做出全面的评估，需要将不同维度的因子融合在一起提高评估的准确性。本节介绍线性组合、相关性优先组合、机器学习组合以及混合组合等特征融合方式。

4.6.1　线性组合

线性组合用不同的权重因子对不同维度的信息做加权求和。按照本章所述内容，将相关性因子拆解为相关性、权威性、时效性和点击反馈 4 个维度的信息。可以使用不同的权重因子得到如下框架以建模查询词与文档之间的评分系统：

$$\text{Score}(Q,D) = w_r\text{Rel}(Q,D) + w_a\text{Auth}(D) + w_t\text{Timeliness}(D) + w_f\text{Feedback}(Q,D) \tag{4.31}$$

其中，各参数的含义如下。

- Score(Q, D)：文档 D 与查询 Q 的综合评分。
- Rel(Q, D)：描述文档 D 与查询 Q 之间的相关性的分数。
- Auth(D)：描述文档 D 的权威性的分数。
- Timeliness(D)：描述文档 D 的时效性的分数。
- Feedback(Q, D)：用户的点击反馈数据。

w_r、w_a、w_t、w_f 分别是相关性、权威性、时效性和点击反馈的权重。权重的选择通常基于经验、启发式或者机器学习方法。式（4.31）提供了一个结构化的线性加权方法来评估文档和查询之间的关系，这样做的优点是简单且可解释性比较好，但它无法从系统上保证得到的结果是相关的，从而可能会使权威性或者时效性较高但是不相关的文档排在相关文档之前。

4.6.2 相关性优先组合

为了强调相关性的重要性，保证相关性高的结果排在前面，我们可以将上述框架调整为

$$\text{Score}(Q, D) = \text{Rel}(Q, D)\,[1 + \text{Auth}(D)]\,[1 + \text{Timeliness}(D)]\,[1 + \text{Feedback}(Q, D)] \quad (4.32)$$

上述调整会优先强调相关性的作用，保证首先找到相关的内容，然后在此基础上调整权威性、时效性和点击反馈的作用。对于相关性不高的文档，即使其权威性、时效性再高，整体评分也不会太高。

这里的 Feedback 是一个比较特殊的因子，它是用户对搜索结果的直接投票，是搜索质量的系统体现。为了体现点击反馈的重要性，有时需要将它和相关性并列放在前面：

$$\text{Score}(Q, D) = [\text{Rel}(Q, D) + \alpha\text{Feedback}(Q, D)]\,[1+\text{Auth}(D)]\,[1+\text{Timeliness}(D)] \quad (4.33)$$

其中 α 用于调节相关性和点击反馈之间的相对重要程度。

4.6.3 机器学习组合

实际的搜索引擎用到的特征比较多，经验公式的具体形式以及各个因子具体的权重设定需要根据具体的搜索任务悉心调整。有时候会出现"跷跷板"现象，将搜索结果的某些指标调好，另外一些指标就会受到负面影响。因此，在实际应用中会大量采用机器学习的框架将不同的因子自动组合在一起。

用机器学习解决信息检索问题的基本方法是将各种因子组合成特征向量，利用自动或者人工标注数据获得特征向量对应的标签，然后用机器学习的方法如逻辑回归、支持向量机、决策树或者神经网络等拟合特征向量和标签之间的对应关系，这类方法的典型代表是排序学习（Learning to Rank，LTR）。本书会在排序学习相关章节具体介绍相关内容，本章中仅简略介绍机器学习方法在文本召回和相关性计算领域的应用。

用机器学习实现文本召回和相关性计算有两种思路，一种是端到端的建模，将各个因子拼成完整的特征向量输入机器学习模型中，然后输出最终的召回分数。例如：

$$\text{Score}(Q, D) = \text{Evaluate}([\text{RelFeat}(Q, D), \text{AuthFeat}(Q, D), \text{TimeFeat}(Q, D), \text{FeedbackFeat}(Q, D)]) \quad (4.34)$$

其中 Evaluate 为具体的机器学习模型，可以是逻辑回归、支持向量机、决策树或者神经网络等具体实现中的一种，而 [RelFeat(Q, D), AuthFeat(Q, D), TimeFeat(Q, D), FeedbackFeat(Q, D)] 是相关性、权威性、时效性和点击反馈特征组构成的特征向量。图 4.4 所示是这一过程的可视化描述，出于对计算效率的考虑，在这一阶段通常会使用计算效率较高的线性模型、支持向量机或者树模型对特征向量进行评分。

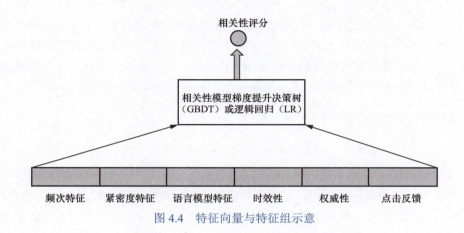

图 4.4 特征向量与特征组示意

4.6.4 混合组合

机器学习公式端到端地对问题进行建模，其优点是利用数据驱动的思想提升效果。但其弊端是有可能不会将相关性排在最高优先级，另外结果也不可解释。为了综合利用经验公式与机器学习的优点，一种做法是用机器学习公式预测经验公式中的部分因子，但最终的分数由经验公式给出。例如，可以只用机器学习的方法对相关性进行建模，但仍采用经验公式融合其他因子给出最终的评分：

$$\text{Score}(Q, D) = \text{RelModel}(Q, D)\ [1+\text{Auth}(D)]\ [1+\text{Timeliness}(D)]\ [1+\text{Feedback}(Q, D)] \qquad (4.35)$$

其中 RelModel(Q, D) 是机器学习模型，其他因子则仍然由经验公式给出。

4.7 小结

在目前的搜索引擎架构中，关键词检索仍然是必不可少且非常重要的功能，在网页搜索中仍然有大部分的流量是通过关键词检索贡献的。作为信息检索的第一阶段，关键词检索会读取倒排索引直接面对十亿量级的候选文档。这一阶段对计算效率的要求非常高，因此需要平衡检索效果与计算效率，为了在不降低计算效果的前提下提升计算效率，搜索引擎通常会采用信息漏斗的方式层层过滤，即先用复杂度比较低的计算函数（例如 BM25）预过滤一部分文档，然后在初步过滤的基础上计算本章中提到的这些特征，做进一步筛选，具体如图 4.5 所示。

本章系统地介绍了相关性计算因子，包括词袋模型和紧密度模型的相关特征，还介绍了权威性模型、时效性模型和点击反馈模型等。这些模型通过对查询词和文档的命中位置和文档属性的分析还原查询词和文档之间的语义关系。结合其他的技术与大量的反馈数据，相关性模型在普遍情况下可以取得不错的效果。但语言是一个非常复杂且微妙的系统，文本上略微改动就有可能带来语义上的较大改动，所以相关性特征只能做到"形似"，离"神似"还有一段距离，因此基于文本匹配的相关性计算方法有可能在某些情况下出现"貌合神离"的情况。为了达到"神形兼备"的状态，需要结合更复杂的语义召回模型来解决问题。

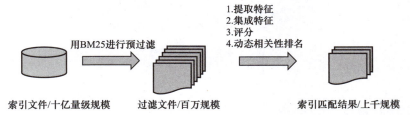

图 4.5　相关性计算在关键词检索阶段的位置与作用示意。关键词检索需要直接读取倒排索引中几十亿个文档，会先用比较简单的计算规则初步筛选出相关文档，然后对每一个文档动态计算相关性分数并进一步筛选出相关性高的文档

第 5 章

排序学习

文明始于秩序。

——威尔·杜兰特《文明的故事》

排序（Ranking）是搜索引擎的核心功能，其关键问题是如何将最好的结果排在最前面呈现给用户。这涉及搜索结果的相关性、时效性、权威性和点击反馈等因素。本章首先介绍搜索结果中排序效果的评价指标，然后讨论早期的单因子排序模型——这些模型虽然能在特定维度上对相关性进行建模，但通常无法处理更复杂的多因子排序情况。

随着机器学习技术的进步，基于机器学习的排序方法已成为提高相关性的主流策略。这包括 Pointwise、Pairwise 和 Listwise 等方法，它们各自针对不同的排序场景和问题进行优化。在讨论这些方法时，不可避免地需要关注目标函数、模型表达和特征设计，这三者构成了一个完整的排序学习框架。

除了相关性，有效的搜索引擎排序还需考虑其他因素，如时效性。本章将重点讨论如何在排序模型中整合时效性等非相关性因素，以及如何在保证相关性的同时，综合考虑这些因素，以优化排序结果。

5.1 排序效果的评价指标

在了解具体的排序方法之前，需要先理解什么样的排序效果是好的。因为只有对评价体系有了深刻的认识，才能把握好排序模型的优化方向。基础的排序指标评价体系主要关注相关性，在具体业务落地过程中则需要和具体的业务指标相结合。本节主要介绍排序效果的基本评价指标，例如精确率、MRR、AUC 等。

5.1.1 精确率与召回率

精确率（Precision）是指在所有被模型判定为正样本的集合中，真实的正样本所占的比例。

在搜索引擎的语境中，精确率是指信息检索模型返回的文档中，相关文档所占的比例。例如，引擎返回了 100 个结果，其中有 80 个与用户查询相关，那么精确率为 80%。精确率可用于评估分类器在所有样本中正确分类的能力。精确率越高，则说明分类器的预测结果与实际结果越接近。

$$Precision_q = \frac{\sum_{<i,d>\in R_q} \mathrm{rel}_q(d)}{|R_q|} \tag{5.1}$$

其中，

$$\mathrm{rel}_q(d) = \begin{cases} 1 & d \text{ 与 } q \text{ 相关} \\ 0 & \text{其他} \end{cases}$$

$\mathrm{rel}_q(d)$ 的取值决定了查询词 q 与文档 d 是否相关，R_q 是查询词 q 的召回集合，$|R_q|$ 是召回的文档数量。

召回率（Recall）是指分类器正确预测的正样本数与实际正样本数之比，用于衡量分类器找出所有正样本的能力。召回率越高意味着分类器能够找出更多的正样本。

$$Recall_q = \frac{\sum_{<i,d>\in R_q} \mathrm{rel}_q(d)}{\sum_{d\in D} \mathrm{rel}_q(d)} \tag{5.2}$$

图 5.1 给出了精确率与召回率的定义示意。

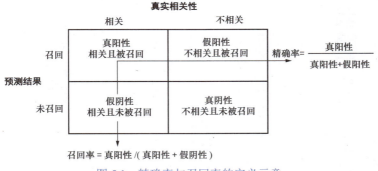

图 5.1　精确率与召回率的定义示意

5.1.2　MRR

MRR（Mean Reciprocal Rank）是一种搜索算法评价机制，会取第一个相关文档所在位置的倒数作为得分。相关文档排名越靠前，其得分越高。MRR 仅关注第一个正确答案的位置。第一个位置的权重是 1，第二个位置的权重是 1/2，第三个位置的权重是 1/3，以此类推。对所有查询词的倒数排序求平均得到的结果就是倒数排序的均值。

$$\mathrm{MRR} = \frac{1}{|Q|}\sum_{i=1}^{|Q|}\frac{1}{\mathrm{rank}_i} \tag{5.3}$$

如图 5.2 所示，如果一个系统对 3 个查询返回的第一个正确答案分别位于列表的第一、第二和第五个位置，那么

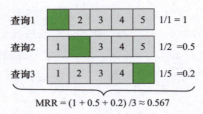

图 5.2　MRR 计算示意。图中绿色位置表示相关，灰色位置表示不相关

$$\text{MRR} = \frac{1}{3}\left(\frac{1}{1} + \frac{1}{2} + \frac{1}{5}\right) \approx 0.567 \tag{5.4}$$

5.1.3　MAP

　　平均精确率均值（Mean Average Precision，MAP）对多个查询的平均精确率（Average Precision，AP）进行了平均，而 AP 是单个查询的精确率和召回率的综合评价指标。MAP 计算过程示意如图 5.3 所示。

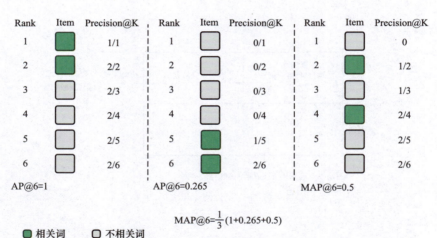

图 5.3　MAP 计算过程示意

　　对于单个查询，AP 是所有相关文档的精确率的平均值。精确率是指检索出的相关文档占所有检索出的文档的比例。其表达式为

$$\text{AP}(q) = \frac{\sum_{k=1}^{n} P(k) \times \text{rel}_q(d)}{\sum_{d \in D} \text{rel}_q(d)} \tag{5.5}$$

　　对于所有查询的集合，MAP 是所有查询的 AP 的平均值。对于一个数据集，MAP 的计算公式是

$$\mathrm{MAP} = \frac{\sum_{q \in Q} \mathrm{AP}(q)}{|Q|} \tag{5.6}$$

5.1.4 AUC

AUC（曲线下面积）的全称是 Area Under Curve，这里的 Curve 指的是 ROC（Receiver Operating Char acteristic）曲线，这条曲线体现了 TPR（True Positive Rate，真阳性率）和 FPR（False Positive Rate，假阳性率）之间的关系。TPR 的计算公式为

$$\mathrm{TPR} = \frac{\mathrm{TP}}{\mathrm{TP+FN}} \tag{5.7}$$

TPR 的计算公式和式（5.2）相同，TPR 指的就是召回率。FPR 的计算公式为

$$\mathrm{FPR} = \frac{\mathrm{FP}}{\mathrm{FP+TN}} \tag{5.8}$$

上述公式中的分子是召回的负样本数，分母是被召回的负样本以及未被召回的负样本，也就是全部的负样本，所以 FPR 如其名，就是负样本被召回的比例。在同一个分类模型下面，当将分类的阈值设得比较小时，会召回更多的正样本，但同样也会召回更多的负样本，可谓"泥沙俱下"。增大分类的阈值，减少负样本的同时也减少了正样本，可谓"投鼠忌器"。

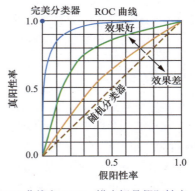

图 5.4 展示了不同分类效果的 ROC 曲线，理想的分类模型 AUC=1，ROC 曲线越靠近左上角效果越好。

AUC 的另外一个含义是模型对正样本的预测分数高于负样本的概率。在此定义下，可以直接用样本的预测分数和标注结果计算。最简单的计算方法是循环遍历每个正样本，计算有多少个负样本排在其后，用此数目除以最大可能的数目得到 AUC。

AUC 计算过程如清单 5.1 所示。

图 5.4 ROC 曲线和 AUC。横坐标是假阳性率，纵坐标是真阳性率。曲线下的面积是 AUC 的值。如果一个模型能够在真阳性率比较高的同时保持比较低的假阳性率，说明模型的分类能力比较强，这时 AUC 的值会比较大，即好的分类器同时具有高的准确率和召回率，对应的真阳性率比较高而假阳性率比较低

清单 5.1 AUC 计算过程

```
def auc_brute_force(labels,scores):
    n_pos = sum(labels)
    n_neg = len(labels) - n_pos
    total_pair = n_pos * n_neg
```

```
    ls_pairs = zip(labels,scores)
    ls_pairs = sorted(ls_pairs,key=lambda x:x[1]) //排序标签分数
        pairs in ascending ordered_pairs = 0
    neg_above = 0
    ordered_pair = 0
    for i in range(len(ls_pairs)):
        if labels_preds[i][0] == 1:
            ordered_pairs += neg_above
        else:
        neg_above += 1

    return ordered_pairs / float(total_pair)
```

另外一种计算方法是按照预测分数排序后统计正样本的位置，根据正样本的位置计算出正样本排在负样本前的概率。计算公式如下：

$$
\text{AUC} = \frac{\sum_{i \in \text{positive}} \text{rank}_i - \dfrac{M(1+M)}{2}}{M \times N} \tag{5.9}
$$

其中 M 是正样本数，N 是负样本数，rank_i 是文档 i 的排序位置（从 1 开始计数），它代表该样本前面有多少个样本。所有正样本的排序位置之和减去正样本之间的无效比较次数 $M(M+1)/2$ 就得到有序的正负样本对数量，除以全部的正负样本对数量（$M \times N$）就得到 AUC。

5.1.5　NDCG

归一化折损累计增益（Normalized Discounted Cumulative Gain，NDCG）是一种同时考虑了相关性等级和位置的排序指标，其基本思想是相关性高的结果如果排在前面，则排序效果更好。NDCG 为网页的相关性划分了 5 个等级，分别对应着非常差、比较差、一般、较好、非常好，评分是 1 ～ 5 分。NDCG 对不同级别的相关性做位置加权，位置的权重是 $\log_2(i+1)$。最前面的权重最大，越往后权重越小。DCG（折损累计增益）计算公式如下：

$$
\text{DCG}_q = \sum_{i=1}^{n} \frac{2^{\text{rel}_q(d_i)} - 1}{\log_2(i+1)} \tag{5.10}
$$

上述公式表达的意思是如果把相关性最高的结果排在前面，不相关的结果往后排，那么这种排序结果就是好的。对于给定的排序结果，如果没有按照位置排序，那么可以调整部分文档的排序位置达到 NDCG 得分最高的状态。这种状态下的得分称为理想折损累计增益（Ideal DCG，IDCG），用 IDCG 对 DCG 做归一化就得到 NDCG，即

$$
\text{NDCG}_q = \frac{\text{DCG}_q}{\text{IDCG}_q} \tag{5.11}
$$

假设有 D_1 到 D_6 这 6 个文档，标注的相关性分数分别是 3、2、3、0、1、2。0 代表非常不相关，1 代表比较不相关，2 表示比较相关，3 表示非常相关。那么 NDCG 中的 CG，即累积增益（Cumulative Gain）的计算公式为

$$\mathrm{CG}_6 = \sum_{i=1}^{6} \mathrm{rel}_i = 3+2+3+0+1+2 = 11 \tag{5.12}$$

在上述计算过程中并没有把位置因素考虑在内，因此交换任意两个文档并不影响最终结果。为了衡量相关文档是否排到头部位置，我们将位置的权重加到式（5.10）中，即可得到

$$\mathrm{DCG}_6 = \sum_{i=1}^{6} \frac{\mathrm{rel}_i}{\log_2(i+1)} = 3+1.262+1.5+0+0.387+0.712 = 6.861 \tag{5.13}$$

可以看到，这个文档序列其实可以排得更好，把高分的往前排，低分的往后排，得分会更高。按照最优序列重新计算得到的最大 DCG 分数是 IDCG（或者 maxDCG），在此例中，最优序列是 3, 3, 2, 2, 1, 0。

按此最优序列计算得到的 IDCG_6 的值为 7.141，据此得到

$$\mathrm{NDCG}_6 = \frac{\mathrm{DCG}_6}{\mathrm{IDCG}_6} = \frac{6.861}{7.141} \approx 0.961 \tag{5.14}$$

5.2 经典相关性模型

在将基于机器学习的方法引入信息检索系统之前，BM25、向量空间模型（Vector Space Model，VSM）和语言模型（Language Model，LM）等模型被用来评估查询 – 文档对的相关性。这些模型使用词频、文档频率和其他统计度量的组合来计算相关性分数，以下简要介绍这些模型的用法。

5.2.1 BM25

BM25 通过考虑查询词的频率和分布以及文档的长度来计算每个文档的相关性分数。 BM25 的主要思想是根据词频、逆向文档频率和文档长度等为每个查询 – 文档对计算相关性分数。对于给定的查询词 Q 及其包含的词 $t_1, \cdots, t_n$，文档 D 的 BM25 分数计算表达式如下：

$$\mathrm{BM25}(D,Q) = \sum_{i=1}^{n} \frac{\mathrm{IDF}(q_i) \cdot \mathrm{TF}(q_i, D) \cdot (k_1+1)}{\mathrm{TF}(q_i, D) + k_1 \cdot \left(1 - b + b \cdot \dfrac{|D|}{\mathrm{avgdl}}\right)} \tag{5.15}$$

其中 $\mathrm{TF}(q_i, D)$ 是词 q_i 出现在文档 D 中的频次，$|D|$ 是文档长度，即文档的词数。avgdl 是全部候选集的平均文档长度。k_1、b 是 BM25 公式的参数，分别控制词频的缩放因子和文档长度的归一化程度。这些参数的典型值是 $k_1 = 1.2$ 和 $b = 0.75$。$\mathrm{IDF}(q_i)$ 是逆向文档频率，定义如下：

$$\mathrm{IDF}(q_i) = \log \frac{N - n(q_i) + 0.5}{n(q_i) + 0.5} \tag{5.16}$$

其中 N 是全部的文档数，$n(q_i)$ 是包含 t 的文档数。BM25 公式包括以下 3 个部分。

（1）词频（TF）：词频分量对文档 D 中查询词 q_i 的频率进行标准化。随着词频的提高，相关性分数提高，但收益递减。参数 k_1 控制词频的缩放因子。

（2）逆向文档频率（IDF）：IDF 分量 IDF (q_i) 衡量集合中查询词 q_i 的重要性。稀有查询词通常被认为包含更大的信息量，因此包含稀有查询词的文档的相关性分数更高。

（3）文档长度归一化：文档长度归一化分量基于文档长度调整相关性分数。参数 b 控制归一化程度，其中 $b = 0$ 对应无归一化，$b = 1$ 对应完全归一化。

BM25 是一种在信息检索系统中广泛使用的排名函数，具备有效性和简单性特点。通过结合词频、逆向文档频率和文档长度归一化等，BM25 为各种搜索任务提供了一种鲁棒性好且高效的排名机制。

5.2.2　向量空间模型

向量空间模型（VSM）是一种代数模型，用于在信息检索中将文档和查询词表示为高维空间中的向量。其基本思想是通过计算相应向量之间的余弦相似性来量化文档和查询词之间的相似性。

文档和查询词表示　在向量空间模型中，文档和查询词被表示为查询词权重向量。假设有一个包含 t 个唯一查询词（即词汇表）的文档集合，每个文档 D 和查询词 Q 可以表示为具有 t 维的向量：

$$D = (w_{d1}, w_{d2}, \cdots, w_{di})$$
$$Q = (w_{q1}, w_{q2}, \cdots, w_{di})$$

其中 w_{di} 表示文档 D 中查询词 i 的权重，w_{qi} 表示查询词 Q 中查询词 i 的权重。查询词权重可以使用各种方法计算，例如原始词频、TF-IDF 或其他查询词加权方案。

余弦相似性　要评估文档 D 和查询词 Q 之间的相似性，计算它们各自向量之间的余弦相似性：

$$\cos(D, Q) = \frac{D \cdot Q}{\| D \| \cdot \| Q \|} = \frac{\sum_{i=1}^{t} w_{di} \cdot w_{qi}}{\sqrt{\sum_{i=1}^{t} w_{di}^2} \cdot \sqrt{\sum_{i=1}^{t} w_{qi}^2}} \tag{5.17}$$

余弦相似性的取值范围是 -1 到 1，-1 表示完全不相似的向量，1 表示相同的向量，0 表示正交（独立）向量。在实践中，查询词权重通常是非负的，因此余弦相似性值的范围为 0 到 1。

文档排序　在计算查询词和文档集合中每个文档之间的余弦相似性后，根据相似性分数对文档进行排序。余弦相似性越高，文档与给定查询词的相关性就越高。这个按相似性分数排序的文档列表构成了呈现给用户的搜索结果。

5.2.3　语言模型

语言模型是一类概率模型，用于估计单词序列的概率分布。对于信息检索任务，我们可以利用语言模型通过估计从每个文档生成给定查询的概率来对文档进行排序。其关键思想是生成查询概率较高的文档被认为更相关。

文档建模　为文档集合中的每个文档创建一个语言模型。通常使用一元语言模型，以独立地考虑文档中的每个查询词。可以使用最大似然估计（MLE）计算文档 D 中查询词 t 的概率：

$$P(t \mid D) = \frac{f(t, D)}{|D|} \tag{5.18}$$

其中 $f(t, D)$ 表示文档 D 中查询词 t 的频率，$|D|$ 表示文档 D 的长度（D 的总查询词数）。

查询似然　给定查询词 $Q = q_1, q_2, \cdots, q_n$，查询似然是从文档的语言模型生成查询的概率。假设文档中的查询词是独立的，可以将查询似然计算为各个查询词概率的乘积：

$$P(Q \mid D) = \prod_{i=1}^{n} P(q_i \mid D) \tag{5.19}$$

平滑策略　在最大似然估计中，每个文档中查询词的概率是基于该文档中查询词出现的频率来计算的。然而，这种方法容易导致过拟合问题，特别是当查询中的某个查询词没有出现在文档中时。为了解决这个问题，引入平滑策略，将背景语言模型（即整个文档集合的统计信息）与文档的语言模型相结合。

引入背景语言模型的目的是在计算文档中查询词概率时，充分考虑整个文档集合的信息。这样可以防止过拟合，使得模型对那些在文档中未出现的查询词具有更好的鲁棒性。

$$p(q_i \mid D) = (1 - \lambda) \frac{\mathrm{TF}(q_i, D)}{|D|} + \lambda p(q_i \mid C) \tag{5.20}$$

其中 $p(q_i \mid C)$ 是词在背景语言模型上的分数，$\lambda \in [0, 1]$ 为平滑参数。

文档排序　根据文档的查询似然对文档进行排序。查询似然越高，文档与给定查询词的相关性就越高。这个按查询似然排序的文档列表构成了呈现给用户的搜索结果。

5.2.4　经典相关性模型的缺点

虽然前述模型在许多信息检索任务中非常有效，但是在处理复杂排名模式和利用大规模标注数据方面存在以下局限性。

- 信息类型有限：这些模型主要利用查询词的词频、逆向文档频率等统计属性。然而，网页本身的质量（如权威性、时效性）和搜索上下文信息等对搜索结果的影响也非常重要，这些因素在经典模型中并未得到充分考虑。
- 无法充分利用标注数据和点击反馈：经典模型没有利用标注数据或点击反馈数据来调整参数以提高搜索效果。
- 模型简单：经典相关性模型试图用简单的模型或公式解决复杂的搜索问题，其效果可能无法达到满意的程度。
- 适应性不足：经典模型在数据分布、用户偏好或搜索任务发生变化时可能无法很好地适应。

随着机器学习技术的出现，排序学习作为一种强大的方法在许多方面具有优势，可以在各种信息检索任务中实现更好的性能，所以机器学习方法从被引入信息检索开始越来越重要，逐渐成为搜索引擎必不可少的核心方法。

5.3　经典排序学习方法

排序学习是用机器学习方法解决搜索排序问题的方法的总称，其基本思想是将搜索排序问题转化为机器学习问题（如分类、回归等），并利用大量标注数据来学习查询 – 文档特征与相关性之间的复杂关系。排序学习方法可以灵活地捕捉各种排序模式，同时在许多信息检索任务中实现更高的性能。尽管排序学习方法也存在如特征工程、训练数据标注成本和计算复杂性等问题，但其依然是许多搜索引擎和推荐系统中采用的核心排序方法。

排序学习的核心组成包括目标函数、模型表达和特征设计 3 个部分。这里要提到一个概念——损失函数。损失函数是一种衡量模型预测与实际标签之间差异的指标。在排序学习中，损失函数通常针对排序任务进行设计，以便最小化预测排序与实际排序之间的差异。常见的损失函数包括均方误差（用于回归任务）、交叉熵损失（用于分类任务），以及更针对排序任务的损失函数，如排序损失、NDCG 损失等。

排序学习的目标函数主要分为 Pointwise、Pairwise 和 Listwise 三大类，它们之间的主要区别是如何在目标函数的设计中组织同一个查询词下的不同文档。Pointwise 在目标函数设计中对不同的文档进行独立建模，假设它们服从独立同分布；Pairwise 则在目标设计中对同一个查询词下面的不同文档进行两两比较；Listwise 则将同一个查询词下面的所有文档放在一起比较。

模型表达是指用于表示学习到的关系的数学形式。在排序学习中，模型表达通常表示查询 – 文档对的相关性得分函数。常见的模型表达形式包括线性模型、非线性模型、树模型和深度神经网络等。这些模型可以捕捉特征与相关性之间不同程度的复杂关系，从而提供灵活性以适应各种信息检索任务。

从排序学习模型的整个生命周期来看，可以将排序学习系统分为训练和预测两个阶段，如图 5.5 所示。在训练阶段，排序学习利用一组已知输入输出对（训练数据）来学习一个映射函数，该函数可以预测新的、未知的输入数据的输出。离线训练的模型用于在线相关性的预测。有监督机器学习的主要组成部分包括特征输入、模型表达和损失函数等。在经典的排序学习系统框架中，特征通常是预先定义和提取的，因此本节将重点关注模型表达和损失函数。

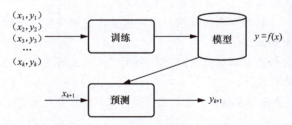

图 5.5　排序学习系统框架。排序学习系统整体上包含两个阶段：训练阶段（Learning）和
预测阶段（Prediction）。在训练阶段根据训练样本特征和标记生成模型（Model），
在预测阶段根据模型给新样本打分

5.3.1 Pointwise

Pointwise 是最基本的用机器学习思路解决排序问题的方法之一。它将排序问题视为分类或回归问题，并使用机器学习的相应算法预测相关性分数。这种方法将每个候选文档的相关性预测视为相互独立的问题，单独预测每个文档的相关性绝对值。

在训练集中，假设文档及其对应的真实标签为独立同分布（Independent and Identically Distributed，简称 i.i.d.）的随机变量，它们是从输入空间和输出空间的乘积中抽样而来的。通过这种假设，可以利用现有的机器学习算法（如线性回归、逻辑回归、支持向量机等）来解决排序问题。

以二分类为例，候选排序文档标签分为相关文档与不相关文档两种类型，相关文档的标签为 1，不相关文档的标签为 0。待训练的分类模型预测给定查询词和候选文档属于某一类的概率，输出值将作为相关性分数。为了描述清楚问题，我们引入以下两个中间定义。

- 定义 $\bar{P}$ 为候选文档标签是 1 的概率。对于相关文档，$\bar{P}=1$；对于不相关文档，$\bar{P}=0$。
- 定义 P 为将候选文档分到相关文档一类的概率。其数学表达式为

$$P = \frac{1}{1+\exp^{-f(x)}} \tag{5.21}$$

其中 f 是要建模的相关性评测函数，x 是特征向量。

基于以上两个概率值定义，建模目标是让模型预测的分类结果与真实的相关性标记结果一致，因此，引入交叉熵函数衡量真实概率与预估概率的一致性：

$$\text{loss}(y,f) = -\bar{P}\log P - (1-\bar{P})\log(1-P) \tag{5.22}$$

$\bar{P}$ 是 y 为正样本的概率，当 y 为正样本时 $\bar{P}$ 的取值为 1，反之为 0。对于正样本，$\bar{P}=1$，$1-\bar{P}=0$，式（5.22）可简化为

$$\text{loss}(y,f) = -\bar{P}\log P - (1-\bar{P})\log(1-P) \tag{5.23}$$

$$= -\log P \tag{5.24}$$

类似地，对于负样本，有

$$\text{loss}(y,f) = -\log(1-P) \tag{5.25}$$

从图 5.6 可以看出，在不同的标记下，模型预测分数和损失函数的关系。对于正样本，即 $\bar{P}=1$，模型预测的排序分数越高，损失函数值越小；对于负样本，即 $\bar{P}=0$，模型预测的排序分数越低，损失函数值越小。有了损失函数，我们就可以利用机器学习中的优化方法优化模型。

正负样本分别对函数 f 求导，对于正样本，则有

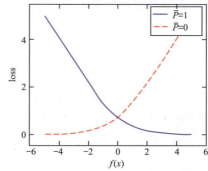

图 5.6　正负样本两种标记对应的损失函数曲线。横坐标是模型的预测分数，纵坐标是对应的损失函数值

$$\frac{\partial l}{\partial f} = \frac{\partial l}{\partial P}\frac{\partial P}{\partial f} = -\frac{1}{P}\cdot P(1-P) = P-1 = P-\bar{P} \tag{5.26}$$

对于负样本，则有

$$\frac{\partial l}{\partial f} = \frac{\partial l}{\partial P}\frac{\partial P}{\partial f} = \frac{1}{1-P} \cdot P(1-P) = P = P - 0 = P - \bar{P} \qquad (5.27)$$

结合式（5.26）和式（5.27）得

$$\frac{\partial l}{\partial f} = P - \bar{P} \qquad (5.28)$$

即损失函数对于预测函数的导数为预测概率与真实概率之间的差值，假设用梯度下降法对函数 $f(x)$ 中的具体参数进行更新，则有

$$\theta' = \theta - \eta\frac{\partial L}{\partial \theta} = \theta - \eta(P - \bar{P})\frac{\partial f}{\partial \theta} \qquad (5.29)$$

以上讨论过程中的 $f(x)$ 是具体的模型结构，可以选择逻辑回归模型、梯度提升决策树或者神经网络作为具体的实现途径。

5.3.2 Pairwise

相对于 Pointwise，Pairwise 关注的是两个文档之间的排序关系是否正确而非它们的绝对预测分数，它优化的是排序文档之间的偏序关系。RankNet、LambdaRank 以及 GBRank 都是经典的 Pairwise 模型。

RankNet　RankNet 是非常经典的 Pairwise 模型。在 RankNet 中，待排序文档不必有绝对的标注分数，而只需要知道同一个查询词返回的两个文档哪个更好。优化目标是让模型分数的比较关系与文档的比较关系一致，即给较好的文档较高的排序分数，给较差的文档较低的排序分数。给定两个文档 d_i 和 d_j，它们之间的比较关系用 $\bar{P}_{ij}$ 表示，即

$$\bar{P}_{ij} = \begin{cases} 1 & \mathrm{rel}(d_i) > \mathrm{rel}(d_j) \\ 0 & \mathrm{rel}(d_i) < \mathrm{rel}(d_j) \\ 0.5 & \mathrm{rel}(d_i) = \mathrm{rel}(d_j) \end{cases} \qquad (5.30)$$

式（5.30）定义了两个文档的标注结果的直接比较关系。假设 s_i、s_j 分别表示 d_i 和 d_j 的输出分数，将 Sigmoid 函数作用在两个文档的模型分数差值 $(s_i - s_j)$ 之上就可得到模型对两者评分比较的概率关系，即

$$P_{ij} = \frac{1}{1 + \exp^{-(s_i - s_j)}} \qquad (5.31)$$

RankNet 用交叉熵作为损失函数优化排序模型，让 $\bar{P}_{ij}$ 与 P_{ij} 保持一致（见图 5.7），其表达式为

$$l_{ij} = -\bar{P}_{ij}\log P_{ij} - (1 - \bar{P}_{ij})\log(1 - P_{ij}) \qquad (5.32)$$

当 d_i 比 d_j 的相关性高时，$\bar{P}_{ij} = 1$，式（5.32）可以改写为

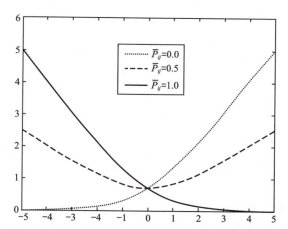

图 5.7　RankNet 的损失函数。横坐标是 (f_i-f_j)，纵坐标是损失函数值。当 $\overline{P}_{ij}=0.0$，d_i 比 d_j 差时，(s_i-s_j) 的值越小，损失函数值越小，反之越大；当 $\overline{P}_{ij}=0.5$，d_i 与 d_j 质量相同时，s_i 与 s_j 相同，损失函数值最低；当 $\overline{P}_{ij}=1$，d_i 比 d_j 好时，(s_i-s_j) 的值越大，损失函数值越小，反之越大

$$l_{ij} = -\log P_{ij}$$
$$= -\log \frac{1}{1+\exp^{-(s_i-s_j)}}$$
$$= \log(1+\exp^{-(s_i-s_j)})$$

当 d_i 比 d_j 的相关性低时，$\overline{P}_{ij}=0$，式（5.22）可以改写为

$$l_{ij} = -\log(1-P_{ij})$$
$$= \log(1+\exp^{(s_i-s_j)})$$
$$= \log(1+\exp^{-(s_j-s_i)})$$

无论上述哪种情况都可以得到

$$\frac{\partial l_{ij}}{\partial s_i} = -\frac{\partial l_{ij}}{\partial s_j} \tag{5.33}$$

也就是说，损失函数对 s_i 和 s_j 下面两个文档的导数幅度相同、方向相反。用随机梯度下降优化算法，则模型的参数更新为

$$w_k \to w_k - \eta \frac{\partial C}{\partial w_k} = w_k - \eta\left(\frac{\partial C}{\partial s_i}\frac{\partial s_i}{\partial w_k} + \frac{\partial C}{\partial s_j}\frac{\partial s_j}{\partial w_k}\right) \tag{5.34}$$

根据一阶泰勒展开式 $f(x+\Delta x)=f(x)+\Delta x f'(x)$，梯度更新后损失函数的变化值为

$$\delta L = L(w-\eta\Delta w) - L(w) = L(w) - \eta\Delta w L'(w) - L(w) = -\eta\Delta w^2 < 0 \tag{5.35}$$

参数更新对 s_i 和 s_j 内两个文档分数差值的影响如下：

$$(s_i^{k+1} - s_j^{k+1}) - (s_i^k - s_j^k)$$

$$= (s_i^{k+1} - s_i^k) - (s_j^{k+1} - s_j^k)$$

$$= \delta w \frac{\partial s_i^k}{\partial w} - \delta w \frac{\partial s_j^k}{\partial w}$$

$$= \delta w \left(\frac{\partial s_i^k}{\partial w} - \frac{\partial s_j^k}{\partial w} \right)$$

$$= \left(\frac{\partial s_i^k}{\partial w} - \frac{\partial s_j^k}{\partial w} \right)^2 > 0$$

所以参数的更新会使正负样本之间的分数差值更大。

将同一个查询词下面的文档两两比较，有

$$L_q = \sum_{d_i, d_j \in R_q} l_{ij} \tag{5.36}$$

在全部查询词上优化，得

$$L = \min \sum_{q \in Q} L_q \tag{5.37}$$

LambdaRank RankNet 的目标是优化逆序对数，但是没有区分不同位置上文档的错位。比如，一个相关的文档和不相关的文档是在头部没被排序正确还是在尾部没被排序正确，对 RankNet 来说并没有区别，但是从排序效果上来看，显然头部位置的排序是否正确对整体的排序质量影响更大一些，因此 NDCG 等评价指标将位置作为权重衡量最终的排序效果。LambdaRank 在 RankNet 的基础上将最小化 Pairwise error 推进为优化具体的评价指标。注意，任何模型的更新只需要梯度，优化函数并不是必需的。所以可以想象有一个优化函数，其梯度更新为

$$\lambda_{ij} = \frac{\partial C(s_i - s_j)}{\partial s_i} = \frac{-\sigma}{1 + \exp[\sigma(s_i - s_j)]} |\Delta_{\text{NDCG}}| \tag{5.38}$$

每个参数的梯度更新为

$$w_k = w_k + \eta \frac{\partial C}{\partial w_k} \tag{5.39}$$

$$\delta s_i = \frac{\partial s_i}{\partial w_k} \delta w_k = \frac{\partial s_i}{\partial w_k} \left(-\eta \lambda \frac{\partial s_i}{\partial w_k} \right) < 0$$

$$\delta s_j = \frac{\partial s_j}{\partial w_k} \delta w_k = \frac{\partial s_j}{\partial w_k} \left(-\eta \lambda \frac{\partial s_j}{\partial w_k} \right) > 0$$

在计算的时候，每对文档都会产生一个 λ 值。对同一个查询词下面的所有文档，将该文档所参与的比较产生的 λ 累积在一起，构成该文档的最终 λ 值。累积计算完成之后，将 λ 值乘以学

习率更新模型参数。尽管 LambdaRank 在优化时梯度的计算是两两进行的，但是 Δ_{NDCG} 的计算涉及是同一个查询词下的所有文档，所以从这个角度上来说，LambdaRank 实际上是 Listwise 排序方式。

除了 RankNet 和 LambdaRank，GBRank 也是非常经典且提出时间比较早的一种 Pairwise 模型。它的目标函数表达式为

$$L(f_i, f_j) = \frac{1}{2} \sum_{i=1}^{N} (\max\{0, \tau - (f_i - f_j)\})^2 \qquad (5.40)$$

$f(x)$ 是排序函数，$\tau\,(0 < \tau \leqslant 1)$ 是参数。当 f_i 比 f_j 大时，损失值为零；反之，损失值为 $\frac{1}{2}(f_i - f_j + \tau)^2$。

GBRank 的损失函数曲线如图 5.8 所示。

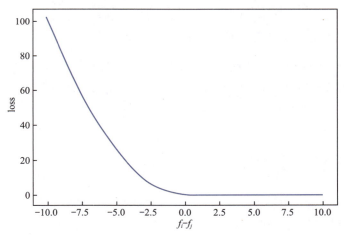

图 5.8　GBRank 的损失函数曲线（τ=0.1）。当 $f_i > f_j$ 时，损失函数值为 0；当 $f_i < f_j$ 时，损失函数值以平方速度增加

5.3.3　Listwise

Listwise 的目标是让整个文档列表的排列尽可能最优，即优化同一个查询词下所有文档的排序顺序。Pointwise 作用在单个样本上，Pairwise 作用在一对样本上，Listwise 作用在同一次搜索请求的一组样本上。ListNet 是 Listwise 的一种具体实现，其使用 top-1 probability 计算同一次搜索请求下不同文档排在首位的概率，具体如下：

$$P_i = \frac{\exp(s_i)}{\sum_{j=1}^{n} \exp(s_j)} \qquad (5.41)$$

ListNet 的损失函数为每个样本的真实点击概率与预估点击概率的交叉熵，具体参考式（5.22）。

在 RankNet 中，位次关系 π 的概率定义为

$$P_s(\pi) = \prod_{j=1}^{n} \frac{\phi(s_{\pi(j)})}{\sum_{k=j}^{n} \phi(s_{\pi(k)})} \tag{5.42}$$

其中 n 为待排序文档数，s 是排序分值，$s_{\pi(j)}$ 是排序过程 π 中第 j 个文档的排序分数。ϕ 是单调递增且输出值大于零的函数，比如指数函数，即 $\phi(\cdot) = \exp(\cdot)$。

假设有 3 个待排序的文档 d_1、d_2、d_3，它们对应的排序预测分数分别为 s_1、s_2、s_3，按照 $\pi = <d_1, d_2, d_3>$ 的位次关系进行排序，那么这种排序关系的概率为

$$P_s(\pi) = \frac{\phi(s_1)}{\phi(s_1)+\phi(s_2)+\phi(s_3)} \cdot \frac{\phi(s_2)}{\phi(s_2)+\phi(s_3)} \cdot \frac{\phi(s_3)}{\phi(s_3)} \tag{5.43}$$

再举一例，假设文档的位次关系是 $\pi'=<3, 2, 1>$，那么其概率为

$$P_s(\pi') = \frac{\phi(s_3)}{\phi(s_1)+\phi(s_2)+\phi(s_3)} \cdot \frac{\phi(s_2)}{\phi(s_1)+\phi(s_2)} \cdot \frac{\phi(s_1)}{\phi(s_1)} \tag{5.44}$$

上述关于位次关系的排序有以下两种性质。

- 对于给定的文档集合 D，它的各种位次关系概率值的和等于 1，即 $\sum_{\pi} P(\pi) = 1$。
- 假设文档之间排序分数的比较关系为 $s_1>s_2>s_3>\cdots>s_n$，那么顺序 $\pi = <1, 2, 3, \cdots, n>$ 的概率值最大，$\pi'=<n, n-1, \cdots, 1>$ 的概率值最小。

5.4　经典机器学习模型

模型是对输入参数进行组合变换并将其转化为最终预测分数的过程，在排序学习框架下可以采用的模型结构包括简单的线性函数、多项式回归、逻辑回归、梯度提升决策树等。

5.4.1　线性函数

假设 $f(x)$ 的具体形式为各项排序因子的线性求和，即

$$f(x) = b + w_1 \cdot x_1 + w_2 \cdot x_2 + \cdots + w_n \cdot x_n \tag{5.45}$$

5.4.2　多项式回归

多项式回归旨在利用一个多项式函数来揭示特征向量与预测分数之间的关系。具体而言，多项式回归模型可以表示为

$$f(x) = w_0 + w_1 \cdot x_1 + w_2 \cdot x_2^2 + \cdots + w_n \cdot x_n^n \tag{5.46}$$

5.4.3　逻辑回归

逻辑回归（Logistic Regression）是一种广泛应用于分类问题的统计方法，在二分类问题中

表现得尤为出色。逻辑回归的目标是预测一个事件发生的概率。

逻辑回归的核心在于它使用了逻辑函数（Logistic Function），也称为 Sigmoid 函数，来模拟二分类变量的概率。Sigmoid 函数的数学表达式为

$$\sigma(f(x)) = \frac{1}{1+e^{-f(x)}} \tag{5.47}$$

其中，$f(x)$ 是输入特征的线性组合，即 $f(x) = w_1x_1+w_2x_2+\cdots+w_nx_n+b$。其中，$w_0, w_1, \cdots, w_k$ 和 b 是待优化参数。

Sigmoid 函数的输出值始终在 0 和 1 之间，非常适合表示概率。$\sigma(f(x))$ 的值接近 1，则表示事件发生的概率高；$\sigma(f(x))$ 的值接近 0，则表示事件发生的概率低。

5.4.4 梯度提升决策树

梯度提升决策树（Gradient Boosting Decision Tree，GBDT）是一种强大的机器学习技术，通过结合多个弱预测模型（通常是决策树）来构建更强大的预测模型。梯度提升决策树会迭代地进行训练，每一棵树都试图纠正前一棵树的错误，从而逐步提高模型的准确率。在搜索引擎的排序模型中，梯度提升决策树可以有效地处理大量特征，并提供准确的预测，从而帮助搜索引擎更准确地对搜索结果进行排序。

梯度提升决策树的数学表达式为

$$F(x) = \sum_{m=0}^{M} f_m(x) \tag{5.48}$$

其中 $f_m(x)$ 表示第 m 步的决策树，$F(x)$ 是决策树的集成结果。预测时，需要计算所有决策树的输出结果，然后求和得到最终的输出结果。GBDT 的结构和集成过程如图 5.9 所示。

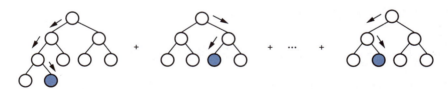

图 5.9 GBDT 的结构和集成过程

下面我们以第 m 步的决策树生成过程为例，介绍梯度提升决策树算法。因为前面（$m-1$）棵决策树已经确定，模型对第 i 个样本 x_i 的预测值为

$$\hat{y}_i = F_m(x_i) = F_{m-1}(x_i) + f_m(x_i) \tag{5.49}$$

其中 F_{m-1} 是前面已经生成好的（$m-1$）棵决策树的集成结果，f_m 是第 m 步待生成的决策树。

对于单个样本，其损失为

$$l(\hat{y}_i, y_i) = l(F_{m-1}(x_i) + f_m(x_i), y_i) \tag{5.50}$$

将整个训练样本集上的损失记为

$$L(F_m) = \sum_{i=1}^{n} L(F_{m-1}(x_i) + f_m(x_i)) \tag{5.51}$$

注意，式（5.52）中只有第 m 步带求解的决策树 f_m 是变量，其他的都是已知量或者可以根据已知量计算得到。根据一阶泰勒展开式，有

$$L(F_{m-1}(x_i) + f_m(x_i)) \approx L(F_{m-1}(x_i)) + \frac{\partial L}{\partial F_{m-1}(x_i)} f_m(x_i) \tag{5.52}$$

所以，可得

$$
\begin{aligned}
L(F_m(x)) &\approx \sum_{i=1}^{n}\left[L(F_{m-1}(x_i)) + \frac{\partial L}{\partial F_{m-1}(x_i)} f_m(x_i) \right] \\
&= \underbrace{\sum_{i=1}^{n}\left[L(F_{m-1}(x_i)) \right]}_{\text{常量}} + \sum_{i=1}^{n}\left[\frac{\partial L}{\partial F_{m-1}(x_i)} f_m(x_i) \right]
\end{aligned} \tag{5.53}
$$

由于前面已经生成的 $(m-1)$ 棵决策树的损失值是一个常量，因此最小化整个损失函数等价于最小化式（5.54）的右半部分，即

$$\arg\min_{f_m} L(F_m(x)) = \arg\min_{f_m} \sum_{i=1}^{n}\left[\frac{\partial L}{\partial F_{m-1}(x_i)} f_m(x_i) \right] \tag{5.54}$$

为了使得式（5.55）最小化，$f_m(x_i)$ 的取值与 $\frac{\partial L}{\partial F_{m-1}(x_i)}$ 相反，即对于第 m 棵决策子树的最优取值为

$$f_m^*(\{x_1,\cdots,x_n\}) = -\eta \sum_{i=1}^{n} \frac{\partial L}{\partial F_{m-1}(x_i)} \tag{5.55}$$

为了简化后续描述过程，记 $g_i = \frac{\partial L}{\partial F_{m-1}(x_i)}$，相应有

$$f_m^*(\{x_1,\cdots,x_n\}) = -\eta \sum_{i=1}^{n} g_i \tag{5.56}$$

在给定 f_m^* 的前提下，损失函数的最小值为

$$L(F_m)_* = -\sum_{i=1}^{m} g_i \left(\eta \sum_{i=1}^{m} g_i \right) = \frac{1}{2}\eta\left[\left(\sum_{i=1}^{m} g_i \right)^2 - \sum_{i=1}^{m} g_i^2 \right] \tag{5.57}$$

以上是计算每一个新增的叶子节点函数值的方式，通过上述方式能够得到归属于当前叶子节点的样本集合的函数值。而当前的集合应该如何继续分裂，则需要穷举每一个特征的所有分裂点来决定。在节点分裂的时候通过比较分裂前后的损失增益决定哪些节点归于左子树，哪些节点归于右子树：

$$L_{\text{split}} = L - L_{\text{left}} - L_{\text{right}} \tag{5.58}$$

最佳分裂方式是获得能够让式（5.59）收益最大的特征和分裂值。对于不同类型的特征，分裂

值的选取方式也有考究，比如，连续特征可能需要根据样本在当前特征空间的分布来决定分裂点候选集。清单 5.2 是上述过程的具体实现。

清单 5.2　梯度提升决策树节点分裂过程

```
def _find_best_split(self, X, y):
"""穷举所有特征和分裂点，找到最优分裂点"""
best_feature, best_threshold = None, None
best_gain = -np.inf
best_splits = None
current_loss = self._loss(y)  # 当前节点的损失
for feature in range(X.shape[1]):  # 枚举所有特征
    thresholds = np.unique(X[:, feature])  # 所有可能的分裂点
for threshold in thresholds:
    X_left, y_left, X_right, y_right = self._split_dataset(X,
        y, feature, threshold)  # 分割数据集
    # 计算分裂增益
    left_loss = self._loss(y_left)
    right_loss = self._loss(y_right)
    gain = current_loss - left_loss - right_loss
    if gain > best_gain:  # 检查是不是最佳分裂
        best_gain = gain
        best_feature = feature
        best_threshold = threshold
        best_splits = (X_left, y_left, X_right, y_right)


return best_feature, best_threshold, best_splits
```

5.5　特征工程

尽管信息检索的趋势是把越来越多的特征工程的工作转移到模型里面，由模型自己来决定什么样的特征组合是最合适的。但是在模型结构中还是保留了大量的人工特征，主要有两方面的原因：首先，模型结构不能够完全取代人工特征，至少不能以较低的计算成本替代，因此同时保留人工特征与模型特征可以起到相互补充的作用；其次，系统经过了多个版本的迭代，天然保留了各个版本时期的特征函数，因此从实用主义出发，在实验验证的基础上保留了大量的人工特征。

除了前述模型部分已经介绍的输入信息，人工特征设计主要包含以下几类。

- **命中信息**：精准命中、部分命中、前缀命中以及命中的信息域等。
- **文本似然度**：常用的文本匹配函数有 Jaccard、BM25、TF-IDF 等。针对搜索引擎的文本匹配函数还包括查询词命中标题的位置，是否命中标题的起始、结束位置，是否连续命中一段不间断的文字，等等。这些文本匹配函数会同时用于计算文档的不同部分，比如标题、URL、超链接、正文部分等。
- **语义似然度**：对于长尾词增加了基于预训练模型的语义似然度特征。

- **点击似然度**：当前查询词与文档在历史上的点击关系。以此为基础扩展出很多特征，包括在二部图上的随机游走、基于 Embedding 的查询词和图的关系表达。利用图神经网络（Graph Neural Network，GNN）对点击二部图进行建模，计算查询词和候选文档的点击似然度。
- **内容质量类特征**：视频类型、上映时间、内容分级、热度、质量评分等。
- **查询词与视频的统计指标**：查询次数、点击次数、点击率等。
- **点击类特征**：主要包括点击统计类特征、点击二部图传播类特征等。
- **相关性特征**：主要包括字面匹配特征和语义匹配特征。
- **查询词特征**：查询词长度、频次、点击率、类别以及查询词每个词的频次等。
- **交叉特征**：为了能够充分挖掘特征的信息，我们进行特征组合设计，组合方法通常分为显示交叉和隐式交叉。显示交叉的表达能力强但成本高，隐式交叉特征自动化效率高但低效、可解释性差，这里的"低效"意味着并非所有交叉特征都是有效的。隐式交叉的效果强依赖学习的单特征的向量化表示，可以通过加入辅助 loss，来约束特征学习的方向，使得相似特征的向量表示更为接近。实际应用中，参考特征与标签的相关指标以及先验知识，选取重要的特征进行显示交叉，增强特征表达。
- **网页的引用指数**：以 PageRank 为代表。
- **网页分类特征**：网页的垃圾分类、是否为色情网页、网页的主题分类、语言分类、网页质量评分、网页类型等。

5.6　时效性排序

　　时效性查询通常占用搜索引擎很大一部分流量，对于这部分查询，搜索引擎不仅要返回相关内容，还要返回最新结果。例如，搜索"北京房价"时，需要返回最新的房价而不是 3 年前的房价；搜索"五一节假日"时也要返回当年国家法定节假日的信息。如果类似的查询词得到的是比较旧的搜索结果，那么搜索体验无疑是很差的。为了提升搜索结果的时效性，我们需要识别查询词的时效性属性，并在识别之后调整排序结果，将相关的新内容返回给用户。

　　时效性排序包括时效性查询词识别、时效性模型构建以及时效性与相关性的融合等问题，时效性查询词识别已经在第 2 章介绍过，此处不赘述。本节重点介绍时效性排序模型构建以及时效性与相关性的融合。

5.6.1　时效性排序模型构建

　　在预测一个查询词为时效性查询词或者突发事件查询词之后，我们需要对模型的排序结果加以调整，以突出时效性和突发事件的结果。为了达到这一目的，我们需要在相关性模型的基础上构建时效性排序模型，并将两个模型结合起来使用，以得到最终的排序分数。

　　训练样本的收集　为了训练时效性排序模型，我们首先需要采样并标注一批查询词的搜索结果，然后用这些标注数据作为训练样本。

在标注训练样本时，需要同时考虑时效性和相关性，以避免时效性排序模型和相关性模型产生冲突。为此，一种标注方式是在相关性模型的标注基础之上调整时效性结果的等级，例如，对于相关性高但失去时效性的内容，将标注结果调整为一般。而对于那些时效性非常好的结果，则保持其相关性结果等级不变，调整细则可以参考图 5.10。

	VF	F	SO	S	NT
Perfect	Perfect	Perfect	Excellent	Good	Perfect
Excellent	Perfect	Excellent	Good	Fair	Excellent
Good	Good	Good	Fair	Bad	Good
Fair	Fair	Fair	Bad	Bad	Fair
Bad	Bad	Bad	Bad	Bad	Bad

图 5.10 在相关性模型的基础上调整时效性标签的映射。相关性结果分为 Perfect、Excellent、Good、Fair、Bad 这 5 个等级，时效性分为 Very Fresh（VF）、Fresh（F）、Slightly Outdated（SO）、Stale（S）和 Non-Time Sensitive（NT）这 5 个等级，在同一个相关性等级下会根据网页的不同时效性调整最终的等级标签

时效性建模 可以使用查询词的时效性分数、突发事件类分数、召回分数、相关性分数、网页时效性以及查询词蕴含时间与网页蕴含时间的差距等信息融合在一起，训练时效性模型。以逻辑回归模型为例，有

$$\text{Ranker}_{\text{recency}} = \sigma(\boldsymbol{W}\boldsymbol{V}^{\top}(Q, D) + b) \tag{5.59}$$

其中，$\boldsymbol{V}(Q, D)$ 是抽取的时效性特征向量，$\boldsymbol{W}$ 是特征向量的权重，b 为偏置项。

5.6.2 时效性与相关性的融合

为了将相关的新内容返回给用户，我们需要将时效性排序分数与相关性排序分数融合在一起。一种方式是将相关性排序分数和时效性排序分数直接相加，该模型仅对特定的查询词生效，如式（5.60）所示。

$$f(x) = \begin{cases} f_{\text{rel}}(x) + f_{\text{fresh}}(x) & c_{\text{ts}}(x) > 0 \\ f_{\text{rel}}(x) & \text{其他} \end{cases} \tag{5.60}$$

其中 $f_{\text{rel}}(x)$ 是相关性模型，$f_{\text{fresh}}(x)$ 是时效性模型，$c_{\text{ts}}(x)$ 则是用于判断当前查询是否应该使用时效性模型的分类模型。这种方式可解释性比较强，但是有可能将不相关的新内容排到前面。为了解决这一问题，进一步突出相关性的重要，我们可以采用式（5.61）所示的组合方式：

$$f(x) = \begin{cases} f_{\text{rel}}(x)[1 + f_{\text{fresh}}(x)] & c_{\text{ts}}(x) > 0 \\ f_{\text{rel}}(x) & \text{其他} \end{cases} \tag{5.61}$$

与线性加和相比，相关性前置的方式更能突出相关性的重要，避免将时效性高但是相关性低的结果排到前面。图 5.11 对比了利用两种不同方式计算最终排序分数的结果。

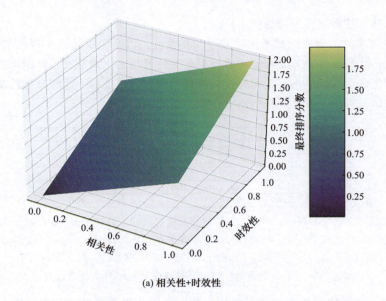

(a) 相关性+时效性

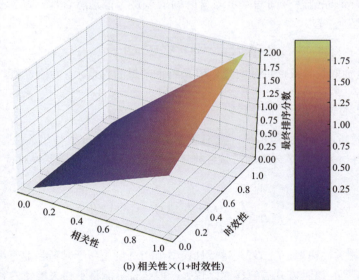

(b) 相关性×(1+时效性)

图 5.11 不同的相关性和时效性组合方式对最终排序效果的影响

图 5.11（a）展示了通过直接相加（相关性 + 时效性）得到的最终排序分数。可以看出，当相关性和时效性提高时，最终分数线性提高。这种方式简单、直观，但它可能会导致一些时效性非常高而相关性较低的结果被过分提升。

图 5.11（b）展示了通过乘法（相关性 × (1 + 时效性)）得到的最终排序分数。这种方式更加强调了相关性的重要，只有当内容既相关又时效性高时，最终分数才会显著提高。相对于直

接相加的方式，乘法方式在保证内容相关性的同时，适度考虑了时效性。

5.7　使用 XGBoost 进行搜索排序示例

　　XGBoost 是一款广受欢迎的开源机器学习软件包，以梯度提升决策树为核心算法，通过高效的并行计算和分块结构，显著提升训练速度，同时支持增量训练，适合处理大规模数据集和复杂任务需求。

　　XGBoost 提供多种目标函数，包括回归（Regression）、分类（Classification）和排序（Ranking）等。此外，它内置正则化项（L1 和 L2）与列抽样技术，可有效降低过拟合风险，进一步提高模型的泛化能力。XGBoost 已广泛应用于搜索排序和推荐系统等领域，支持多种程序设计语言接口。

　　下面是用 XGBoost 进行搜索排序模型训练和在线预测的示例代码。

　　（1）安装依赖库，代码如下：

```
pip install xgboost
pip install scikit-learn
```

　　（2）导入相关库，代码如下：

```
import numpy as np
import xgboost as xgb
from sklearn.datasets import load_svmlight_file
from sklearn.model_selection import train_test_split
from sklearn.metrics import ndcg_score
```

　　（3）准备样本数据，代码如下：

```
np.random.seed(42)

# 生成查询 ID
query_ids = np.random.randint(0, 5, 100)

# 特征和标签
X = np.random.rand(100, 10) # 10 个特征
y = np.random.randint(0, 2, 100) # 二元相关性（0 或 1）

# 划分训练集和测试集
X_train, X_test, y_train, y_test, q_train, q_test = train_test_split(
    X, y, query_ids, test_size=0.2, random_state=42
)
```

　　（4）定义查询组，代码如下：

```
def group_queries(qids):
    from collections import Counter
    qid_counts = Counter(qids)
    return [qid_counts[q] for q in sorted(qid_counts)]

# 定义查询组
train_groups = group_queries(q_train)
test_groups = group_queries(q_test)
```

（5）创建 DMatrix 数据集，代码如下：

```
dtrain = xgb.DMatrix(X_train, label=y_train)
dtest = xgb.DMatrix(X_test, label=y_test)

# 设置组大小
dtrain.set_group(train_groups)
dtest.set_group(test_groups)
```

（6）训练模型，代码如下：

```
params = {
    'objective': 'rank:pairwise',
    'eval_metric': 'ndcg',
    'eta': 0.1,
    'gamma': 0.1,
    'min_child_weight': 0.1,
    'max_depth': 6,
    'verbosity': 1
}

model = xgb.train(params, dtrain, num_boost_round=100, evals=[(dtest, '
    eval')], early_stopping_rounds=10)
```

（7）评估模型，代码如下：

```
# 预测相关性得分
y_pred = model.predict(dtest)

# 计算 NDCG 分数
ndcg = ndcg_score([y_test], [y_pred])
print(f"NDCG Score: {ndcg}")
```

（8）进行预测，代码如下：

```
preds = model.predict(dtest)
print(preds)
```

上述代码选择 'rank:pairwise' 作为排序模型的优化目标，除此之外，还可以选择 'rank:pointwise'、'rank:ndcg' 和 'rank:map' 来适应不同排序需求。在准备数据的时候需要注意每个查询 ID 及其相关数据的正确划分，以保证排序训练的效果。

5.8 小结

本章介绍了经典的相关性模型包括 BM25、向量空间模型以及语言模型等，这些模型具备在某些维度上描述相关性的能力，但是不能够综合考虑复杂的高维特征信息。排序学习以机器学习为基础，通过设立特殊的优化目标（Pointwise/Pairwise/Listwise）学习不同排序模型（如线性函数、多项式回归 / 逻辑回归、梯度上升决策树等）的具体参数。在相关性模型的基础上，通常还需要考虑时效性和其他一些排序因素，这些因素需要各自建模，并且最终和相关性模型融合在一起。

第二部分

深度信息检索模型与算法

在本书的第一部分，我们探讨了搜索引擎的基本架构，包括查询理解、倒排索引和排序学习等内容。这些内容的核心在于通过人工特征和规则来描述查询和文档之间的关系。典型的技术如 TF-IDF、BM25 以及基于向量空间模型（VSM）的查询匹配。这些技术在解决检索效率和相关性问题时表现出色，但它们在数据表征上存在一定的局限。具体来说，经典方法常常依赖人工特征选择，无法深入理解文本的语义关系，且在处理复杂和模糊的查询时，往往依赖经验性调优和特征工程。

相比之下，深度学习方法通过端到端的训练过程，能够自动从大规模数据中学习复杂的特征表示，克服了经典方法需要大量人工特征设计的缺点。深度学习的优势在于其强大的表征能力，能够捕捉到更为丰富和深层次的语义信息。深度学习模型，尤其是卷积神经网络（CNN）、循环神经网络（RNN）以及 Transformer 架构等，能够有效地进行查询理解、文档匹配、排序优化等任务。

在搜索引擎系统设计中，经典方法仍常用作初始的索引匹配或相关性模块，以其低计算成本和高效率胜任低时延、高计算量的任务。深度学习方法则通过其在数据表征和计算复杂度上的优势，作为后续的精细调优手段，用于最终的排序和后排序模块。

第 6 章

深度召回模型

本书第一部分介绍的传统搜索引擎技术主要依赖关键词索引，即通过精确匹配查询词和文档中的关键词来召回相关结果。这种基于关键词的匹配方式虽然简单、高效，但存在明显的局限。

- **语义鸿沟**：无法理解语义相近但关键词不同的查询。例如，用户搜索"最便宜的特斯拉"时，系统很难将"Model 3"这样的答案准确地关联到查询中。
- **长尾查询**：对于长尾查询和复杂查询，传统的关键词匹配往往效果不佳，难以满足用户多样化的信息需求。

为了克服传统搜索的局限性，语义检索应运而生。语义检索不再局限于关键词的精确匹配，而是将查询词和文档映射到一个共同的语义空间中，通过计算它们之间的语义似然度来判断其相关性，如图 6.1 所示。语义空间本质上是一个高维向量空间，其中相似的词或短语在空间中彼此靠近。深度学习的引入为语义检索带来了革命性的变化。通过深度神经网络，我们可以将文本转化为稠密的向量表示，这些向量不仅包含词的表面信息，还蕴含丰富的语义和上下文信息。这种向量化的表示有助于更准确地捕捉查询词和文档之间的语义关联，从而显著提升搜索结果的准确率。

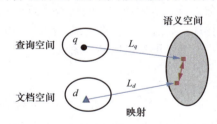

图 6.1　语义检索概念示意。语义检索将查询词（q）和文档（d）映射到共同的语义空间，然后计算两者的似然度

语义召回是语义检索的核心技术之一，它利用深度学习模型对查询词和文档进行建模，并计算它们在语义空间中的似然度。常见的语义召回模型如下。

- **深度语义匹配模型**（Deep Semantic Similarity Model，DSSM）：将查询词和文档映射到同一个低维语义空间，通过计算它们的余弦似然度来判断相关性。
- **BERT**（Bidirectional Encoder Representations from Transformer）：利用双向 Transformer 结构，对文本进行深层次的语义编码，生成高质量的向量表示。
- **其他模型**：近年来，还有许多其他深度学习模型被应用于语义召回，如双塔模型、交互式注意力模型等。

本章将深入探讨语义召回的技术细节，包括如何将文本映射到语义空间，如何在语义空间计算查询词和文档之间的似然度，以 BERT 为基础的召回模型具体案例等内容。

6.1 深度召回模型的基本框架

召回阶段需要处理海量候选文档，对在线服务的计算效率提出了极高要求。这一特点决定了深度召回模型的架构设计通常采用查询词与文档计算解耦的策略。具体而言，文档的语义计算通常在离线阶段完成，而在线阶段仅需进行查询词特征的快速计算和轻量化的相关性匹配，就能满足高效响应的需求。

基于这一设计思路，深度召回模型的基本框架通常包括以下 3 个核心模块。

（1）**信息编码模块**。信息编码模块负责将查询词和文档从文本空间映射到语义空间。通过深度学习模型（如预训练语言模型或定制嵌入网络），能够捕捉文本的语义特征。这一模块的编码为后续的交互与相关性计算奠定了基础，同时离线生成的文档向量可直接用于高效匹配。

（2）**特征交互模块**。在特征交互模块中，查询词向量与文档向量进行深度语义交互，以实现信息的融合与增强。常用方法包括注意力机制、交叉网络或其他设计精巧的交互层。这些方法能够在不同语义层次上挖掘查询词和文档之间的潜在关联，为相关性计算提供丰富的特征支持。

（3）**相关性计算模块**。基于交互后的特征，相关性计算模块通过似然度计算函数（如余弦似然度、点积或神经网络得分函数）评估查询词与文档的语义相关性。输出的相关性得分用于排序，筛选出与查询词最匹配的文档，从而完成召回任务。

整个框架可以参考图 6.2。

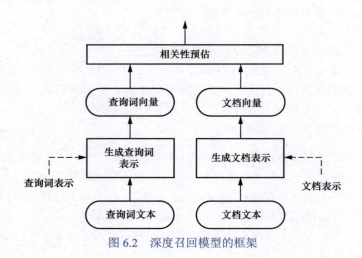

图 6.2 深度召回模型的框架

形式化地，可以将上述过程抽象为查询词编码、文档编码和似然度计算 3 个过程。

$$\boldsymbol{v}_q = \text{QueryEncoder(query)}$$
$$\boldsymbol{v}_d = \text{DocEncoder(doc)} \tag{6.1}$$
$$\text{sim(query, doc)} = \text{Sim}(\boldsymbol{v}_q, \boldsymbol{v}_d)$$

其中 QueryEncoder 和 DocEncoder 分别是查询词编码器和文档编码器，Sim 函数用于计算查询词向量和文档向量的似然度。从式（6.1）可以看出，查询词和文档编码器是深度召回的关键组成部分，然后是基于两者输出的似然度计算器。查询词和文档编码器的基础又是文本信息的编码即文本的向量化过程。因此，先讨论文本信息的向量化表示，然后讨论不同的编码模型和似然度计算过程。

6.2　词的编码与向量化表示

文本信息的编码与向量化表示与是深度检索的基础环节，而词（term）作为文本的最小单位，亦是索引与匹配的基本单元。因此，词的表示在文本表示中占据着重要地位。词的表示主要涉及两个方面：表示内容和表示方法。

在表示内容方面，通常有以下两大类别。

- **词本身作为全部的表达内容**：例如，独热编码（One-Hot Encoding）通过唯一的标识符来表示每个词，适用于词汇量较小或简单的场景。
- **词的关联信息用于表示词本身**：例如，通过与词频繁共现的其他词来表达该词的语义。这种方法有点类似于"物以类聚，人以群分"，通过周围环境来反映词的含义。

在表示方法上，变化较为丰富，但核心思想是将词表示为向量，以通过向量间的比较来推断词与词之间的关系。根据不同的学习方法和应用场景，词的表示方式可分为以下几类。

- **监督学习与无监督学习的表示**：监督学习通过标签信息对词进行建模，无监督学习则依赖数据中的潜在结构。
- **表达粒度**：词的表示可以细化为 term（词）和 sub-term（子词），后者在处理形态变化或罕见词时尤为有效。
- **上下文信息的利用**：词的表示可分为局部表达（仅依赖词本身）和全局表达（考虑上下文中的其他词汇），后者能更好地捕捉词语之间的语义关系。
- **表达维度与取值范围**：可以是高维稀疏的 0-1 向量（例如独热编码），也可以是低维连续值向量（如 Word2Vec 或 GloVe），后者能更高效地表达词的语义信息。

接下来我们将讨论独热编码、词哈希（Word Hash）、词嵌入（Word Embedding）等信息表示方法。

6.2.1 独热编码

在独热编码中，词典 V 中的每一个词都有唯一编码。每个词都会被表示成 $1 \times |V|$ 的稀疏向量，词编码对应的位置是 1，其他位置全部是 0。例如，假设词典大小为 12，其中的词是 {apple, banana, dog, orange, mango,…}，banana、mango、dog 的表示参考图 6.3。

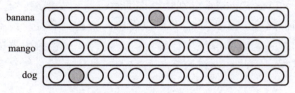

图 6.3　独热编码示意

$$[0, 0, 0, 0, 0, 1, 0, 0, 0, 0, 0, 0]$$

$$[0, 0, 0, 0, 0, 0, 0, 0, 0, 0, 1, 0]$$

$$[0, 1, 0, 0, 0, 0, 0, 0, 0, 0, 0, 0]$$

清单 6.1 展示了独热编码的过程。

清单 6.1　独热编码的过程

```python
from sklearn.preprocessing import OneHotEncoder

# 定义需要编码的词
words = ["apple", "banana", "orange"]

# 创建独热编码器
encoder = OneHotEncoder(sparse=False)

# 将编码器适配给词汇
encoder.fit([[word] for word in words])

# 对词进行编码
one_hot = encoder.transform([[word] for word in words])

print(one_hot)
```

上述独热编码方式可以用来表述独立的单词，在此基础之上，可以用多热（Multi-Hot）编码方式表示一个包含多个单词的查询词或者文档标题，为每一个词赋予独立的编码。输入的文本表示为一个稀疏向量，向量的维度等于词典大小，文本包含的词对应的位置为 1，否则为 0。例如 harry potter 可以表示为

$$\underbrace{[0,\cdots,0(\text{apple}),0,\cdots,0,1(\text{harry}),0,\cdots,0,1(\text{potter}),\cdots,0]}_{\text{和词典大小一样的稀疏向量}} \qquad (6.2)$$

$0(\text{term}_i)$ 表示 term_i 对应的位置为 0，$1(\text{term}_j)$ 表示 term_j 对应的位置为 1。这种表示方式的缺点如下。

- 词典过大，对应的向量维度太高，难以使用深度神经网络处理。由于训练样本中的每

一个词都需要对应的编码，如果考虑到词组粒度，词典规模和向量维度将达到百万级别甚至更高。

- 无法处理训练样本中未出现过的词。
- 语义上的容错性较差，拼写错误会导致两种完全不同的表示。

6.2.2 词哈希

在词袋模型的基础上，可以进一步在字母级别表示查询词。DSSM（深度语义匹配模型）中的表示方式是将每 3 个字母组成一个 tri-letter，每个 tri-letter 都有唯一的 ID。例如，"harry potter" 首先会转换为 "^harry potter#"，然后拆分为 "^ha"、"har"、"..."、"er#" 等。与词袋模型类似，在 tri-letter 表示方式中，输入的文本被表示为一个稀疏向量，向量的维度等于 tri-letter 集合的大小，文本中包含的 tri-letter 对应的位置为 1，其他位置为 0，这种处理过程称为词哈希。以 "harry potter" 为例，表示如下：

$$\underbrace{[0,\cdots,0(\text{app}),\cdots,1(\text{har}),\cdots,1(\text{arr}),0,\cdots,0,1(\text{er}\#),\cdots,0]}_{\text{与 tri-letter 集合大小相等的稀疏向量}} \tag{6.3}$$

这种字母级别的表示方式有以下优点。

- **降维**：单词的拼写方式有很多种，但 tri-letter 的拼写方式有上限，即 36^3 种可能。
- **鲁棒性**：搜索引擎面临一个基本问题，即拼写纠错。尽管用户的拼写错误方式多种多样，难以枚举，但使用 tri-letter 表示时，错误拼写和正确拼写会共享一些相同的 tri-letter。

然而，tri-letter 的缺点在于它忽略了文本中的结构化信息，也没有考虑词与词之间的相对位置信息，因此它更适合短文本表示，不适合长文本表示。

DSSM 在词哈希的基础上，通过多个全连接层得到查询词和文档的最终表达：

$$\begin{aligned}
l_1 &= W_1 x \\
l_i &= \text{relu}(W_i l_{i-1} + b_i), \ i = 2, \cdots, N-1 \\
y &= \tanh(W_N l_{N-1} + b_N)
\end{aligned} \tag{6.4}$$

其中，W_i 和 b_i 是第 i 层的参数，relu 和 tanh 分别是中间层和最后一层使用的激活函数。具体激活函数为

$$\text{relu}(x) = \max(0, x) \tag{6.5}$$

$$\tanh(x) = \frac{e^{2x} - 1}{e^{2x} + 1} \tag{6.6}$$

查询词和文档之间的相关性通过余弦似然度度量：

$$R(q, d) = \cos(y_q, y_d) = \frac{y_q^{\mathsf{T}} y_d}{\| y_q \| \| y_d \|} \tag{6.7}$$

整个过程如图 6.4 所示。

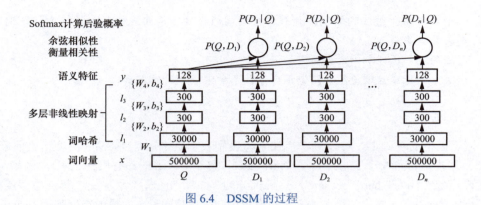

图 6.4　DSSM 的过程

6.2.3　词嵌入

无论是独热编码还是词哈希，得到的都是高维稀疏向量，在具体使用中需要相应的后续处理，因此在计算的时候代价比较高，而且因为无法直接比较两个词的似然度，所以也无法判断两个词之间的语义相关性。与独热编码的高维稀疏空间表示相对应的是用低维稠密的向量表示每一个词。这种将高维稀疏向量映射为低维稠密向量的过程称为词嵌入。形式化地，词嵌入模型可以被看作用一个 $|V|{\times}N$ 的矩阵作用在独热编码向量上，得到一个 N 维的向量，如图 6.5 所示。

$$\text{Embedding(term)} = \text{OneHot(term)} \boldsymbol{W}_{|V|\times N} \qquad (6.8)$$

在这种低维空间表示下，每个词都对应一个低维的连续向量，例如 apple 可能被表示为 [0.5,0.3, -0.1]，banana 可能被表示为 [0.4,0.2,0.2]。这种低维稠密的表示不但在矩阵运算中效率更高，而且可以通过两个词对应向量之间的似然度推测出两个词之间的语义关系，例如 apple 和 banana 的语义向量更接近一些，而 apple 和 dog 的向量距离相对较远一些。

清单 6.2 展示了将独热编码通过矩阵乘法映射到低维稠密空间的计算过程，需要指出的是，清单中的 embedding_matrix 在实际项目中会根据具体的问题生成。

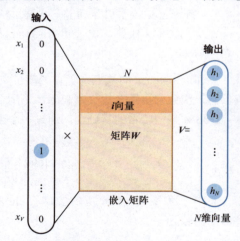

图 6.5　词嵌入示意。嵌入矩阵（Embedding Matrix）是一个 $|V|{\times}N$ 的矩阵，映射后，$|V|$ 维的稀疏向量会变换成 N 维的稠密向量

清单 6.2　词嵌入示例

```
import numpy as np

# 定义独热编码输入
one_hot_input = np.array([[1, 0, 0], [0, 1, 0], [0, 0, 1]])
```

```
# 定义嵌入矩阵
embedding_matrix = np.array([[0.2, 0.1, -0.3], [0.3, -0.1, 0.1], [-0.2,
    0.2, 0.1]])

# 将独热编码映射到嵌入空间
embedding_vectors = np.dot(one_hot_input, embedding_matrix)

print(embedding_vectors)
```

6.3 短句、句子的表示

独热编码、词哈希和词嵌入等主要用于表示单个词的特征。然而，在处理查询词或句子时，仅考虑单个词的特征往往不足，因为词的上下文信息对语义理解至关重要。因此，需要引入能够捕捉完整查询短语和句子的表示方式。本节将介绍几种常见的句子表示方式，包括池化（如加和池化）、序列建模方法（如 RNN 和 LSTM）以及卷积神经网络（CNN）等。

6.3.1 池化

池化（Pooling）操作是一个用来降低数据维度的过程。常用的池化方法有最大池化（Max Pooling）、平均池化（Average Pooling）等。

前述对词嵌入的介绍解释了如何表示单个词，对于包含多个词的文本，一种表示方式是直接对文本中的各个单词嵌入向量求和，这种方式称为加和池化，形式化地，有

$$\text{QueryEncoder}(\text{query}) = \sum_i t_i, t_i \in \text{query} \tag{6.9}$$

其中 t_i 是查询词中每个词对应的向量。假设要计算短语 "the quick lazy dog" 对应的向量，那么需要先计算短语对应的多热编码稀疏向量，然后根据矩阵乘法运算，乘词嵌入矩阵得到最终的向量表达。清单 6.3 展示了加和池化计算过程。

清单 6.3 加和池化计算过程

```
import numpy as np

# 创建文本序列的多热编码
text = "the quick lazy dog"
vocab = ["the", "quick", "brown", "fox", "jumps", "over", "lazy", "dog"]
multi_hot = np.zeros(len(vocab))
for word in text.split():
    if word in vocab:
        multi_hot[vocab.index(word)] = 1

# 创建词嵌入矩阵
embeddings = np.array([
    [0.1, 0.2, 0.3],
    [0.4, 0.5, 0.6],
    [0.7, 0.8, 0.9],
    [1.0, 1.1, 1.2],
```

```
      [1.3, 1.4, 1.5],
      [1.6, 1.7, 1.8],
      [1.9, 2.0, 2.1],
      [2.2, 2.3, 2.4],
])

# 加和池化
pooled = np.dot(multi_hot, embeddings)

print(pooled)
```

如前所述，词（term）级别的表示方式的缺点是需要的词典比较大，而且无法捕捉之前没出现过的查询词。对此，一个改进的方法是在字母级别上做加和池化，即

$$\text{QueryEncoder}(\text{query}) = \sum_i \text{tr}_i,\ \text{tr}_i \in \text{query} \tag{6.10}$$

其中 tr_i 是 query 中的 tri-letter。

现在我们以 hand made tail 为例介绍子词粒度下的查询词池化表示。首先为查询词追加起始和终止符后将其打散成 tri-letter 序列，即

$$\text{hand made tail} \rightarrow {}^\wedge\text{hand made tail\$}$$
$${}^\wedge\text{hand made tail\$} \rightarrow {}^\wedge\text{ha, han, and, nd\_, d\_m}, \cdots, \text{il\$}$$

在上述子词表示模型下，查询词和文档的表示过程为

$$\text{term} = \text{one\_hot}(\text{term})\boldsymbol{W}_{|V|\times k}$$
$$\boldsymbol{v}_q = \sum \text{term}_q$$
$$\boldsymbol{v}_d = \sum \text{term}_d$$

在此基础上用余弦似然度作为度量函数，即可完成基本的语义召回模型：

$$\text{sim}(\text{query},\text{doc}) = \cos(\boldsymbol{v}_q, \boldsymbol{v}_d) = \frac{\boldsymbol{v}_q \boldsymbol{v}_d}{\|\boldsymbol{v}_q\| \|\boldsymbol{v}_d\|} \tag{6.11}$$

图 6.6 比较清晰地展示了基于子词表示方式的向量召回模型。

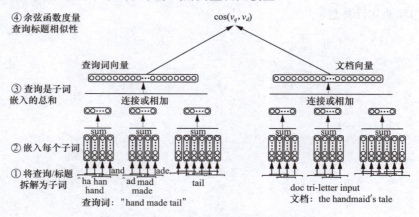

图 6.6　基于子词表示方式的向量召回模型

6.3.2 卷积神经网络

对每个词进行独立建模，这种方法简单、直观，但存在明显的局限。

- **忽略词序信息**：词袋模型仅统计词频，无法捕捉文本中词语的排列顺序和语法结构。
- **特征稀疏性**：由于词典维度通常很高，文本表示容易变得稀疏，难以有效建模。
- **上下文独立性**：词袋模型假设词之间是独立的，无法捕捉词与词之间的语义关联。

卷积神经网络（Convolutional Neural Network，CNN）为文本表示提供了一种有效的方法。CNN 通过局部感知和权值共享机制，能够捕获文本中的局部上下文特征并提取高层次语义信息。

如图 6.7 所示，基于卷积的文本表示模型首先将文本中的每个词嵌入 k 维的向量空间，形成词嵌入矩阵。文本长度不足时，使用零向量进行填充，使其表示为固定长度的序列。

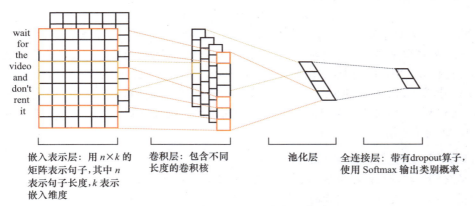

嵌入表示层：用 $n \times k$ 的矩阵表示句子，其中 n 表示句子长度，k 表示嵌入维度　　卷积层：包含不同长度的卷积核　　池化层　　全连接层：带有dropout算子，使用 Softmax 输出类别概率

图 6.7　基于卷积的文本表示模型

$$\text{sent} = \boldsymbol{x}_{1:n} = [x_1; x_2; \cdots; x_n] \tag{6.12}$$

随后，通过一个 $h \times k$ 的卷积核在文本序列上滑动，计算出卷积值，即

$$c_i = \sigma(\boldsymbol{w} \otimes \boldsymbol{x}_{i:i+h-1} + b) \tag{6.13}$$

其中，$\otimes$ 表示卷积操作，即对应位置元素相乘后求和，σ 为激活函数（例如 tanh、Sigmoid 或 ReLU 函数）。一个卷积核作用于整个文本序列，生成一个特征映射（Feature Map）：

$$\boldsymbol{c} = [c_1, c_2, \cdots, c_{n-h+1}] \tag{6.14}$$

为了提取最显著的特征，对特征映射执行最大池化操作，得到该卷积核对整个句子的最终表示：

$$c' = \max(\boldsymbol{c}) \tag{6.15}$$

上述过程描述了单个卷积核的操作。整个模型通常包含多个卷积核，每个卷积核提取不同的特征，这些特征经过拼接和全连接层后形成最终的文本表示。

6.3.3　序列建模

词袋模型（无论是词级别的还是字母级别的）忽略了词与词之间的顺序关系，对每个词进行独立表示。例如，DSSM 与嵌入加和池化模型在初步表示每个词时，并未考虑当前词与其他词之间的相互关系。CNN 只能在有限的卷积窗口内计算上下文关系。虽然 CNN 通过局部感知机制能够在卷积窗口内捕捉上下文关系，但其感受野有限，难以有效建模长距离依赖。因此，单纯依赖词袋模型或 CNN 无法全面描述文本中的全局语义关系。

为了克服这些局限，引入序列建模是一种直观且有效的方法。序列建模的基本思路是将句子看作词的序列，通过处理输入序列的依赖结构融合上下文信息，捕捉文本的全局语义。目前，常见的序列建模方法包括朴素循环神经网络、长短期记忆网络和 Transformer 等。

朴素 RNN 建模　序列建模的早期方法之一是循环神经网络（Recurrent Neural Network，RNN）。RNN 通过递归连接，将当前时间步的输入和前一个时间步的隐藏状态结合，以捕捉序列中的时间依赖关系。其核心公式为

$$h_t = \sigma(\boldsymbol{W}_h x_t + \boldsymbol{U}_h h_{t-1} + b_h) \tag{6.16}$$

其中 h_t 是时间步 t 的隐藏状态，x_t 是输入，$\boldsymbol{W}_h$ 和 $\boldsymbol{U}_h$ 是权重矩阵，b_h 是偏置项，σ 是激活函数。尽管 RNN 在处理短序列任务上表现良好，但其在长序列建模时容易出现梯度消失和梯度爆炸问题。此外，由于每个时间步的计算依赖前一个时间步，RNN 无法并行处理序列数据。

LSTM 建模　为了弥补 RNN 在长序列建模中的不足，长短期记忆网络（Long Short-Term Memory，LSTM）应运而生。LSTM 通过引入**记忆单元**和**门控机制**，实现了对长期依赖关系的建模。LSTM 的核心结构包括以下 3 个门。

- **输入门**：决定当前输入信息对记忆单元的影响。
- **遗忘门**：控制当前记忆单元对上一个时间步信息的保留程度。
- **输出门**：决定当前时间步的隐藏状态。

尽管 LSTM 在捕捉长距离依赖方面具有显著优势，但其序列化的计算方式仍然限制了并行处理的能力。

Transformer 建模　Transformer 是序列建模领域的革命性进展，其核心创新在于引入**自注意力（Self-Attention）机制**，消除了 RNN 和 LSTM 的递归依赖。Transformer 可以全局建模序列中任意位置的依赖关系，同时支持并行计算，大幅提升了计算效率和性能。Transformer 的核心结构由以下几部分组成。

- **自注意力机制**：通过式（6.17）计算序列中元素间的相对重要性。

$$\text{Attention}(\boldsymbol{Q}, \boldsymbol{K}, \boldsymbol{V}) = \text{Softmax}\left(\frac{\boldsymbol{Q}\boldsymbol{K}^\top}{\sqrt{d_k}}\right)\boldsymbol{V} \tag{6.17}$$

其中 $\boldsymbol{Q}$、$\boldsymbol{K}$ 和 $\boldsymbol{V}$ 分别表示查询矩阵、键矩阵和值矩阵，d_k 是键的维度。

- **多头自注意力机制**：通过多头分组提升模型对不同子空间特征的捕捉能力。

- **位置编码**（Positional Encoding）：弥补模型缺乏序列位置信息的不足，通过正弦和余弦函数编码位置信息。

Transformer 在多项任务中展现了卓越的性能，例如机器翻译、问答系统和文本生成等。其高效的并行处理能力和对长距离依赖的建模，使其成为当前序列建模任务中的主流方法。

各模型优缺点对比如表 6.1 所示。

表 6.1 各模型优缺点对比

模型	优点	缺点	适用场景
词袋模型	简单、高效，易于实现，适用于处理无序文本任务	忽略词序，无法建模上下文依赖，表达能力弱	短文本分类、基本文本的特征提取
CNN	捕捉局部上下文关系，支持并行计算，参数少	感受野有限，难以建模长距离依赖，信息利用不足	语义特征提取、文本分类、语句似然度任务等
RNN	处理变长序列，建模词序关系，捕捉上下文依赖	梯度消失，效率低，难以捕捉长距离依赖	序列生成、语言模型、时间序列预测等
LSTM	长距离依赖建模，解决梯度问题，灵活性高	参数多，训练效率低，在极长序列上性能受限	机器翻译、文本摘要、语音识别等
Transformer	捕捉全局依赖，高效并行化，表达能力强，适用范围广	计算复杂度高，依赖大规模数据，显存需求高	文本生成、大规模预训练模型、自然语言理解任务等

6.4 案例：基于 BERT 的深度召回框架

BERT 是一种基于 Transformer 编码器的深度双向语言模型。它通过两个预训练任务进行训练：Masked Language Model（MLM）和 Next Sentence Prediction（NSP）。MLM 随机掩码输入序列中的一些 token，然后预测被掩码的 token；NSP 预测两个句子是否是连续的。BERT 使用多头自注意力机制，能够同时捕捉不同子空间的信息，从而更好地理解上下文。目前也有许多 BERT 的变体，例如 RoBERTa 通过更大的数据集和更长的训练时间改进了 BERT 的性能；ALBERT 通过参数共享和分解等技术减少了模型参数；DistilBERT 则通过知识蒸馏技术得到了一个更小的模型，同时保持了较好的性能。BERT 是自然语言处理领域的基石之一，在各项自然语言处理任务中表现出众。

正因为 BERT 在自然语言处理任务上表现非常出色，所以用 BERT 模型做深度召回是一个比较自然的想法。具体来讲，就是用 BERT 模型对查询词和文档分别进行编码，然后用预先似然度计算两者的相似性：

$$q = \text{BERT}(\text{query})$$
$$d = \text{BERT}(\text{doc}) \tag{6.18}$$
$$\text{sim}(q, d) = \frac{q \cdot d}{|q \| d|}$$

其中，BERT(query) 和 BERT(doc) 分别是用 BERT 模型对查询词和文档进行编码后的类别标签（CLS）向量。除了使用余弦似然度，还可以使用其他似然度度量方法，例如欧氏距离、曼哈顿距离等。欧氏距离计算的是向量之间的直线距离，曼哈顿距离计算的是向量在各个维度上的绝对差之和。选择哪种似然度度量方法取决于具体的任务和数据特点。此外，除了使用 [CLS] 向量，还可以使用所有 token 向量的平均值或最大值，或者使用 BERT 的最后一层隐藏状态进行更复杂的交互建模。使用所有 token 向量的平均值可以更好地捕捉文本的整体语义信息，而使用最大值则可以突出文本中最重要的信息。

BERT 模型通常需要在特定任务上进行微调才能获得最佳性能。对于召回任务，通常使用 Pairwise 或 Pointwise 的训练方式。这里主要介绍 Pairwise 的训练方式，即构造查询 - 文档对，并根据它们的相关性进行训练。

基于 BERT 的深度召回模型与服务架构如图 6.8 所示。

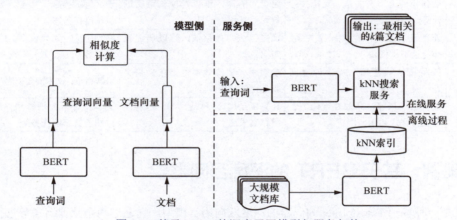

图 6.8　基于 BERT 的深度召回模型与服务架构

6.4.1　微调数据准备和采样策略

数据准备是模型训练的关键步骤，直接影响着模型的性能。对于召回任务，我们需要构造训练数据，包括正例和负例。以下介绍几种常用的采样策略。

随机负采样　随机负采样包括批内随机负采样和全局随机负采样。

批内随机负采样：将当前批内的其他样本作为负样本。这种方法可以有效地利用 GPU 资源，但对批大小比较敏感。为了缓解其对批大小的敏感性，我们可以考虑使用温度系数来调整批内负样本的损失函数。

全局随机负采样：从整个文档集中随机选择负样本。就这种方法而言，其采样空间和实际解决问题的空间一致，但产生的负样本质量不高。

静态负采样　从一个预先训练好的模型中采集负样本，比如可以用 BM25 召回一些候选集，并把这些候选集当作模型训练的负样本。这种方法可以快速收敛，但负样本的质量取决于生成器的质量。

静态正采样　与静态负采样类似，可以用一个更好的模型，比如精排模型，产生正样本。除了使用精排模型，也可以考虑使用点击反馈、用户行为数据等作为正例。

动态负采样　动态负采样的基本思路是用自身模型对候选文档进行评分，并随机筛选得分较高的非相关文档作为下一次训练的负样本，可以有效地提高模型性能。

在实际应用中，可以结合使用多种采样策略。例如，可以使用全局随机负采样保证训练和线上服务的问题空间一致，同时使用动态负采样提高模型的精确率。此外，还需要根据具体的任务和数据特点选择合适的负采样比例。

6.4.2　BERT 模型微调和训练过程

有了训练数据后，可以使用 BERT 模型进行微调。通常的做法是使用 BERT 的 [CLS] 向量作为查询词和文档的表示，然后计算它们之间的似然度。损失函数可以选择 Hinge Loss、Margin Ranking Loss、Cross-Entropy Loss 等。下面分别介绍几种常用的损失函数以及微调过程中的一些重要细节。

损失函数

- Cross-Entropy Loss（Pointwise 方法常用）：如果将召回问题看作一个二分类问题（相关或不相关），可以使用交叉熵损失函数。在这种情况下，需要对查询词和文档的表示进行拼接或进行其他交互操作，然后输入一个分类器中，预测它们的相关性概率。其定义如下：

$$L = \sum -\hat{P}\log P(q,d) - (1-\hat{P})\log(1-P(q,d)) \tag{6.19}$$

  其中 $\hat{P} \in \{0,1\}$ 是 q 和 d 的相关性标签，$P(q,d)=\text{Sigmoid}(\text{sim}(q,d))$ 是对 q 和 d 的相关性预测。

- Margin Ranking Loss（Hinge Loss 的变体）：这种损失函数旨在使正例的似然度高于负例的似然度至少一个 margin 值。其定义如下：

$$L = \sum_{(q,d^+,d^-)} \max(0, \text{margin} - \text{sim}(q,d^+) + \text{sim}(q,d^-)) \tag{6.20}$$

  其中，q 是查询词，d^+ 是正例，d^- 是负例，margin 是一个超参数，控制正负例的间隔，sim 是似然度函数（例如余弦似然度）。

- Hinge Loss：与 Margin Ranking Loss 类似，但没有 margin 的概念。其定义如下：

$$L = \sum_{(q,d^+,d^-)} \max(0, 1 - \text{sim}(q,d^+) + \text{sim}(q,d^-)) \tag{6.21}$$

微调过程

- 输入表示：将查询词和文档分别输入 BERT 模型中，获取 [CLS] 向量作为它们的表示。也可以选择使用其他方式表示文本，例如所有 token 向量的平均值或最大值。
- 似然度计算：使用合适的似然度度量方法（例如余弦似然度、点积、欧氏距离等）计算查询词和文档表示之间的似然度。
- 优化器：通常使用 AdamW 优化器进行优化，该优化器是 Adam 优化器的改进版本，在一些任务上表现得更好。

- 学习率调度器：为了更好地训练模型，可以使用学习率调度器，例如 warmup linear schedule、cosine annealing schedule 等。warmup 阶段逐渐提高学习率，可以使模型更快地收敛；后续阶段逐渐降低学习率，可以使模型更稳定地收敛到最优解。
- 批大小和学习率：批大小和学习率是重要的超参数，需要根据具体的任务和数据进行调整。通常较大的批大小可以使训练更稳定，但也会占用更多的 GPU 内存；合适的学习率可以使模型更快地收敛。
- Early Stopping：为了防止过拟合，可以使用 Early Stopping 策略，即在验证集上监控模型的性能，如果模型的性能在一定轮次后没有提升，则提前停止训练。

清单 6.4 展示了基于 BERT 的文本编码过程。

清单 6.4　基于 BERT 的文本编码过程

```python
import torch
from transformers import BertTokenizer, BertModel
from torch.optim import AdamW
from transformers import get_linear_schedule_with_warmup

# 数据加载和预处理

tokenizer = BertTokenizer.from_pretrained('bert-base-uncased')
model = BertModel.from_pretrained('bert-base-uncased')
optimizer = AdamW(model.parameters(), lr=1e-5)
scheduler = get_linear_schedule_with_warmup(optimizer, num_warmup_steps=
    warmup_steps, num_training_steps=total_steps)

for epoch in range(num_epochs):
    for batch in data_loader:
        query_input = tokenizer(batch['query'], return_tensors='pt',
            padding=True, truncation=True)
        doc_pos_input = tokenizer(batch['doc_pos'], return_tensors='pt',
            padding=True, truncation=True)
        doc_neg_input = tokenizer(batch['doc_neg'], return_tensors='pt',
            padding=True, truncation=True)

        query_embedding = model(**query_input).last_hidden_state[:, 0, :]
        doc_pos_embedding = model(**doc_pos_input).last_hidden_state[:,
            0, :]
        doc_neg_embedding = model(**doc_neg_input).last_hidden_state[:,
            0, :]

        sim_pos = torch.cosine_similarity(query_embedding,
            doc_pos_embedding)
        sim_neg = torch.cosine_similarity(query_embedding,
            doc_neg_embedding)

        loss = torch.mean(torch.clamp(1 - sim_pos + sim_neg, min=0))

        optimizer.zero_grad()
        loss.backward()
        optimizer.step()
        scheduler.step()
```

6.4.3　在线召回

经过训练和微调，我们得到了一个针对特定召回任务优化的 BERT 模型。现在，我们可以使用该模型进行在线召回。在线召回的主要步骤包括离线索引构建和在线检索。离线索引构建是指预先计算所有文档的向量表示，并将其存储在一个高效的索引结构中，以便在线检索时快速查找相似的文档；在线检索则从索引结构中快速检索相关内容。

文档向量化　使用微调后的 BERT 模型对所有文档进行编码，得到它们的向量表示。通常使用 [CLS] 向量表示文档，也可以使用所有 token 向量的平均值或最大值。清单 6.5 是用 BERT 模型对文本进行编码的简易实现版本。

清单 6.5　基于 BERT 的文档向量化过程

```python
from transformers import BertTokenizer, BertModel
import torch


tokenizer = BertTokenizer.from_pretrained('bert-base-uncased')
model = BertModel.from_pretrained('bert-base-uncased')

def encode_text(text, tokenizer, model):
    tokens = tokenizer(text, return_tensors='pt', truncation=True,
        padding=True)
    with torch.no_grad():
        outputs = model(**tokens)
    cls_embedding = outputs.last_hidden_state[:, 0, :]
    return cls_embedding
```

索引构建　使用近似最近邻搜索（ANN）库（例如 FAISS、Annoy、HNSWlib 等）构建索引。FAISS（Facebook AI Similarity Search）是一个常用的高效相似性搜索库，它提供多种索引类型，例如 IndexFlatL2、IndexIVFFlat 等。IndexFlatL2 是一种精确的索引类型，会计算所有向量的距离；IndexIVFFlat 是一种基于倒排索引的近似索引类型，可以大大加快检索速度。选择哪种索引类型取决于对检索效率和精确度的要求。

以下是使用 FAISS 构建索引的示例代码。

```python
import faiss
import numpy as np

# 假设 document_embeddings 是一个 numpy array, shape 为 (num_docs, embedding_dim)
index = faiss.IndexFlatL2(embedding_dim) # 创建L2距离的索引
# 或者使用更高效的索引
nlist = 100 # 聚类中心的个数
quantizer = faiss.IndexFlatL2(embedding_dim)
index = faiss.IndexIVFFlat(quantizer, embedding_dim, nlist)
index.train(document_embeddings) # 训练索引
index.add(document_embeddings) # 将向量添加到索引

faiss.write_index(index, "document_index.bin") # 保存索引
```

在线检索　在线检索是指接收用户查询后，快速检索出相关的文档，主要包括查询向量化

和相似近邻检索两步。

- 查询向量化：使用与离线文档向量化相同的 BERT 模型和方法对用户查询进行编码，得到查询向量。
- 相似近邻检索：使用构建好的索引，根据查询向量检索出最相似的 K 个文档。

以下是使用 FAISS 进行检索的示例代码。

```python
import faiss
import torch
import numpy as np

# 加载索引
index = faiss.read_index("document_index.bin")
index.nprobe = 10  # 调整搜索参数，提高检索效率和精确度之间的平衡性

def search(query, top_k=10):
    query_input = tokenizer(query, return_tensors='pt', padding=True,
        truncation=True).to(device)
    query_embedding = model(**query_input).last_hidden_state[:, 0, :].
        cpu().detach().numpy()  # 移动到CPU并转换为numpy
    D, I = index.search(query_embedding.astype('float32'), top_k)  # 检索
    return D, I  # 返回距离和索引

# 示例使用
query = "how to bake a cake"
distances, indices = search(query)
print(distances, indices)
```

基于 BERT 的双塔模型的优点之一是分离文档侧和查询侧的计算任务，文档侧的计算过程可以离线完成。因为搜索引擎所要处理的文档体量通常非常大，对线上计算的效率要求比较高，所以能够离线计算文档向量是双塔模型的一大优点。线上仅需要完成查询词的编码工作，然后在预计算好的文档向量中查找查询词向量的近邻。

为了提高在线检索的性能，可以采取以下优化措施。

- 索引压缩：使用索引压缩技术（例如 PQ、IVFPQ 等）减小索引的大小，从而减少内存占用和提高检索速度。
- 多级索引：构建多级索引，先使用粗粒度的索引进行初步筛选，然后使用细粒度的索引进行精确检索。
- 缓存：缓存热门查询的检索结果，以减少重复计算。
- 分布式检索：将索引分布在多台机器上，进行分布式检索，以提高检索吞吐量。

通过以上步骤和优化措施，我们可以构建一个高效的基于 BERT 的在线召回系统。kNN 的相关算法会在后文介绍，这里不赘述。

6.4.4　其他基于 BERT 改进的召回模型

DC-BERT　DC-BERT 是一个用于文档排序或检索的模型，它结合了 BERT 和上下文

感知文档嵌入的能力。和 BERT 类似，DC-BERT 首先对输入文本进行分词和编码，然后将其送入 BERT 模型得到每个词的语义向量。在这两步的基础上，DC-BERT 采用滑动窗口对查询词和文档中的每个词进行编码，然后将滑动窗口的语义向量聚合，得到一个表示整体文档的语义向量。清单 6.6 展示了这种语义表示的具体实现过程。DC-BERT 模型结构可参考图 6.9。

清单 6.6　利用 BERT 召回相关文档示例

```
def forward(self, input_ids, attention_mask, doc_lens):
    # input_ids: [batch_size, max_seq_len]
    # attention_mask: [batch_size, max_seq_len]
    # doc_lens: [batch_size]

    # 利用BERT对输入文本进行编码
    outputs = self.bert(input_ids, attention_mask=attention_mask)
    hidden_states = outputs.last_hidden_state # [batch_size,
      max_seq_len, hidden_size]

    # 用滑动窗口对每个词进行编码
    padded_hidden_states = nn.functional.pad(hidden_states, (0, 0,
      self.context_window // 2, self.context_window // 2))
    context_embeddings = []
    for i in range(self.context_window):
        context_embeddings.append(padded_hidden_states[:, i:i +
            hidden_states.size(1), :])
    context_embeddings = torch.cat(context_embeddings, dim=-1) # [
  batch_size, max_seq_len, hidden_size * context_window]

# 计算每个文档的向量
doc_context_embeddings = []
for i in range(input_ids.size(0)):
    doc_context_embeddings.append(torch.mean(context_embeddings[i
    , :doc_lens[i], :], dim=0))
    doc_context_embeddings = torch.stack(doc_context_embeddings, dim
    =0) # [batch_size, hidden_size * context_window]

    return doc_context_embeddings
```

因为需要在预测阶段全量计算 BERT 模型，计算量比较大，时延比较高，所以有多种改进方法，其中 DC-BERT 将查询侧的 BERT 与文档侧的 BERT 分开计算，这样线上计算只需要计算查询侧的 BERT 模型以及融合部分。

ColBERT　虽然 DC-BERT 在底层将查询侧和文档侧的编码器分开，但是两者的融合仍然需要用到 Transfomer 层，这要求在做内容召回的时候需要用时间复杂度 $O(N)$ 评估每一个候选文档，这在网页索引级别显然是不现实的。因此，另外一种做法是在 BERT 的基础上进一步抽象表示查询词和文档，使得查询词和文档可以分别计算，在线的时候可以用 kNN 检索。这种做法的代表是 ColBERT，如图 6.10 所示，ColBERT 模型结构由查询词编码器 f_Q、文档编码器 f_D 和后续交互层构成。f_Q 和 f_D 分别将查询词和文档编码成对应的向量集合 E_q 和 E_d。

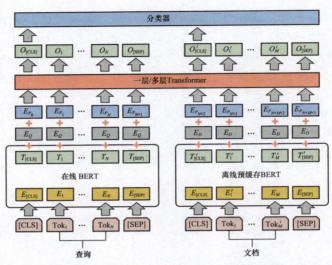

图 6.9　DC-BERT 模型结构示意。查询侧和文档侧用两个独立的 BERT 模型编码，编码结果会被送入一层或多层 Transformer，将输出的查询侧 [CLS] 向量和文档侧 [CLS] 向量拼接在一起送入分类器用于判断查询词和文档的相关性

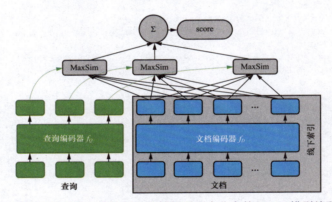

图 6.10　ColBERT 模型结构示意。查询侧和文档侧用两个分离的 BERT 模型编码，编码结果会被送入一层或多层 Transformer，将输出的查询侧 [CLS] 向量和文档侧 [CLS] 向量拼接在一起送入二分类器用于判断查询词和文档的相关性

查询词和文档都首先按照"掐长补短"的预处理方式表示为固定长度的序列：$q = q_0 q_1 \cdots q_l$ 和 $d = d_0 d_1 \cdots d_n$。查询词会首先经过 BERT 模型编码，然后经过一组线性变换和归一化操作得到查询词向量集合 E_q。归一化的目的是让 L2 范数为 1，因此在线计算的时候内积等价于余弦值。

$$E_q := \text{Normalize}(\text{CNN}(\text{BERT}(\text{"}[Q]q_0 q_1 \cdots q_l\text{"}))) \tag{6.22}$$

类似地，文档也会经过 BERT 编码、线性变换和归一化操作层，此外还会把预先定义好的停用词和特殊符号对应的向量去掉。

$$E_d := \text{Filter}(\text{Normalize}(\text{CNN}(\text{BERT}(\text{"}[D]d_0 d_1 \cdots d_n\text{"})))) \tag{6.23}$$

查询词和文档都被表示为归一化的向量集合后，查询词和文档的相关性分数定义为

$$S_{q,d} := \sum_{i \in E_q} \max_{j \in E_d} E_{q_i} E_{d_j}^{\mathrm{T}} \tag{6.24}$$

上述操作称为 MaxSim。

ColBERT 在线上服务时分为两个阶段，即先用 kNN 检索出可能胜出的候选文档，这一阶段每个向量单独计算，得出初步的候选结果后再用式（6.32）基于全部的查询向量和文档向量更加准确地评估每一个候选结果的相关性。

$$p(Q_i, D_j) = \sigma(\mathrm{MLP}([o_{[\mathrm{CLS}]}; o'_{[\mathrm{CLS}]}])) \tag{6.25}$$

(Q_i, D_j) 是查询－文档对，$o_{[\mathrm{CLS}]}$ 和 $o'_{[\mathrm{CLS}]}$ 是查询侧和文档侧的 [CLS] 标志位输出向量。

6.5　混合召回

关键词召回和语义召回是搜索系统中两种重要的召回方式。关键词召回基于精确匹配，语义召回则基于语义似然度。为了充分发挥两种方式的优势，搜索系统通常采用混合召回方式。

6.5.1　混合召回的工作原理

如图 6.11 所示，混合召回系统主要涉及查询处理、稀疏召回、稠密召回和合并召回 4 个环节。首先，对用户查询进行预处理，生成关键词集合和查询向量；其次，分别利用倒排索引和向量搜索引擎进行召回，得到两个候选文档集；最后，将两个候选集合并，并根据排序模型计算每个文档的最终得分，生成排序列表。

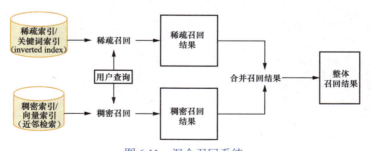

图 6.11　混合召回系统

6.5.2　混合召回的优势

混合召回具有如下优势。

- 互补性强：关键词召回擅长处理精确匹配的查询，语义召回擅长处理语义相关的查询，将两者结合起来的混合召回可以覆盖更广泛的查询场景。
- 召回率高：通过结合两种召回方式，混合召回可以提高搜索系统的整体召回率。
- 排序质量高：利用混合召回方式，排序模型可以综合考虑关键词匹配度和语义似然度，生

成更准确的排序结果。

- 适应性强：可以适应不同类型的查询，包括短尾查询、长尾查询、新词查询等。

清单 6.7 展示了如何进行关键词召回和语义召回的混合。

清单 6.7 混合召回

```python
def hybrid_recall(query, keyword_index, semantic_model):
    # 关键词召回
    keyword_results = keyword_recall(query, keyword_index)

    # 语义召回
    query_vector = semantic_model.encode(query)
    semantic_results = semantic_recall(query_vector, semantic_model)

    # 合并候选文档
    combined_results = merge_results(keyword_results, semantic_results)

    # 排序并返回最终结果
    sorted_results = rank_documents(combined_results)
    return sorted_results

def keyword_recall(query, keyword_index):
    # 使用倒排索引进行关键词召回
    return keyword_index.search(query)

def semantic_recall(query_vector, semantic_model):
    # 使用语义模型进行召回
    return semantic_model.search(query_vector)

def merge_results(keyword_results, semantic_results):
    # 合并两种召回方式的结果
    combined = keyword_results + semantic_results
    return combined

def rank_documents(results):
    # 根据综合得分进行排序
    results.sort(key=lambda x: x.score, reverse=True)
    return results
```

6.6 小结

本章深入探讨了深度召回在信息检索领域的应用。从最基础的词向量表示开始，逐步引入了更复杂的深度学习模型，如 BERT，以捕捉文本的语义信息。这些模型将文本转化为高维向量，使计算机能够更好地理解文本的含义。

在技术细节方面，本章深入剖析了各种向量化表示方法、深度学习模型的结构和训练过程，以及在线召回的实现方式等。这些内容为读者提供了构建深度召回系统的理论基础和实践指导。此外，本章还详细阐述了如何将关键词召回和语义召回两种召回方式混合使用，以提高系统的整体召回率和排序质量。

第 7 章
k 近邻检索算法

前文介绍了查询词以及候选文档的向量化表示，经过编码网络，查询词和文档都被表示成相应的高维向量。因为搜索引擎要处理的文档（候选文档）通常比较大，如何在较短的时延内快速找到最相关的问题是在线服务需要解决的一个重要问题。除了候选文档的规模比较大，另一个难点是向量表示的维度通常都比较高，存在维度灾难（Curse of Dimensionality）问题。面对这类体量大、维度高的问题，时间复杂度为 $O(n)$ 的暴力穷举显然无法满足对时间的要求。为解决上述问题，我们将引入 k 近邻检索算法。这种算法的核心思路是从大量的高维空间样本中找出距离最小的样本，其形式化的定义如下：

$$\text{kNN}(q) = \arg \min_{y \in \mathcal{Y}} d(x, y) \tag{7.1}$$

k 近邻（kNN）检索算法适用于许多领域的基本任务，如计算机视觉、模式识别和数据挖掘等。给定高维空间中的一组点，kNN 近邻检索的目的是有效地找到一个查询点的 K 个最近的邻居。随着数据集规模的增大，将查询点与每个数据点进行比较的粗暴方法变得不可行。为了解决这个问题，人们提出了各种索引结构来加速 kNN 近邻检索，包括 KD 树、局部敏感哈希（LSH）、乘积量化（PQ）和分层可导航小世界（HNSW）网络等。

KD 树是一种流行的索引结构，它将数据点划分为二进制树，树的每个节点代表一个子空间。KD 树因其平衡的结构和对数级的时间复杂度而被广泛用于高效的 kNN 近邻检索。

LSH 是一种基于哈希的近似近邻搜索技术。LSH 以高概率将相似的点映射到同一个哈希桶中，从而减小了 kNN 近邻检索的搜索空间。

PQ 是一种基于量化的技术，它将高维数据点映射到低维空间，然后将映射的点量化为一组小的编码簿条目。PQ 对于 kNN 近邻检索来说是有效的，因为它降低了数据的维度，并使查询点和编码簿条目的距离得到有效计算。

HNSW 网络是一种基于图的索引结构，通过构建一张多级图来连接数据点。HNSW 网络被设计成可导航的，并且具有较小的平均路径长度，这使得它们在 kNN 近邻检索中很有效率。

本章旨在研究上述 4 种索引结构在 kNN 近邻检索中的表现，并比较它们在效率、可扩展性和准确性等方面的优势和劣势。

7.1 暴力穷举方法

最简单的 kNN 检索算法是遍历数据集中的每一个候选，单独计算每一个样本和查询向量的距离，然后保留 k 个最相似的结果。假设样本集大小为 N，向量维度是 d，那么暴力穷举方法的时间复杂度为 $O(N \cdot d)$，空间复杂度也是 $O(N \cdot d)$。

一种改进的方法是先对样本集进行聚类，例如采用 k 均值聚类（k-means）方法。查询的时候先计算查询向量和聚类中心的距离，选取最近的 m 个聚类，然后从每一个聚类簇中枚举每一个样本，最终合并 m 个聚类的最近邻，保留距离最小的 k 个结果。相对于暴力枚举方法，这种方法仅需要遍历 m 个聚类簇，因此其时间复杂度为 $O(m \cdot \frac{N}{Q} \cdot d)$，其中 Q 是聚类簇的数量。采用聚类方法改进后时间复杂度下降为原来的 $\frac{m}{Q}$。

7.2 KD 树

KD 树（K-Dimensional Tree）是一种空间分割数据结构，用于组织 k 维空间中的点。它通常用于完成计算机科学中的各种任务，如近邻搜索、范围搜索和碰撞检测等。从本质上讲，KD 树是一棵二叉树，其中每个节点根据沿某一维度的坐标将数据分成两部分。这导致出现递归过程，空间被连续分割，直到所有的点都属于树的各个叶子节点。

7.2.1 KD 树构建过程

KD 树的构建从 k 维空间中的 n 个点集开始。KD 树是通过沿着一个维度选择一个坐标并根据这个坐标将数据分成两部分来递归构建的。这个过程不断重复，直到所有的点都属于各个叶子节点。选择哪个坐标进行分割是 KD 树构建过程中的一个重要环节。通常情况下，选择数据方差最大的坐标进行分割。这有助于确保树的平衡性，对高效搜索很重要。

假设有二维数据集 D = [(2,3), (5,4), (9,6), (4,7), (8,1), (7,2)] 空间，要构建 KD 树，首先要选择一个维度进行拆分。假设选择沿第一个维度拆分，然后按第一个坐标对 D 中的数据点进行排序，并将数据集除以中值。在这种情况下，中值为 (7,2)，则有 D_1 = [(2,3), (5,4), (4,7), (7,2)] 和 D_2 = [(9, 6), (8,1)]。然后通过相同的过程递归地在 D_1 和 D_2 上构建 KD 树。具体构建的 KD 树参考图 7.1，代码如清单 7.1 所示。

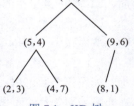

图 7.1 KD 树

清单 7.1 KD 树构建过程

```python
import numpy as np

class KDTree:
```

```python
def __init__(self, points):
    self.points = points self.n = points.shape[0]
    self.tree = self.build_tree(np.arange(self.n), 0)

def build_tree(self, indices, depth):
    if len(indices) == 0:
        return None
    axis = depth % self.points.shape[1]
    sorted_indices = indices[np.argsort(self.points[indices, axis])]
    mid = len(sorted_indices) // 2

    node = {
        'index': sorted_indices[mid],
        'left': self.build_tree(sorted_indices[:mid], depth + 1),
        'right': self.build_tree(sorted_indices[mid+1:], depth + 1),
    }
    return node
```

7.2.2 KD 树搜索过程

一旦树构建好了，搜索操作就可以通过从根部到适当的叶子节点的遍历来有效地进行。例如，近邻搜索从根部开始，将查询点与分割面进行比较。如果查询点在分割面的一侧，它就被引导到树的那一侧，然后重复这一过程。如果查询点在分割面的另一侧，算法也必须搜索树的另一侧，因为最近的邻居可能在那一侧。这个过程一直持续至到达一个叶子节点，这时通过检查查询点和叶子节点中所有的点的距离来找到最近的邻居。相应的代码如清单 7.2 所示。

清单 7.2　KD 树搜索过程

```python
def search(self, q):
    best_dist = np.inf
    best_index = -1
    stack = [(self.tree, 0)]
    while len(stack) > 0:
        node, depth = stack.pop()
        dist = np.linalg.norm(self.points[node['index']] - q)
        if dist < best_dist:
            best_dist = dist
            best_index = node['index']
        axis = depth % self.points.shape[1]
        if q[axis] < self.points[node['index'], axis] and node['left'
            ] is not None:
            stack.append((node['left'], depth + 1))
        elif q[axis] >= self.points[node['index'], axis] and node['
            right'] is not None:
            stack.append((node['right'], depth + 1))
    return best_index
```

7.3　局部敏感哈希

假设有一个函数，满足"两个对象越相似，它们被映射为相同哈希值的概率越高"的条

件，则可被称为局部敏感哈希（Locality-Sensitive Hashing，LSH）函数，即

$$\Pr_{h \in \mathcal{F}}[h(x) = h(y)] = \text{sim}(x, y) \tag{7.2}$$

假设根据播放行为计算每个用户的相似用户，那么根据 Jaccard 系数定义，两个用户之间的似然度为

$$\text{sim}(U_1, U_2) = \frac{|U_1 \bigcap U_2|}{|U_1 \bigcup U_2|} \tag{7.3}$$

根据上述公式计算用户播放行为的似然度主要存在以下两方面的问题。①计算给定的两个用户之间的似然度需要遍历两者的播放历史，得到交集和并集。计算量随着用户播放行为的日积月累越来越大。例如，对于短视频平台，平均有几百上千个短视频播放历史。②用户之间需要两两比较，复杂度为 $O(N^2)$。对于有上亿用户的互联网平台，这个复杂度显然是无法接受的。

对于第一个问题，LSH 的做法是用 MinHash 对稀疏矩阵进行降维。

7.3.1　MinHash

LSH 的基础是 MinHash，而 MinHash 有两种实现，一种是基于其定义的概念性方法，另一种是在工程应用中的具体实现。MinHash 为了降低高维稀疏数据之间似然度计算的复杂性，用一组哈希过程对源数据进行降维，然后在降维后的空间计算似然度。图 7.2 所示的是 MinHash 计算过程示意，假设 a、b、c、d、e 是不同的短视频，S_1、S_2、S_3、S_4 是不同的用户在短视频平台上的观看历史集合，对应观看矩阵中的每一列。MinHash 首先对观看矩阵进行乱序重排，这个过程可以被看作特殊的哈希计算，图中左侧原始观看矩阵经过重排后得到右侧的矩阵。在此基础上，MinHash 取每一列的第一个非零值对应的视频编号作为哈希值输出。因此，$h(S_1) = a$、$h(S_2) = c$、$h(S_3) = b$、$h(S_4) = a$，这些哈希结果也在图中重点标出。

元素	S_1	S_2	S_3	S_4
a	1	0	0	1
b	0	0	1	0
c	0	1	0	0
d	1	0	1	1
e	0	0	1	0

$\xrightarrow[\text{哈希过程}]{b,e,a,d,c}$

元素	S_1	S_2	S_3	S_4
b	0	0	1	0
e	0	0	1	0
a	1	0	0	1
d	1	0	1	1
c	0	1	0	1

图 7.2　MinHash 计算过程示意。左侧为原始的观看矩阵，$a, b, c, d, e => b, e, a, d, c$ 是哈希过程，右侧矩阵是重新排列后的矩阵，右侧矩阵中的重点标注元素是 MinHash 计算结果

图 7.2 展示了一次 MinHash 计算过程，如果用一组哈希函数 $\{h_1, h_2, \cdots, h_k\}$ 重复相同的计算过程，那么每个向量就会得到一组哈希值：

$$\text{MinHash}(S_i) = [h_1(S_i), h_2(S_i), \cdots, h_k(S_i)] \tag{7.4}$$

然后在此基础上计算不同集合之间的似然度：

$$\text{sim}(S_i, S_j) \leftarrow \text{sim}(\text{MinHash}(S_i), \text{MinHash}(S_j)) \tag{7.5}$$

从计算过程来看，MinHash 确实可以降低稀疏矩阵的维度，但降维之后能否保证不同稀疏向量之间的 Jaccard 似然度呢？答案是两个稀疏向量的 MinHash 结果相同的概率等同于它们的 Jaccard 似然度。推导过程如下：把两个集合中的 0 值去掉，仅保留两个集合中至少一个有值的行，那么全部的排列数量为 $N!$，这里 $N = |S_i \cup S_j|$。在这些排列中，有一部分是两列都为相同值的行排在最前面，这样的排列共有 $K \times (N-1)!$ 个，因为去掉一行的全排列数量是 $(N-1)!$，而且有 K 个可以放在第一行，这里 $K = |S_i \cap S_j|$，所以两列 MinHash 值相等的概率为

$$\Pr[\text{MinHash}(S_i) = \text{MinHash}(S_j)] = \frac{K \times (N-1)!}{N!} = \frac{K}{N} = \frac{|S_i \cap S_j|}{|S_i \cup S_j|}$$

上述 MinHash 计算过程因为要对矩阵进行重排操作，所以无法在数据量较大时进行实际操作。更实际的计算方法是用一组轻量的哈希函数顺序扫描稀疏矩阵中非零值，计算这些非零值对应的物品编号的哈希值，并取最小值作为每一列的哈希结果。例如，以

$$h_i(x) = (a_i x + b_i) \bmod N \tag{7.6}$$

作为哈希函数族，则

$$h_i(S_j) = \min\{h_i(e)\}, \; e \in S_j \tag{7.7}$$

最终的 MinHash 结果是一个稠密向量，其中的每一个元素是集合在每一个哈希值上的输出结果：

$$\text{MinHash}(S_i) = [h_1(S_i), h_2(S_i), \cdots, h_k(S_i)] \tag{7.8}$$

然后在此基础上计算不同集合之间的似然度：

$$\text{sim}(S_i, S_j) \leftarrow \text{sim}(\text{MinHash}(S_i), \text{MinHash}(S_j)) \tag{7.9}$$

7.3.2 SimHash

MinHash 中使用的哈希函数适用于稀疏的 0/1 矩阵。对于稠密的浮点向量，我们也可以采用类似的计算过程——SimHash，不过这里的哈希函数换成了一组随机初始化的超平面。当输入向量和超平面的内积大于零时，生成的签名为 1，反之为 0。SimHash 计算过程参见算法 10，第 3 行输入向量与超平面计算内积；第 4 ~ 8 行根据内积的计算结果对最终的签名函数进行赋值。

算法 10 SimHash 计算过程

```
 1: function SimHash(e, H)
 2:     for i ←0 to m -1 do
 3:         sig[i] ←∑_{j=1}^{d} sgn(eH_{j,i})
 4:         if sig[i]>0 then
 5:             sig[i]←1
 6:         else
 7:             sig[i]←0
 8:         end if
 9:     end for
10:     return sig
11: end function
```

例如，在一些应用场景中需要计算文本或者图像的语义哈希值用于识别近似重复的内容，

且假设已经用如 CLIP 或者 ResNet 等模型提取图像的语义向量，那么此时可以使用 SimHash 将每一张图像的语义向量转换为语义哈希值。图 7.3 所示的是分别使用 8、16、32、64 个超平面计算语义哈希值后得到的分桶情况可视化效果，其中第一列为原始查询图片，其他列是用不同数量的超平面得到的具有相同哈希值的图像均匀采样结果。

查询图像　　　　8位哈希编码　　　　16位哈希编码　　　　32位哈希编码　　　　64位哈希编码

图 7.3　不同长度的哈希编码对应的图像查询结果

随着 SimHash 中使用的超平面数量的增加，得到的哈希值越来越长，分桶越来越细，图像的似然度也越来越高。

7.3.3　Banding

在 MinHash 的基础上，将 MinHash 签名矩阵分成 b 段，每一段包含 r 行。对每一段应用个哈希函数，将其映射到 k 个桶中。这样矩阵的每一列就变成包含 b 个哈希值的维数更低的向量。对至少有一个公共值的向量进行更精准的似然度计算，这个过程称为局部敏感哈希（LSH）。Banding（带状哈希）是 LSH 中使用的一种技术，用于减少哈希表的数量，以达到近似近邻搜索中所需要的精度。分带技术的基本思想是将数据分为"带"，并对每个"带"进行单独哈希，而不是一次性哈希整个数据点。

更详细地说，考虑一个高维数据集的点，并假设用 LSH 进行近似近邻搜索。在 LSH 中，通常为数据的每个维度生成一个哈希函数，然后将这些哈希函数串联起来，为每个数据点创建一个哈希值。这些哈希值被用来将数据点映射到哈希桶中，并通过搜索包含查询点的哈希桶来找到最近的邻居。

这种方法的问题是，生成和存储所有的哈希函数和哈希桶，导致内存和计算成本非常昂贵。带状计算提供了一种方法来减少所需的哈希函数和哈希桶的数量，同时仍能达到所需的精度水平。

带状计算的基本思想是将数据分为"带"，并对每个带进行单独哈希，而不是一次性对整个数据点进行哈希。假设有一个 128 维的数据集，预计使用 8 个哈希函数。通过带状计算，可以将数据分为 16 个带，每个带有 8 个维度，并为每个带生成一个单独的哈希函数。这将得到 16 个独立的哈希值，每个有 8 位，而不是得到一个 128 位的哈希值。然后，这 16 个哈希值可以连接起来形成一个单一的 128 位哈希值，这可以用来将数据点映射到哈希桶中。

带状排列可以用来减少所需的哈希函数和哈希桶的数量，而不会牺牲太多的准确率。权衡之下，带状排列提高了哈希冲突的概率，因为不同数据点的哈希值对于同一带状排列来说可能是相同的，即使它们对于其他带状排列来说可能是不同的。然而，如果带选择得当，哈希冲突的总体概率可以保持在较低水平，同时还可以降低 LSH 算法的内存和计算要求。

7.4 矢量量化

矢量量化（Vector Quantization）是利用量化函数（Quantizer）$q(\boldsymbol{x})$ 将 d 维的向量 $\boldsymbol{x} \in R^d$ 映射到某一个聚类中心（Centroid）$\boldsymbol{x} \in C$ 的计算过程：

$$\boldsymbol{x} \to q(\boldsymbol{x}) \tag{7.10}$$

其中 C 是量化算法生成的码表，里面记录了 k 个聚类中心，即原始数据 R^d 中的 k 个特殊样本。量化过程会造成原始向量 $\boldsymbol{x}$ 和量化结果 $q(\boldsymbol{x})$ 的信息损耗，这个损耗称为"畸变"，其表达式为

$$E = \sum_{\boldsymbol{x} \in \mathcal{X}} \| \boldsymbol{x} - q(\boldsymbol{x}) \|^2 \tag{7.11}$$

矢量量化的基本计算过程包括索引构造和近邻查询，码表是这两个过程的核心组成部分。具体计算过程如图 7.4 所示。

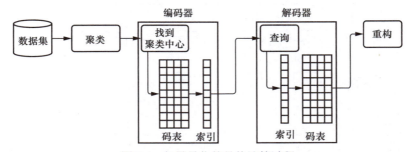

图 7.4 矢量量化的具体计算过程

矢量量化的主要作用之一是压缩存储空间，因为量化函数 $q(\boldsymbol{x})$ 用聚类中心来表示原始向量，因此只需要记录每条样本对应的聚类中心索引就可以了，空间大小为 $\log 2k$ 位。例如，假设原始向量是 128 维的浮点数，那么每条数据的大小是 128×4 = 512 字节。如果用 k 均值聚类算法将原始数据聚成 256 个类，那么只需要记住每条数据属于哪一个类，需要 8 位，即 1 字节。需要一个码表记录每个聚类中心的向量，空间复杂度为 $O(k \cdot D)$。

矢量量化的另一个主要作用是加速查询过程，一种简单的做法是通过码表计算和查询与向量最相近的聚类，然后在聚类内部做扫描、计算最近邻。

矢量量化实现压缩存储空间和加速查询过程的代价是精度的损耗，不同量化方法所做的各种努力或是在不降低精度的前提下加速计算过程、降低存储代价，或是在相同的计算复杂度和存储需求前提下不断提高向量检索的精度。本节以乘积量化作为基础介绍基本的量化方法以及后续的改进版本。

乘积量化 乘积量化将 d 维的向量 $\boldsymbol{x} \in \mathbb{R}^d$ 分成 m 段维度更低的子向量：

$$\boldsymbol{x} = \mathrm{concat}(\boldsymbol{x}_1, \boldsymbol{x}_2, \cdots, \boldsymbol{x}_m), \boldsymbol{x}_i \in \mathbb{R}^{\frac{d}{m}} \tag{7.12}$$

每一个子向量的维度是 $\dfrac{d}{m}$，假设 $\dfrac{d}{m}$ 是整数。然后通过每个子空间的编码器 q_i 将每一段子向量映射到对应子空间的某个聚类中心：

$$x_1, x_2, \cdots, x_m \rightarrow q_1(x_1), \cdots, q_m(x_m) \qquad (7.13)$$

在映射过程中每一个子向量都会使用对应子空间的码表 $C^1, C^2, \cdots, C^m$，原始向量 x 对应的码表 C 是这些子空间码表的笛卡儿积：

$$C = C^1 \times C^2 \times \cdots \times C^m \qquad (7.14)$$

　　如图 7.5 所示，假设原始输入向量用 128 维的 32 位浮点数表示，原始输入向量会被分成 8 段子向量表示，每个子向量的维度是 16。在每个空间都会用矢量量化的方法生成编码器 q_i，然后对应的子向量会被映射到对应的聚类中心的索引。假设子向量空间的聚类数量是 256，那么每个聚类中心的索引可以用 8 位（bit）表示。最终原始的 128×32 维的向量会被表示成 8×8 的编码。

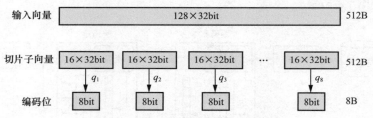

图 7.5　乘积量化的编解码过程示意

　　上述过程对应的伪代码参考算法 11，量化函数的输入是数据集 S、子向量数 m 和子向量空间的聚类数 k，输出是编码后的数据集 S' 和码表 C。在编码过程中因为每一段子向量要遍历 k 个聚类中心找到最近的聚类中心，这个过程的时间复杂度是 $O(m \times k)$，因为每一个样本都要经过同样的计算过程，所以整体需要 $n \times m \times k$ 次距离计算：

$$\text{dist}(x, y) = \|x - y\|^2 \qquad (7.15)$$

算法 11　乘积量化算法离线训练过程

```
 1: function ProductQuantization(S,m,k)  # S表示数据集，m表示子向量数，k表示聚类数
 2:     S₀, S₁, ..., Sₘ₋₁←SliceSet(S)  # 将数据集切分为子向量数据集
    iuwhy65x4zf
 3:     C←<>                                      # 初始化码表
 4:     for 0 <=i < m do
 5:         centroidᵢ ←kmeans(Sᵢ)               # 找到聚类中心
 6:         ADD(C, centroidᵢ)
 7:     end for
 8:     for s in Sdo
 9:         s₀, s₁,..., sₘ₁ ←SliceVec(s)        # 将输入切分为子向量
10:         for 0 <=i < m do                    # 编码
11:             c ←arg minₒᵢₑc d(sᵢ, cᵢ)
12:             qᵢ ←indexOf (C, cᵢ)
13:         end for
14:         q ←concat(< q₀, q₁,..., qₘ₋₁ >)
15:         ADD(S′, q)
```

```
16:        end for
17:        return S', C
18: end function
```

在查询阶段，每个查询向量 x 会经过同样的编码过程得到基于相同码表的编码表示，即 $x \rightarrow q_1(x_1), q_2(x_2), \cdots, q_m(x_2)$，其中每个编码都满足 $0 \leqslant q_i(x_i) < k$。在查询过程中，为了提高计算效率，用两个编码对应的聚类中心的距离近似原始向量的距离：

$$\mathrm{dist}(x, y) \approx \mathrm{dist}(C[q(x)], C[q(y)]) \tag{7.16}$$

或者保持查询向量不变，仅对候选集做近似：

$$\mathrm{dist}(x, y) \approx \mathrm{dist}(x, C[q(y)]) \tag{7.17}$$

前一种方法［式（7.16）］称为对称式计算，后一种方法［式（7.17）］称为非对称式计算。两种近似方法的计算复杂度不同，精确度也不同，具体的应用场合也有所差异。对称式计算通常用于第一阶段候选集筛选，非对称式计算则用于对初筛结果的继续优化。图 7.6 所示的是两种计算方法示意。

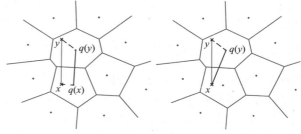

图 7.6 对称式计算（左）和非对称式计算（右）示意

这种距离上的近似操作是乘积量化能够加速计算过程的原因之一，但同时也是产生精确度损耗的原因。以对称式计算为例，因为聚类中心的距离可以提前计算好并存储在一张距离表 D 中，所以在线查询时所用到的两个聚类中心的距离 $\mathrm{dist}(C[q(x)], C[q(y)])$ 可以通过查表获取。距离表 D 中每一项的具体定义如下：

$$D_{i,j} = ||C_i - C_j||^2 \tag{7.18}$$

这种距离上的近似操作是一种典型的以空间换时间的策略，它将计算向量距离用到的浮点数计算过程简化为查表过程，大大提高了线上的查询效率。相应的代价是对每个子向量空间都要存储 $k \times (k-1)$ 个聚类中心的距离，以 $k = 256$ 为例，需要的空间大小为 $256 \times 255 \times 4 \approx 256\mathrm{KB}$。

算法 12 展示了乘积量化算法线上查询的计算过程，以对称式计算为例，假设子向量数为 8，每个子向量的聚类空间为 256。查询时首先将 128 维的输入向量切分成 8 段 16 维的子向量，然后利用索引构建阶段生成的码表对每个子向量进行编码。得到编码以后扫描候选集，根据查询向量和候选向量的编码查找距离表，根据式（7.16）得到查询向量和候选向量的近似距离。

算法 12 乘积量化算法线上查询的计算过程

```
1: function PQFind(S,m,k)              # S表示数据集，m表示子向量数，k表示聚类数
2:    v₀, v₁,..., vₘ₁ ←SliceVec(v)     # 将输入切分为子向量
3:    for 0 <= i < m do                # 编码
4:        c ←arg minₜᵢₑC d(vᵢ, cᵢ)
5:        qᵢ ←indexOf (C, cᵢ)
6:    end for
7:    H ←heap()
8:    for 0 <=i < N do
9:        q' ←Q' [i]
```

```
10:          dist = d(q, q')
11:          insert(H, < i, dist >)
12:      end for
13:      return topK(H)
14: end function
```

因为乘积量化的线上查询过程需要遍历每一个样本的编码结果，所以整体的时间复杂度仍然是 $O(N)$。但是计算查询向量和候选向量的每一步都只是查表操作，效率得到大幅提升。

乘积量化的加速计算　乘积量化的优势是将原始向量空间切分成维度较小的子向量空间，然后在子向量空间对样本进行量化，量化操作大大提高了查询效率。其在效率上的不足之处是仍然需要逐个遍历候选样本集，时间复杂度为 $O(N)$。针对这一问题，一种改进方法是先将整体样本粗粒度聚类分为 Q 组，然后在每个类内部采用乘积量化计算方法。在每个类内部采用乘积量化时用残差向量 $r = y - q_c(y)$ 代替原始向量做聚类，让计算过程更加关注类内样本之间的差异。在线上查询的时候首先找到最相关的 M 个大类，然后在每个大类里面计算距离最小的 k 个样本，最后合并 M 个大类的最近邻并返回最终结果。查询过程的时间复杂度为 $O(\frac{M}{Q}N)$，Q 是粗粒度聚类数量，M 是在查询过程中访问到的样本分组，N 是样本量。

优化的乘积量化（Optimized Product Quantization，OPQ）　乘积量化的本质是将高维向量空间分解为子空间的笛卡儿积，然后分别量化这些子空间。空间分解的结果对于乘积量化的最终性能很重要。向量不同的子空间之间存在相关性，不同的子向量包含的信息量不同，乘积量化简单地将原始向量割裂成 m 个子向量，忽略了不同子向量之间的相关性，这种忽略不同子向量之间相关性的割裂会导致在每一个子空间的误差最小，但并不等价于整体上的误差最小，最终因此影响算法的准确率。一种解决此类问题的方法是对原空间进行旋转，降低子向量之间的相关性。为什么旋转就可以降低子向量之间的相关性？例如，如果把 $y = x$ 旋转到 $y = 0$（x 轴），那么两个变量之间会从强相关性变为没有相关性。为什么相关性降低以后精确度就会提升？当子向量之间的相关性减弱后，各个子向量空间中距离的最小化结果将更接近于整个向量空间中的整体距离最小化，从而能提升整体近似效果。同时需要保证在原始空间和旋转空间得到的近邻一致，因此优化的乘积量化方法选择正交矩阵做变换。

$$C = \{R\hat{c} : \hat{c} \in C^1 \times C^2 \times \cdots \times C^m, R^\top R = I\} \tag{7.19}$$

这种方法的迭代求解过程如下。

步骤一：固定 R 不变，生成码表 C。 对样本集中的每一个样本做正交变换：

$$\hat{x} = Rx \tag{7.20}$$

在变换后的数据集上用乘积量化的方法生成新的码表 C，R 的正交矩阵性质决定了原始空间与变换后新空间样本到聚类中心的距离不变，即

$$\| x - c \|^2 = \| \hat{x} - \hat{c} \|^2 \tag{7.21}$$

这条性质也保证了在变换后的空间中找到的近邻和在原始空间中找到的近邻一致。

步骤二：固定 C 不变，生成正交矩阵 R。 使用正交矩阵 R 的目的是最小化重构误差：

$$R^* = \arg\min_{R} \sum_{x} \| Rx - \hat{c}(i(\hat{x})) \|^2 \qquad (7.22)$$

等价于

$$R^* = \arg\min_{R} \| RX - Y \|^2 \qquad (7.23)$$

X 和 Y 分别是原始向量集合与重构向量集合。先用奇异值分解法求解 $XY^\top$：

$$XY^\top = USV^\top \qquad (7.24)$$

然后令

$$R = VU^\top \qquad (7.25)$$

按上述步骤一和步骤二迭代求解，直到收敛。

局部优化的乘积量化（Locally Optimized Product Quantization，LOPQ） 进一步地对每一个子向量空间应用 OPQ 的方法，使得子向量空间切分更符合数据的分布，更多细节另见参考文献 [51]。图 7.7 所示的是 k 均值聚类、PQ、OPQ 和 LOPQ 这 4 种方法在二维空间上聚类结果的对比。

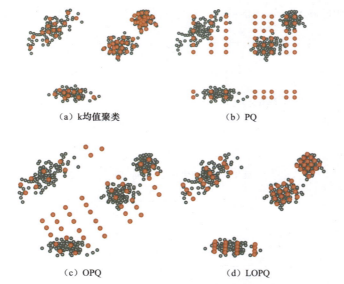

图 7.7　k 均值聚类、PQ、OPQ、LOPQ 在二维空间上聚类结果的对比

7.5　HNSW

分层可导航小世界（Hierachical Navigable Small World，HNSW）是一种层次化的图结构，它包含多个数据邻接层，每一层都是一张连接图。底层的图结构包含全部的数据以及数据之间的邻接关系，上一层的数据是下一层数据的采样，越往上数据越稀疏。 HNSW 的这种数据组织结构可以类比跳表，高层的数据连接用于建立不同数据簇之间的快速访问通道，而越往下数据

越密集，需要搜索的数据量变大，但搜索结果越精确。

7.5.1　NSW

　　HNSW 的每一层都是一个 NSW，即 Navigable Small World，中文通常译作可导航小世界。在 NSW 中，每个点都与其近邻建立连接关系，除此之外还与较远的点构建快速访问通道。这种引入了高速通道的数据组织方式保证在检索最近邻的同时以一定的概率访问较远的数据簇，因此降低了在搜索过程中陷入局部最优的概率，其思想与计算机科学中的"探索与利用"一脉相承。

　　数据访问　为了在 NSW 中找到最近邻，一种朴素的想法是随机选择一个节点作为起始节点，利用贪婪算法不断地从当前访问节点的邻接节点中选择和查询与节点距离最近的节点作为中继跳板继续访问，直至找不到更近的节点为止。以图 7.8（a）为例，蓝色的节点是 NSW 的数据集，黑色的边是每个节点的最近邻，红色的边是 NSW 中用于连接距离较远节点的快速访问通道。绿色的节点为查询节点，从初始节点 entry point 开始，不断从邻接节点中选择和查询与节点距离最近的下一个节点迭代计算。经过两个快速访问通道（图中带红色箭头的边）和一个近邻节点访问（图中带黑色箭头的边）后到达最近的节点。HNSW 的相关内容另见 7.5.2 节。算法 13 是上述思路的伪代码。

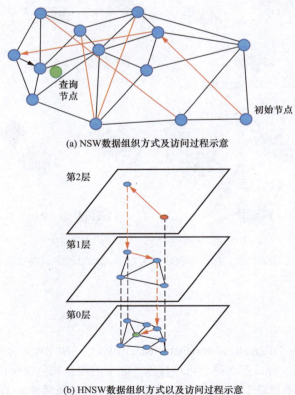

(a) NSW数据组织方式及访问过程示意

(b) HNSW数据组织方式以及访问过程示意

图 7.8　NSW 与 HNSW 数据组织方式以及访问过程

算法 13　NSW 贪婪访问算法

```
1: function GreedySearch(query,v_entry)
2:     v_cur←v_entry
3:     v_next←NIL
4:     δ_min←dist(query,v_cur)
5:     for v_adj∈v_cur.connected() do
6:         δ_adj←dist(query,v_adj)
7:         if δ_adj<δ_min then
8:             v_cur←v_adj
9:             δ_min←δ_adj
10:        end if
11:    end for
12:    if v_next == NIL then
13:        return v_cur
14:    end if
15:    return GreedySearch(query,v_next)
16: end function
```

贪婪访问算法的缺陷是容易找到局部最优解，一种改进思路是从 m 个随机初始化的节点开始查找最近邻，在迭代过程中保持一个大小为 k 的优先队列，只有当优先队列中的内容不发生改变的时候才终止访问过程。具体计算过程见的伪代码算法 14。

算法 14　NSW 近邻访问算法 1

```
1: function KNN-Search(query,m,k)
2:     candidates ←m random points
3:     visited ←<>
4:     results ←P riorityQueue(k)
5:     while candidates ≠<> do
6:         cur ←select most closed candidate to query
7:         if results.size()==k and dist(cur,query)>largest value in results then
8:             break
9:         end if
10:        results.insert(cur)
11:        visited.add(cur)
12:        for next ∈cur.connected() do
13:            if !visited.contains(next) then
14:                candidates.add(next)
15:            end if
16:        end for
17:    end while
18:    return results
19: end function
```

NSW 的构建　NSW 通过顺序插入新的节点完成整个构建过程，对于每一个新加入的节点，NSW 通过上述算法 14 得到待插入节点的近邻集合，然后建立新节点和这些近邻节点的连接关系。图 7.9 展示了简单的 NSW 构建过程。空心的点代表新插入的节点，实心的点代表图中已有的点，每一个待插入的新节点都会和最近的 M=3 个实心的点建立连接。

假设待构建 NSW 的数据节点是随机打散的，NSW 中的快速访问通道通常在早期节点的插入过程中生成。因为在刚开始构图的时候，对于一个待插入的新节点，它的候选近邻节点很少，所以和较远的节点建立连接边的概率较高；而在构图的后期，图中的节点已经很多了，那么新插入一个节点的时候，更有可能找到离它真的很近的 M 个节点。因此，"高速公路" 在构图的早期已经被建立起来了，后期就不太会有 "高速公路" 被建立。NSW 近邻访问算法的伪代码见算法 15。

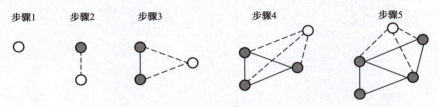

图 7.9   NSW 构建过程

算法 15   NSW 近邻访问算法 2

```
1: function KNN-Insert(v,m,k)
2:     neighbors ←KNN-Search(v, m, k)
3:     for n ∈neighbors do
4:         n.connect(v)
5:         v.connect(n)
6:     end for
7: end function
```

NSW 时间复杂度分析   为了简化分析过程，我们以算法 13 为例分析 NSW 检索过程的时间复杂度。算法 13 的时间复杂度可以用访问到的节点的数量表示，即算法的第 6 行中的执行次数。访问的节点数近似于平均的跳转次数乘每个节点的平均邻接节点数，平均跳转次数和每个节点的平均邻接节点数均为 $\log N$，整个算法的平均复杂度为 $O(\log^2 N)$。另外 NSW 的构图方式使得早期的节点更容易建立长连接，而后期加入的节点更容易建立短连接。这种连接分布的不均衡导致搜索效率与初始节点的选择相关，如果开始选择的节点可以连接到各个不同的数据簇，则比较容易跳出局部最优解。反之，如果最初选择的起始节点不存在快速访问通道，那么访问过程有可能在开始阶段限于局部数据点中直到遇到包含快速访问通道的节点。接下来要介绍的 HNSW 引入分层机制可有效地解决长短连接分布不均衡的问题。

7.5.2   层级图结构

HNSW 的基本思想是根据连接长度的不同将不同类型的连接放在不同的层上，上层的连接的作用是建立不同数据簇之间的粗粒度快速访问通道，避免搜索过程过早地陷入局部最优；底层连接的作用是在更细的粒度优化数据组织方式，让搜索结果更准确。为了实现预期目的，HNSW 在构图阶段和查询阶段都在 NSW 的基础上做了一系列的优化和改进工作。

HNSW 构图   HNSW 在 NSW 的基础上引入了层级结构，底层的图结构包含全部的数据节点，上一层的节点是对下一层节点的概率采样。上层图的稀疏采样保证了快速访问通道的均匀分布，有利于提升整体的访问效率。具体实现时，每个新加入的节点都会被插入底层的图结构中，同时以一定的概率判断该节点是否应该加入更上层的图结构中。这种构图结构可以类比跳表。

HNSW 的节点插入算法的基本思路是先确定待插入节点会被插入哪些层，见算法 16 中的第 5 行。然后从高层 L 往下至待插入层之上的那一层 (l + 1)，通过迭代访问 SEARCH-LAYER 函数，不断优化距离待插入点最近的那个节点，见算法 16 第 6 行至第 9 行。从 l 层往下至底层，大致思路仍然是先找到待插入点的近邻，然后建立 q 和这些点的双向连接，见算法 16 第 11 行至第 13 行。除此之外，插入算法还加了一步对现有节点的调整工作，即如果发现现有节点的连接数过多，那么重新选择该节点的近邻并重新建立连接，见算法 16 第 14 行至第 19 行。每一层的工作结束后都会将在这一层找到的最近邻传递到下一层，作为下一层节点插入的起始节点，见算法 16 第 20 行。HNSW 会保留一个全局的起始点作为下一次访问和插入的开始节点。

算法 16　NSW 近邻访问算法 3

```
 1: function HNSW-INSERT(hnsw,q, M, Mmax, efConstruction,mL)
 2:     closests ←∅                # list of currently found nearest elements
 3:     entry ←hnsw.getEntryPoint()
 4:     L ←hnsw.topLayerNo()
 5:     l ←-ln(unif(0..1)mL        # 以概率方式确定新元素的层级
 6:     for lc ←L ... l + 1 do
 7:         closests ←SEARCH-LAYER(q, entry,ef = 1, lc)
 8:         entry ←arg min dist(e, q), e ∈closests
 9:     end for
10:     for lc ←min(L, l)...0 do
11:         closests ←SEARCH-LAYER(q, entry,efConstruction,lc)
12:         neighbors ←SELECT-NEIGHBORS(q, closest,M, lc)
13:         connect q and neighbors bidirectionally at layer lc
14:         for e ∈neighbors do
15:             if e.degree(lc) > Mmax then           # 减少e的连接数量
16:                 newNeighbors ←SELECT-NEIGHBORS(e, e.degree(), Mmax, lc)
17:                 change e's neighbors to newNeighbors
18:             end if
19:         end for
20:         entry ←closests
21:     end for
22:     if l > L then
23:         hnsw.setEntryPoint(q)
24:     end if
25: end function
```

HNSW 调用了两个子函数：SEARCH-LAYER 和 SELECT-NEIGHBORS。SEARCH-LAYER 函数从指定的图层中查找待插入节点的近邻，它的基本思路和 NSW 近邻查找方法的类似，从制订的候选节点集合入手，评估这些节点和查询节点的距离，然后将访问范围扩大到上一轮访问节点集合的近邻，反复执行直至找不到更近的节点为止，判断条件见算法 17 第 6 ~ 10 行。第 6 行从后续集中找到离查询节点最近的节点，第 7 行从结果集中找到当前结果集中最远的那个节点，如果后续集中最近的节点比结果集中最远的节点还要远，那么说明无法找到更近的结果，因此终止迭代过程。这里需要维护一个临时的队列 candidates，里面存放了已经被访问的、可能加入最终结果集的节点集合。此外，还有一个对结果集合大小进行限制的参数 ef，当结果集过大时就从结果集中将距离查询节点最远的节点剔除，见算法 17 第 18 ~ 20 行。

算法 17　HNSW 图层近邻查找

```
 1: function SEARCH-LAYER(q, ep, ef,l_c) query element ef closest neighbors to q
 2:     visited ←{ep}                      # 已访问元素集
 3:     candidates ←{ep}                   # 候选节点集
 4:     neighbors ←{ep}                    # 发现最近邻动态列表
 5:     while |candidates| > 0 do
 6:         closest ←extract nearest element to q fromcandidates
 7:         furthest ←get furthest element to q from neighbors
 8:         if dist(closest,q) > dist(furthest,q) then
 9:             break              # 所有邻接节点均已评估完成
10:         end if
11:         for e ∈closest.neighbors() at layer l_c do # 更新候选节点和邻接节点
12:             if e∉ visisted then
13:                 visisted.add(e)
14:                 furthest ←get furthest element from neighbors
15:                 if dist(e, q) < dist(furthest,q) or neighbors.size()<ef then
16:                     candidates.add(e)
17:                     neighbors.add(e)
18:                     if neighbors.size() > ef then
19:                         remove furthest element from neighbors
20:                     end if
21:                 end if
22:             end if
23:         end for
24:     end while
25:     return neighbors
26: end function
```

为了提升高层连接的多样性，HNSW 引入了启发式近邻节点选择策略，只有当一个节点比当前结果集中的任何节点都更近时，才把这个节点加入待插入节点的近邻结果集中，即算法 18 的第 15 ~ 21 行。这种做法的潜在副作用是导致节点的连接数过少，为此相关研究者又做了两件事情：①把候选节点的近邻加入候选集中以扩大访问范围，见算法 18 第 4 ~ 12 行；②当结果过少时，从备用池中再选取一些候选节点，见算法 18 第 22 ~ 27 行。

算法 18　启发式近邻筛选

```
 1: function SELECT-NEIGHBORS-HEURISTIC(q, C, M,l_c, extendCandidates,keepPrunedConnections)
 2:     results ←∅ # initialize result set as empty
 3:     candidates ←C # set of candidates
 4:     if extendCandidates then # extend candidates by their neighbors
 5:         for e ∈C do
 6:             for e_adj ∈e.neighbors() at layer l_c do
 7:                 if e_adj ∉ candidates then
 8:                     candidates.add(eadj)
 9:                 end if
10:             end for
11:         end for
12:     end if
13:     discarded ←∅ # cache discarded elements for backups
14:     while candidates.size() > 0 and results.size() < M do
15:         e ←extract nearest element from candidates
16:         if dist(e, q) < min dist(e', q), e' ∈results then
            # if e is closer to q than any element in results
17:             results.add(e)
```

```
18:          else
19:              discarded.add(e)
20:          end if
21:      end while
22:      if keepPrunedConnections then
23:          while discarded.size() > 0 and results.size() < M do
24:              closest ←min dist(e', q), e' ∈discarded
25:              results.add(closest)
26:          end while
27:      end if
28:      return results
29: end function
```

当 HNSW 的多层图结构构建完成以后，kNN 检索过程相对比较简单。对于待查询节点 q，检索算法从最高层开始不断查找当前图层中距离 q 最近的节点，然后将其传递给下一层作为下一个图层查找近邻的起始节点。具体过程参考算法 19。

算法 19   HNSW 近邻检索

```
 1: function HNSW-KNN-SEARCH(hnsw,q, K, ef)
 2:      candidates ←∅ # initialize candidates set as empty
 3:      entry ←hnsw.getEntryPoint()
 4:      L ←hnsw.topLayerNo()
 5:      for l_c ←L . . . 1 do
 6:          candidates ←SEARCH-LAYER(q, entry,ef = 1, l_c)
 7:          entry ←nearest element from candidates to q
      # iterate and update entry point passing through layers
 8:      end for
 9:      candidates ←SEARCH-LAYER(q, entry,ef,l_c = 0)
10:      return K nearest elements from candidates to q
11: end function
```

HNSW 复杂度分析   HNSW 的搜索复杂度是每一层的搜索复杂度之和。根据算法 16 中的第 5 行代码，HNSW 的图层数量是 $O(\log N)$。HNSW 在每一图层的访问步数由数据的组织方式决定，和每一图层的数据量大小无关，可以认为有一个常量上限 C。因此，整体的访问复杂度 $O(C\log N) = O(\log N)$。

7.6   使用 FAISS 进行 kNN 近邻检索示例

FAISS 是 Facebook 开源的一个高性能 kNN 检索库，专门用于大规模向量数据的相似性搜索。FAISS 支持高维稠密向量的快速索引与检索，能够处理上亿规模的向量数据，同时提供多种索引类型，如精确搜索（IndexFlat）和近似搜索（IVF、HNSW、PQ 等）。FAISS 同时提供 Python 和 C++ 的 API，兼具易用性和高性能。

下面是使用 FAISS 进行 kNN 搜索的示例代码。

（1）安装 FAISS，代码如下：

```
pip install faiss-cpu # CPU版本
pip install faiss-gpu # GPU版本（若支持CUDA）
```

（2）导入必要库，代码如下：

```
import faiss
import numpy as np
```

（3）生成示例数据，代码如下：

```
# 创建1000个向量，每个向量维度为128
d = 128 # 向量维度
n = 1000 # 向量数量
database = np.random.random((n, d)).astype('float32') # 数据库

# 查询向量
query = np.random.random((5, d)).astype('float32') # 5个查询向量
```

（4）创建索引，代码如下：

```
# 初始化L2（欧几里得）索引
index = faiss.IndexFlatL2(d) # 默认使用L2距离

# 添加数据到索引中
index.add(database) # 添加1000个向量
print("Index size:", index.ntotal) # 输出1000
```

（5）执行 kNN 近邻检索，代码如下：

```
k = 4 # 搜索最近的4个邻居
distances, indices = index.search(query, k)

print("最近邻的索引:\n", indices)
print("最近邻的距离:\n", distances)
```

（6）输出示例。最近邻的索引：

```
[[ 56  73  45 324]
 [101 122  30 490]
 [ 11  95  19 322]
 [ 40  28  14 561]
 [ 76  82  45 231]]
```

最近邻的距离：

```
[[0.123 0.145 0.200 0.345]
 [0.056 0.078 0.189 0.256]
 [0.089 0.111 0.203 0.400]
 [0.022 0.067 0.150 0.330]
 [0.045 0.109 0.194 0.280]]
```

（7）处理大规模数据的 IVFPQ 索引（该步骤可选），代码如下：

```
nlist = 50 # 聚类中心数量
m = 8 # 子量化器数量
bits = 8 # 每个子量化器的位数

quantizer = faiss.IndexFlatL2(d) # 聚类量化器
index = faiss.IndexIVFPQ(quantizer, d, nlist, m, bits)

# 训练并添加数据
```

```
index.train(database)
index.add(database)

# 搜索
index.nprobe = 10 # 在10个聚类中心中搜索
distances, indices = index.search(query, k)
```

以上是通过 FAISS 实现 kNN 检索的过程，在度量选择的时候可以使用 IndexFlatL2 计算欧几里得距离，或使用 IndexFlatIP 计算内积距离（余弦似然度）。对大规模数据集，可以使用 IVFPQ 或 HNSW 进行近似最近邻搜索。

7.7　小结

本章介绍了 4 种不同的算法，用于在大型数据集中进行有效的相似性搜索：KD 树、局部敏感哈希、矢量量化和 HNSW。

KD 树是一种基于二叉树的数据结构，它将空间划分为更小的子空间，以降低搜索空间和时间的复杂度。但是，KD 树在高维空间中的性能不佳，可能不适用于具有非均匀分布的数据集。

局部敏感哈希是一种基于哈希的方法，它根据数据点的相似性将哈希值分配给数据点，从而通过减小搜索空间来实现高效搜索。这种方法可以实现快速搜索，但可能会出现误报和对哈希函数设计的敏感性。

在介绍矢量量化时，我们着重介绍了乘积量化。乘积量化是一种降维技术，它将特征空间划分为一组子空间。该方法适用于特征维度较大的数据集，可以实现比 KD 树更短的搜索时间。但是，乘积量化可能不适用于分布不均匀的数据集，并且还会导致信息损失。

HNSW 是一种基于图的方法，它使用小世界图来近似查询点的最近邻居。这种方法可以实现快速搜索，并且已被证明优于其他方法，尤其是在高维空间中。但是，HNSW 需要更多的内存，并且建立索引的时间复杂度更高。

第 8 章

深度相关性模型

在前文中，我们探讨了深度召回模型，其主要任务是从海量候选文档库中初步筛选出具有潜在相关性的文档，关键目标是提升召回率和覆盖率，确保相关文档不会被遗漏。为提高在线推理效率，召回阶段通常采用双塔模型以降低计算复杂度。

在搜索引擎的整体架构中，召回阶段之后是多级排序，每一级排序遵循由粗到精的原则逐步筛选更加精准的搜索文档，因此每一层处理的文档的数量不断减少，但复杂度不断提高。相关性计算是一个重要的阶段，此阶段通常会引入更细粒度的相关性计算模块，以筛选与查询词语义高度相关的文档。相比召回阶段，相关性计算更注重语义匹配的准确性，因此通常采用查询词与文档之间的交互式建模方法。

当前主流的深度相关性模型包括基于交互矩阵的相关性模型和基于预训练模型（BERT）的相关性模型。本章将重点介绍这两种模型及其在相关性计算中的具体应用。

8.1 基于交互矩阵的相关性模型

基于交互矩阵的相关性模型以矩阵作为底层表示捕捉查询词和文档之间的交互关系，矩阵中的每个元素表示查询词和文档词的交互关系，然后在此基础上构建神经网络，预测查询词和文档之间的相关性。具体过程如图 8.1 所示。

交互矩阵的每个元素表示查询词中的第 i 个 token q_i 和文档中第 j 个 token d_j 之间的相关性，其中 $f(q_i, d_j)$ 是计算两个 token 相关性的具体度量函数：

$$M_{ij} = f(q_i, d_j) \qquad (8.1)$$

在交互矩阵的基础上，构建一个以交互矩阵作为输入的神经网络，用于预测查询词和文

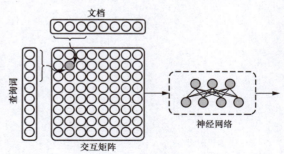

图 8.1　基于交互矩阵的相关性模型。交互矩阵和神经网络是两个基本构成模块

档之间的相关性。这包括两个主要步骤：交互矩阵元素的具体计算和将交互矩阵转化为相关性的后续处理。

8.1.1　交互矩阵的核函数

在计算交互矩阵的每一个元素 M_{ij} 时，可以选择严格匹配、余弦似然度、内积和高斯核函数等计算方式。

基于严格匹配的计算方法　利用这种方式检查查询词中每一个 token 和文档标题的每一个 token 是否完全一致，如果两者相同则对应位置的值为 1，反之，值为 0。具体公式参考式（8.2），示例如图 8.2（a）所示。

$$M_{ij} = \begin{cases} 1 & q_i = d_j \\ 0 & \text{其他} \end{cases} \quad (8.2)$$

此方式适合捕捉严格匹配信息，但对多样性词汇或语义相近的词表现不佳。

基于余弦似然度的计算方式　余弦似然度利用向量表示查询词与文档词的夹角，反映它们在向量空间中的方向相似性。具体公式参考式（8.3），示例如图 8.2（b）所示。

$$M_{ij} = \cos(\boldsymbol{q}_i, \boldsymbol{d}_j) = \frac{\boldsymbol{q}_i^\top \boldsymbol{d}_j}{\| \boldsymbol{q}_i \| \| \boldsymbol{d}_j \|} \quad (8.3)$$

该方式能够有效捕捉语义相似性，并且端到端地学习每个词的向量表示。

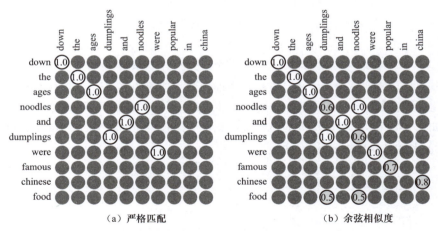

(a) 严格匹配　　　　　　　　　　(b) 余弦相似度

图 8.2　交互矩阵的具体计算方式。左：按照字符严格匹配计算 0/1 矩阵。
右：矩阵中的每个元素是对应 token 向量的余弦似然度

基于内积的计算方式　和余弦似然度的计算过程类似，可以用内积计算查询词与文档词的相似性：

$$M_{ij} = \boldsymbol{q}_i^\top \boldsymbol{d}_j \quad (8.4)$$

内积计算比余弦似然度计算更简单，但不具备方向归一化特性，适合用于粗粒度似然度的度量。

基于高斯核函数的计算方式 高斯核函数能够衡量向量之间的欧氏距离，并通过指数函数增强对局部相似性的描述：

$$M_{ij} = \mathrm{e}^{-\|\boldsymbol{q}_i - \boldsymbol{d}_j\|^2} \tag{8.5}$$

8.1.2 基于交互矩阵的神经网络模型

交互矩阵提供查询词和文档词之间的细粒度相关性表示，而要将这种表示转化为最终的相关性评分，则需要神经网络来处理。

一种常见方法是对交互矩阵应用卷积神经网络（CNN）。模型输入为交互矩阵，中间包含若干卷积层和池化层，最终通过全连接网络输出相关性分数，如图 8.3 所示。

$$\begin{aligned}
\text{Layer}_0 &= \text{MatchMatrix}(q,\ d) \\
\text{Layer}_i &= \text{CNN}(\text{Layer}_{i-1}) \\
\text{relevance} &= \text{MLP}(\text{Layer}_n)
\end{aligned} \tag{8.6}$$

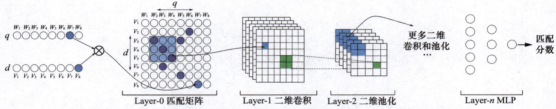

图 8.3　基于交互矩阵的神经网络模型。模型的底层是二维的交互矩阵，
在此基础上叠加若干卷积层和全连接网络，最终输出匹配分数

另外一种交互矩阵的建模方式是直接将查询词和文档侧的每个词向量拼接到一起作为交互矩阵的单元，然后在这个矩阵的基础上做卷积以及其他的后续操作，得到最终的交互关系表示。整个过程如图 8.4 所示。更加详细的过程参考论文 "Convolutional Neural Network Architectures for Matching Natural Language Sentences"。

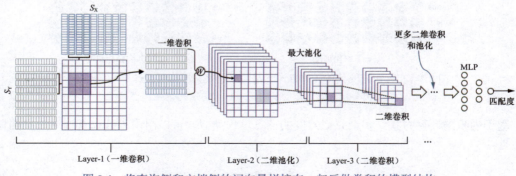

图 8.4　将查询侧和文档侧的词向量拼接在一起后做卷积的模型结构

8.2　基于 BERT 的相关性模型

通过前文介绍的基于 Term 匹配的传统相关性特征可以较好地判断查询词和候选文档的字面相关性，但在字面相差较大时，则难以描述两者的相关性，比如查询词和文档分别为"英语辅导"和"新东方"时两者的语义是相关的，使用传统方法得到的查询词 - 文档相关性却较低。

BERT 是谷歌在 2018 年提出的预训练语言模型，它基于 Transformer 模型，使用自注意力机制处理输入文本，可以捕捉长距离依赖关系，适合复杂语境下的分析和理解任务。

使用 BERT 模型来进行搜索相关性判定，通常需要经过持续预训练（Continue Pretrain）和微调（Fine-Tuning）两个关键步骤。

8.2.1　用搜索语料做持续预训练

利用领域特定语料（如搜索相关的文本数据）进一步预训练 BERT 模型，以使其更好地适应搜索领域的语言特点，从而提高模型对搜索任务的理解能力。训练的语料包括搜索引擎日志、用户查询与网页内容、高质量的搜索语料库等，如搜索结果页面（SERP）中的标题、摘要和正文等内容。持续预训练通常包含掩码语言建模和下一句预测两个任务。

掩码语言建模（Masked Language Modeling，MLM）　在输入文本中随机掩盖部分 token（例如 15% 的单词），然后让模型预测被掩盖的 token。通过随机掩盖一些词（将其替换为统一标识符 [MASK]），然后预测这些被遮盖的词来训练双向语言模型，并且使每个词的表征参考上下文信息。原始语料输入 BERT 模型后，使用 Softmax 预测每个被掩盖位置的 token 概率分布，使用交叉熵损失计算目标 token 的预测误差。

下一句预测（Next Sentence Prediction，NSP）　随机选取两个句子，让模型理解它们之间的关系，这是搜索场景中非常有用的特性（例如查询与文档的相关性）。为了训练一个理解句子间关系的模型，引入下一句预测任务。这一任务的训练语料可以从语料库中抽取句子对（包括两个句子 A 和 B）来进行生成，其中 B 是 A 的下一个句子的概率是 50%，B 是语料中的一个随机句子的概率也是 50%。下一句预测任务预测 B 是不是 A 的下一句。下一句预测的目的是获取句子间的信息，这些信息是语言模型无法直接捕捉的。

8.2.2　用 BERT 模型做微调

在有标注的搜索相关性判定任务数据上微调 BERT 模型，通过监督学习，使模型能够直接输出查询词和文档之间的相关性得分或类别。微调数据通常是经过人工标注的相关性数据，如查询词（Query）与文档（Title）之间的相关性。例如：

Query = "30 万元以下最受欢迎的电动车 "，Title = " 特斯拉 Model Y 价格：27.8 万元 "

这里，模型的目标是判断查询词与文档是否相关，并输出一个相关性分数或者类别。

输入数据格式　BERT 的输入数据格式要求将查询词和文档连接成一个整体序列，如下所示：

[CLS] Query [SEP] Document [PAD]

其中各项的说明如下。

（1）**[CLS]**：标志输入的开始，输出对应的隐藏状态用于完成分类或回归任务。

（2）**Query**：用户输入的查询文本（例如："30 万以下最受欢迎的电动车 "）。

（3）**[SEP]**：分隔查询和文档的特殊标记。

（4）**Document**：目标文本，例如网页标题或文档内容。

（5）**[PAD]**：对短文本进行填充，以满足 BERT 的输入长度要求。

模型结构　在模型结构上，BERT 会对输入的查询词和文档序列进行编码处理，输出对应的隐藏向量。整个相关性模型的结构如图 8.5 所示。

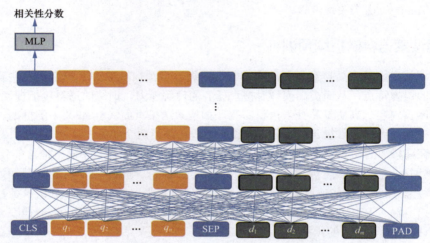

图 8.5　基于 BERT 模型的相关性模型的结构。BERT 模型的输入序列由查询词 $q = q_1q_2 \cdots q_n$（第一层中以橙色表示）和文档 d 中选取的词元 $s_d = d_1d_2 \cdots d_m$（第一层中以深蓝色表示）组成。BERT 模型由多层 Transformer 块构成，在每一层中，每个词元都会关注输入序列中的所有其他词元。从第二层到最后一层，每个单元格表示对应词元的隐藏状态，这些隐藏状态由 Transformer 生成。查询词和文档的词元通过 [SEP] 标记进行连接，序列开头添加 [CLS] 标记。最终，[CLS] 标记的隐藏状态作为输入传递给多层感知机（MLP），用于预测相关性分数

（1）**输入层。**

- 输入查询词与文档，经过 BERT 的分词器进行分词。

- 将分词结果映射到 BERT 的词嵌入空间，生成输入的词向量、块向量和位置编码向量。

- 块向量区分查询词和文档部分，帮助模型理解它们的不同语义角色。

（2）**BERT 编码层**：输入经过 BERT 的多层 Transformer 结构进行处理（通常为 12 层或 24 层）。

- **多头自注意力机制**：在每一层中，每个 token 都会对其他 token 进行加权关注，以捕捉查询词和文档之间的语义关联。

- 每一层的输出是一个隐藏状态矩阵，其中每个 token 都有一个向量表示。

（3）**[CLS] 向量输出**：BERT 模型中的第一个位置（[CLS] 标记）对应的隐藏状态向量 $\boldsymbol{h}_{[CLS]}$ 被选取出来。这一向量包含整个输入序列的全局信息，尤其适用于分类或相关性预测任务。

（4）**输出层**。

- **分类任务**：将 $\boldsymbol{h}_{[CLS]}$ 传递给一个多层感知机，通过全连接层映射到一个类别概率分布，使用 Softmax 函数输出概率分数。

$$P(y) = \text{Softmax}(W \cdot \boldsymbol{h}_{[CLS]} + b)$$

其中 W 和 b 为模型可学习参数。

- **回归任务**：将 $\boldsymbol{h}_{[CLS]}$ 通过线性层直接映射为一个相关性得分。

$$S = W \cdot \boldsymbol{h}_{[CLS]} + b$$

其中 S 是一个连续值，表示相关性程度（例如 $0 \sim 1$ 的分数）。

训练过程　训练过程通常使用交叉熵损失（Cross-Entropy Loss）函数作为目标函数：

$$\mathcal{L} = -\frac{1}{N} \sum_{i=1}^{N} \sum_{j=1}^{C} y_{ij} \log \hat{y}_{ij}$$

其中 C 是类别数，y_{ij} 是真实标签，$\hat{y}_{ij}$ 是预测的概率分布。优化器通常选择 AdamW，然后设置较低的学习率（如 2×10^{-5}），并采用 Warmup 与线性衰减策略。批大小和迭代次数根据具体的实验效果确定。

8.2.3　BERT 模型效果分析

　　BERT 对于需要理解上下文的长尾问题通常有明显的效果，尤其是在复杂查询、自然语言问题和语义模糊的场景下表现优越。它通过深度语义理解能力，捕捉查询词与文档之间的细微语义关系，从而提供更精准的答案。此外，BERT 可以跨越传统关键词匹配的局限，有效处理同义词、语境依赖和问题重述等，在长查询和对事实性回答需求较高的任务中表现出色。

　　图 8.6 对比了 BM25 排序和 BERT 排序对查询词"认知障碍儿童的目标是什么？"的结果。BM25 排名第 1 的结果内容侧重于定义"认知障碍"的含义以及相关的学习困难，例如数学和阅读方面的问题，主要关注认知障碍的描述和表现，而不是回答查询中的具体目标；BERT 排名第 1 的结果内容直接回答了查询中的核心问题，即认知障碍儿童的目标是"促进最佳发展"。BM25 依赖关键词匹配，倾向于返回与查询关键词高度重合的文本片段，因此结果更像定义或解释背景信息。BERT 则利用语义理解能力，返回内容更符合查询意图，能提供具体、全面的答案。因此，BERT 在处理复杂语义查询方面表现更优。

　　图 8.7 对比了 BM25 排序和 BERT 排序对查询词"2019 年巴西旅客去美国需要签证吗？"的结果，左侧是 BM25 排序的结果，右侧是 BERT 排序的结果，差异如下：语义排序前的结果来源于《华盛顿邮报》，讨论的是"美国公民去巴西是否需要签证"的信息，与查询中的核心问题不匹配，内容

虽然包含"签证"相关关键词，但关注的是美国公民前往巴西的签证要求，而非巴西旅客去美国的签证需求；语义排序结果来源于美国大使馆官网，直接回答了查询中的关键问题，即巴西旅客前往美国是否需要 B-2 签证，内容更符合用户意图，提供了相关政策信息，并明确说明了签证要求。

Query: what is the goal for the child with a cognitive impairment

BM25 ranked 1st: A cognitive impairment is a condition where your child has some problems with ability to think and learn. Children with a cognitive impairment often have trouble with such school subjects as math and reading. cognitive impairment is a condition where your child has some problems with ability to think and learn. Children with a cognitive impairment often have trouble with such school subjects as math and reading.	**BERT ranked 1st:** Promoting optimum development. The goal for children with cognitive impairment is the promotion of optimum social, physical, cognitive, and adaptive development as individuals within a family and community. Vocational skills are only one part of that goal. The focus must also be on the family and other aspects of development.

图 8.6　对比 BM25 排序和 BERT 排序对查询词"认知障碍儿童的目标是什么？"的结果

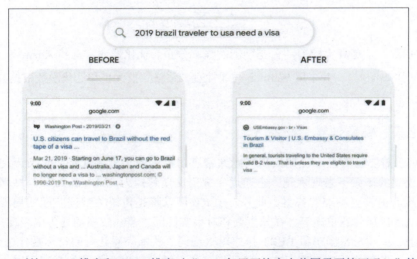

图 8.7　对比 BM25 排序和 BERT 排序对"2019 年巴西旅客去美国需要签证吗？"的结果

通过这两个例子可以看出，基于关键词匹配的排序结果容易产生语义偏差，导致结果不相关；而基于语义理解的排序结果，能够更准确地解读查询意图并提供直接答案。

8.3　BERT 相关性模型案例实践

得益于开源模型和开源工具的发展，目前我们已能通过相对简单的代码实现 BERT 模型的持续预训练和微调过程，下面是 BERT 模型微调和在线推理的示例。

8.3.1　BERT 模型微调示例

BERT 模型在搜索场景中的微调过程包括数据集定义、数据加载、模型训练以及验证等。在此过程中，构建一个自定义数据集类，用于处理查询词、文档和相关性标签。

首先定义微调数据集，数据集包括查询词（query）、文档（document）和相关性标签（label）。如下是数据集类的定义：

```python
import torch
from torch.utils.data import Dataset, DataLoader
# 数据集类定义
class SearchDataset(Dataset):
    def __init__(self, queries, documents, labels, tokenizer, max_length
        =128):
        self.queries = queries
        self.documents = documents
        self.labels = labels
        self.tokenizer = tokenizer
        self.max_length = max_length

    def __len__(self):
        return len(self.labels)

    def __getitem__(self, idx):
        query = self.queries[idx]
        document = self.documents[idx]
        label = self.labels[idx]

        # Tokenize Query and Document
        encoding = self.tokenizer(
            query,
            document,
            padding="max_length",
            truncation=True,
            max_length=self.max_length,
            return_tensors="pt"
        )

        item = {key: val.squeeze(0) for key, val in encoding.items()}
        item['labels'] = torch.tensor(label, dtype=torch.long)
        return item
```

然后在此数据集上定义数据加载过程。以下代码从 CSV 文件中加载数据，并将其分为训练集和验证集：

```python
# 数据加载和预处理
def load_data(file_path, tokenizer, test_size=0.2):
    # 加载CSV文件
    df = pd.read_csv(file_path)
    # 将数据集分为训练集和验证集
    train_queries, val_queries, train_docs, val_docs, train_labels,
        val_labels = train_test_split(
        df['query'].tolist(),
        df['document'].tolist(),
        df['label'].tolist(),
```

```
        test_size=test_size,
        random_state=42
    )
    # 构建数据集
    train_dataset = SearchDataset(train_queries, train_docs, train_labels
        , tokenizer)
    val_dataset = SearchDataset(val_queries, val_docs, val_labels,
        tokenizer)
    return train_dataset, val_dataset
```

因为我们是用 BERT 模型进行分类任务，所以采用 BertForSequenceClassification 模型，该模型在 BERT 的基础上增加了一个分类头，用于输出相关性类别。

```
import torch
from transformers import BertTokenizer, BertForSequenceClassification,
    Trainer, TrainingArguments
# 加载BERT模型和词例化程序
model_name = "bert-base-chinese" # 可替换为其他BERT预训练模型
tokenizer = BertTokenizer.from_pretrained(model_name)
model = BertForSequenceClassification.from_pretrained(model_name,
    num_labels=2)

# 定义训练参数
training_args = TrainingArguments(
    output_dir="./results",
    evaluation_strategy="epoch",
    save_strategy="epoch",
    logging_dir="./logs",
    learning_rate=2e-5,
    per_device_train_batch_size=16,
    per_device_eval_batch_size=16,
    num_train_epochs=3,
    weight_decay=0.01,
    load_best_model_at_end=True,
    metric_for_best_model="accuracy",
    save_total_limit=1
)

# 加载数据
train_dataset, val_dataset = load_data("search_data.csv", tokenizer)

# 使用Trainer进行训练
trainer = Trainer(
    model=model,
    args=training_args,
    train_dataset=train_dataset,
    eval_dataset=val_dataset,
    tokenizer=tokenizer,
    compute_metrics=compute_metrics
)
# 开始训练
trainer.train()
```

8.3.2　在线推理过程

微调后的 BERT 模型可以用来进行在线推理，计算查询词和文档之间的相关性分数。以下是推理过程的示例代码：

```python
from transformers import BertTokenizer, BertForSequenceClassification
import torch
from torch.nn.functional import softmax

# 加载微调后的BERT模型和词例化程序
model_path = "./fine_tuned_bert_search"
tokenizer = BertTokenizer.from_pretrained(model_path)
model = BertForSequenceClassification.from_pretrained(model_path)

# 推理函数
def predict(query, docs):
    inputs = tokenizer([query]*len(docs), docs, return_tensors="pt",
        padding=True, truncation=True, max_length=128)
    outputs = model(**inputs)
    logits = outputs.logits
    scores = softmax(logits, dim=1)[:, 1].squeeze().tolist()  # 返回相关性分数
    return scores


# 示例推理
query = "30万元以下最受欢迎的电动车"
docs = ["特斯拉Model Y价格：27.8万元", "比亚迪汽车季度销量破10万"]
print(predict(query, docs))
```

通过上述代码，我们可以实现给定查询词和多个文档的批量相关性计算，最终返回每个文档的相关性分数。此分数可用于排序和推荐。

8.4 小结

本章围绕**相关性计算**的核心问题，重点介绍了两种主流建模方法：基于交互矩阵的建模方法和基于 BERT 的建模方法，并深入分析了它们的特点及适用场景。

- **基于交互矩阵的建模方法**：通过构建查询词和文档之间的交互矩阵，精确捕捉词与词之间的匹配关系。交互矩阵能够直接反映查询词与文档间的显式交互，是一种高效且直观的计算方法，适用于较为明确的检索任务。
- **基于 BERT 的建模方法**：借助 BERT 模型的大规模预训练语料及对词上下文的深刻理解，相关性计算得以提升至语义层面。通过在搜索语料上的持续预训练和监督训练，BERT 不仅能够捕捉更复杂的语义关系，还能够更精准地判定查询词与文档的相关性，适用于复杂检索任务和更高精确度需求的场景。

在工业界实践中基于 BERT 的建模方法应用得更为广泛，因此我们也提供了相应的核心代码供大家参考。

第 9 章

深度排序模型

本章将深入讨论使用深度学习对用户行为数据进行建模，并利用这些模型改进搜索排序模型的策略和技术。用户行为数据在改进搜索体验方面有非常大的作用和优势，它是用户基于相关性、时效性、权威性等因素的综合评判，能够有效弥补先验模型中的设计缺陷，能够进一步提升搜索效果。但是，用户行为数据又存在很多噪声，如何在有效使用用户行为数据的同时去掉噪声也是非常重要的一个问题。本章内容主要分为以下 3 个部分。

精排模型演进　从传统 CTR 预估模型到 Wide&Deep、DeepFM 等深度学习模型的演进。这些模型通过复杂的特征交互学习用户的细粒度偏好，提高了精排阶段的预测准确率。特别是 Wide&Deep 模型结合了线性模型的记忆能力和深度网络的泛化能力，而 DeepFM 模型则通过整合 FM 组件和深度网络，自动学习特征交互，有效利用用户行为数据。

多样性　除了精确度，内容的多样性对于提升用户的搜索体验也至关重要。本章将讨论多样性的重要性和衡量多样性的方法，特别是通过行列式点过程（Determinantal Point Process，DPP）等模型来确保搜索结果的多样性。此外，也将探讨如何融合异构的搜索结果，包括不同类型的媒体内容和信息，以提供更丰富、更个性化的搜索体验。

数据消偏　用户行为数据的直接使用可能会受到选择偏差和位置偏差的影响，本章将探讨如何消除位置偏差对最终结果的影响。

9.1　精排模型演进

在搜索排序模型中，深度神经网络通过学习特征间的复杂非线性关系来提高搜索结果的相关性和排序的准确率。这些模型能够从大量的用户行为数据中自动学习到有效的特征表示和交互，进而提升搜索结果的质量。深度神经网络模型通常包括以下几个核心组成部分。

特征输入层　在精排模型中，特征输入层的作用是将原始数据转换成模型可以处理的形式。这一层通常用于处理各种类型的输入，包括用户行为数据、广告属性、上下文信息等。

为了有效地处理这些不同类型的数据，特征输入层会对原始特征进行预处理，如归一化连续特征和编码类别特征。

对于连续特征，如年龄或页面浏览时间，将其输入模型中时通常需要先进行归一化处理，这样可以帮助模型更快地收敛并提高模型的稳定性。对于类别特征，由于它们通常以文字或符号的形式出现，因此需要将它们转换为模型可以理解的数字形式。常用的方法是通过独热编码，但这会导致维度过高。因此，通常采用嵌入技术将这些高维的类别特征映射到一个低维的向量空间中。

嵌入层　对于稀疏特征，例如类别、单词等，将其直接输入模型中会导致维度过高，因此通常会通过嵌入层将这些特征映射到一个低维的连续向量空间中。这样既可以减少模型的参数数量，也可以让模型学习到特征之间的潜在关系。例如，有一维特征是文档类型的，如体育、新闻、教育等，每一种类型都会被映射成一个低维向量。

- 体育 -> [0.9, -0.1, 0.3]。
- 新闻 -> [0.2, 0.8, -0.5]。
- 教育 -> [-0.3, 0.1, 0.9]。

在这个低维向量空间中，向量的距离和方向可以表示类别之间的关系，反映了它们可能在某些上下文中具有相似性。图 9.1 展示了将多个特征字段通过嵌入层转换为低维稠密向量的过程。每个特征字段（如 Field 1 至 Field m）首先被表示为高维的独热编码向量。然后，这些高维向量通过嵌入层转换为低维稠密向量（如 e_1 至 e_m）。嵌入层中的每个节点代表一个特征的嵌入，每个特征由一个 k 维的向量表示。这些低维向量捕捉了特征内部的潜在关系，并为后续的深度模型提供输入。

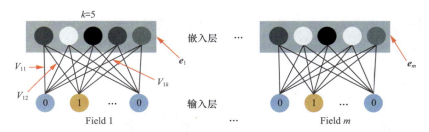

图 9.1　特征字段的嵌入表示

深度网络层（模型变换层）　在点击率（CTR）预测模型中，深度网络层负责捕捉特征之间的复杂交互关系和非线性关系。深度网络层通常由多个全连接层组成，每层都包含一定数量的神经元，这些神经元可以通过激活函数提供非线性变换的能力。模型的每一层都可以提高学习的复杂度和抽象度。第一层可能捕获一些简单的特征关系，而随着模型深度的提高，它能够捕获越来越复杂的模式。这些模式对于预测 CTR 至关重要，因为它们可以反映出用户点击行为背后的潜在因素。

深度网络层接收来自嵌入层的低维稠密特征向量作为输入。例如，一个由 3 个全连接层组成的深度网络可以表示如下。

- 第一层全连接层：将低维特征向量转换为更高维的表示，同时应用如 ReLU 这样的激活函数，以提高模型的非线性。
- 第二层全连接层：进一步提取特征并捕捉特征之间的交互关系。
- 第三层全连接层：将抽象的特征表示转换为最终的预测输出，如点击率。

在这些层中，模型可以通过复杂的函数映射学习到特征的高阶组合，这些高阶组合对于理解用户的点击行为模式是非常重要的。此外，深度网络层也可以通过正则化技术（如 Dropout）来避免过拟合，提高模型的泛化能力。

深度网络层的输出通常会连接一个或多个输出层，如 Sigmoid 输出层，用于将连续的特征值映射为 0 到 1 的值，表示点击率。通过这种方式，深度网络层不但增强了模型处理复杂数据的能力，而且能够为最终的预测任务提供精确的概率估计。

预测分数层 预测分数层是 CTR 预测模型的最后一层，其责任是将深度网络层学习到的复杂特征表示转化为实际的预测分数，表示用户点击内容的概率。

此层通常使用一个激活函数，如 Sigmoid 函数，以确保输出值介于 0 和 1 之间，这对于概率预测是必要的。Sigmoid 函数具有将任意实数映射到 (0,1) 的特性，使其成为处理二分类问题的理想选择。

预测分数层的数学表达式为

$$\hat{y} = \sigma(\boldsymbol{w}^\top \boldsymbol{x} + b)$$

其中 $\hat{y}$ 是模型预测的点击率，σ 是 Sigmoid 激活函数，$\boldsymbol{w}$ 是权重向量，$\boldsymbol{x}$ 是来自深度网络层的特征向量，而 b 是偏置项。

完整结构 图 9.2 展示了一个典型的用于精排模型的深度神经网络结构。该网络包括以下组成部分。

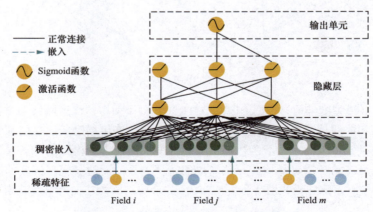

图 9.2 深度神经网络结构，用于精排模型

- **稀疏特征**：输入层的一部分，代表各种字段（如 Field i, Field j, ···, Field m）的原始特征。
- **稠密嵌入**：稀疏特征通过嵌入层转换成稠密嵌入表示，以便网络可以处理。
- **隐藏层**：包括多个全连接层，这些层可以捕捉输入特征之间的复杂非线性关系。
- **输出单元**：最终的输出层，通常使用 Sigmoid 激活函数来预测概率或分类结果。

该网络的连接类型如下。

- 黑色连接代表正常的神经网络连接。
- 蓝色箭头表示嵌入操作。

隐藏层的每个节点都应用了一个激活函数，输出层节点则应用了 Sigmoid 函数，以输出介于 0 和 1 之间的值。

对于精排模型的演进，在模型结构、特征处理、预测目标等各个方面有相当多的研究工作。在模型结构上，Wide&Deep 在基础的深度神经网络中增加 Wide 部分以强化模型的记忆能力，PNN/DCN 增强特征的交互能力；在特征处理方面，DIN/DIEN 引入注意力机制以处理序列输入；在预测目标方面，ESMM、MMoE、PLE 等增强多目标处理能力。

9.1.1 Wide & Deep

Wide & Deep 包含 Wide 部分和 Deep 部分（DNN），如图 9.3 所示，旨在结合线性模型的记忆能力和深度神经网络的泛化能力，提高推荐系统和搜索排序模型的效果。这种模型特别适用于那些需要同时考虑既定规则和复杂特征交互的场景，比如搜索排序。

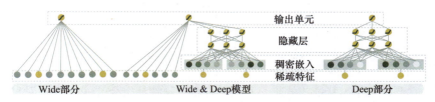

图 9.3　Wide & Deep 模型结构

Wide 部分是一个线性模型，它直接处理特征，特别适用于学习特征的稀疏交互。这一部分的目的是利用大量的人工特征工程来提高模型的"记忆能力"，即直接从历史数据中学习规则，如类别 ID、用户行为特征等，这些特征经过独热编码后输入模型。

Deep 部分是一个深度神经网络，通常包含多个隐藏层。这一部分的目的是提高模型的"泛化能力"，即学习特征之间的抽象和非线性关系。Deep 部分的输入特征包括连续特征和离散特征。离散特征通过嵌入层转换为稠密向量，然后和连续特征一起输入深度网络。

Wide & Deep 的数学表达式如下：

$$P(Y = 1 \mid x) = \sigma(\boldsymbol{w}_{\text{wide}}^{\top}[x, \phi(x)] + \boldsymbol{w}_{\text{deep}}^{\top} a^{(l_f)} + b) \qquad (9.1)$$

其中，Y 是二元类别标签，$\sigma(\cdot)$ 是 Sigmoid 函数，用于将线性输出映射到 $(0,1)$，表示点击率；$\phi(x)$ 是原始特征 x 的交叉乘积转换，用于捕捉特征间的交互作用；b 是偏置项；$\boldsymbol{w}_{\text{wide}}$ 是应用于 Wide 部分的权重向量，$\boldsymbol{w}_{\text{deep}}$ 是应用于 Deep 部分最终激活输出 $a^{(l_f)}$ 的权重向量。

9.1.2　DeepFM

DeepFM（深度因子分解机）是一个结合了因子分解机（FM）和深度神经网络的模型，旨在自动学习特征交互。DeepFM 的 Deep 部分与 Wide & Deep 模型中的 Deep 部分相同，而 FM 部分可以类比 Wide 部分。图 9.4 所示的是 DeepFM 的神经网络结构。

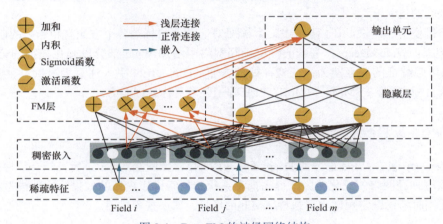

图 9.4　DeepFM 的神经网络结构

DeepFM 通过结合 FM 和深度神经网络的优点，能够有效捕捉到特征的低阶和高阶交互，具有较强的推荐性能。在实际应用中，我们可以根据具体的任务需求对其进行调整和优化。

FM 部分主要负责学习特征的低阶交互（一阶和二阶特征组合）。FM 通过对每个特征进行嵌入，利用嵌入向量的点积来模拟任意两个特征之间的交互，这样可以有效地从稀疏数据中学习特征交互。

$$\text{FM}(x) = w_0 + \sum_{i=1}^{n} w_i x_i + \sum_{i=1}^{n} \sum_{j=i+1}^{n} \langle \boldsymbol{v}_i, \boldsymbol{v}_j \rangle x_i x_j \qquad (9.2)$$

- w_0 是偏置项。
- w_i 是第 i 个特征的权重。
- x_i 是第 i 个特征的输入值。
- $\boldsymbol{v}_i$ 和 $\boldsymbol{v}_j$ 是特征 i 和特征 j 的隐向量。

- $\langle v_i, v_j \rangle$ 是隐向量的内积，用于捕捉特征之间的二阶交互。

Deep 部分是一个深度前馈神经网络，负责学习特征的高阶交互。输入特征首先通过嵌入层，然后将所有特征的嵌入向量拼接起来，作为深度网络的输入。通过多个隐藏层的非线性变换，深度网络可以捕获复杂的特征组合。

与 Wide & Deep 类似，DeepFM 的输出是 FM 部分和 DNN 部分的加权和：

$$\hat{y} = \sigma(\text{FM}(x) + \text{DNN}(x)) \tag{9.3}$$

9.1.3　DIN

在排序模型中，引入用户的历史行为序列特征，如点击过的商品列表，是一种常见做法。传统方法倾向于通过简单的汇总操作（如求和或平均）来处理这些特征，然后将其送入下游网络。然而，这种方法并未充分考虑到行为序列中的每个项与当前候选项的相关性，可能导致重要信息被忽视。相对而言，注意力机制提供了一种有效的解决方案，它能够强调与当前候选项更相关的历史行为。在这方面，深度兴趣网络（Deep Interest Network，DIN）模型采用了一种创新的局部激活单元，能够动态地调整用户兴趣的表示，以更准确地捕捉与候选项相关的用户行为，从而显著提高模型的预测性能和相关性。

模型结构　DIN 模型包括以下几个关键组成部分。

- **嵌入层**：将稀疏的类别特征通过嵌入技术转换为稠密向量，为处理高维稀疏特征提供了一种有效方式。
- **兴趣提取层**：DIN 模型的核心部分，采用注意力机制来动态加权用户的历史行为，以此来捕捉用户对特定内容的兴趣。
- **全连接层**：将兴趣提取层的输出与其他特征一同输入几个全连接层中，进行特征的非线性变换。
- **输出层**：通过 Sigmoid 等激活函数将全连接层的输出转换为预测的点击率。

特点和优势　DIN 模型的特点和优势如下。

- **动态兴趣捕捉**：利用注意力机制，DIN 可以根据广告的内容动态调整用户历史行为的权重，更精确地捕捉用户当前的兴趣点。
- **灵活性**：除了用户的行为序列，DIN 还可以轻松地处理用户特征、广告特征等其他类型的特征。
- **效果显著**：在实际应用中，相比传统深度学习模型，DIN 在 CTR 预估任务上展现了更好的性能。

应用场景　DIN 模型在推荐系统和在线广告领域得到了广泛应用，特别适用于需要精准理解和捕捉用户兴趣变化的场景，如电商推荐、内容推荐和在线广告投放等。

DIN 模型结构如图 9.5 所示。

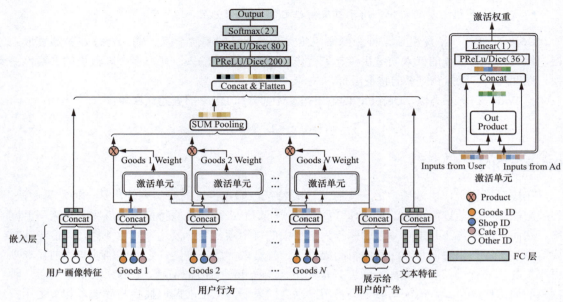

图 9.5　DIN 模型结构

实践意义　DIN 模型的提出，为推荐系统和 CTR 预估问题中的一个关键挑战——如何准确理解和捕捉用户兴趣——提供了新的解决方案。通过引入注意力机制，DIN 能够细致地捕捉用户兴趣的动态变化，为用户提供更加个性化和精准的推荐，从而显著提升系统的整体效果和用户满意度。

9.1.4　多目标

搜索引擎的优化目标有时候并不是单一维度的。在网页搜索中搜索引擎可能需要同时兼顾搜索结果的人工标注相关性表现和用户给出的后验反馈，在商业搜索场景中要同时兼顾搜索结果的相关性和具体的业务指标两个维度的优化目标。相应地，排序算法的建模也需要设计多目标优化函数，分别负责搜索相关性的提高和业务目标的改进。多任务学习是一种机器学习技术，使用单个模型同时执行多个任务。换句话说，不是为每个任务训练单独的模型，而是训练一个单独的模型来学习在多个任务之间的共享表示。

在深度学习的背景下，多任务学习通常使用具有多个输出层的神经网络实现，其中每个输出层对应一个不同的任务。神经网络使用合并来自每个任务的损失的损失函数进行训练，并使用反向传播更新网络的参数。

多任务学习的核心思路是，同时学习多个相关任务可以帮助提高模型在每个单独任务上的性能。这是因为模型学习的共享表示可以捕捉任务之间的共性，并提高模型的泛化能力。

根据任务和数据的特点，有多种方法来实现多任务学习。一种常见的方法是使用联合架构，其中输入数据在所有任务之间共享，而输出层是特定于任务的；另一种方法是使用分层架构，其中网络具有多层，每层负责子集任务。

多任务学习已成功应用于各种应用程序，包括自然语言处理、计算机视觉和语音识别等。然而，需要注意的是，多任务学习并不总是有益的，其效果取决于任务的复杂性和关系。精心设计和调整多任务学习的设置对于实现良好的性能至关重要。

多目标优化在搜索精排模型中扮演着至关重要的角色，特别是在设计广告和推荐系统时。传统的搜索精排模型通常关注于单一目标的最大化，如点击率（CTR）或转化率（CVR）。然而，在实际应用中，商业和用户体验目标通常是多元化的，这就需要采用多目标优化方法来同时满足这些多样的需求。在这一背景下，全空间多任务模型（Entire Space Multi-task Model，ESMM）和专家混合（Mixture of Expert，MoE）模型等多目标优化方法被广泛应用于搜索精排模型中，提高了模型的效果和应用的广泛性。

点击率与转化率　　CVR 预估面临以下两个关键问题。①样本选择偏差（Sample Selection Bias）。如果以点击未转化的样本作为负样本而以点击且转化的样本作为正样本，那么存在线下训练与线上预测样本分布不一致的问题。训练模型时使用的是有点击的样本，而在线预测时面对的是全部样本，将会影响模型的线上效果。②样本稀疏性。CVR 训练任务的样本量远小于 CTR 训练任务的样本量。

$$L(\theta_{\mathrm{CVR}}, \theta_{\mathrm{CTR}}) = \sum_{i=1}^{N} l(y_i, f(x_i; \theta_{\mathrm{CTR}})) + \sum_{i=1}^{N} l(y_i \& z_i, f(x_i; \theta_{\mathrm{CTR}}) \times f(x_i; \theta_{\mathrm{CVR}})) \tag{9.4}$$

其中 x_i 表示第 i 条样本的特征，y_i 表示第 i 条样本的点击事件，z_i 表示第 i 条样本的转化事件，$y_i \& z_i$ 表示"点击且转化"的联合事件，θ_{CTR} 为点击率（CTR）模型的参数，θ_{CVR} 为转化率（CVR）模型的参数。

CTR 与 CVR 的关系：CTR 定义的是用户点击某个内容的概率，是否点击由标题封面以及其他信息决定；CVR 是用户"消费"某个内容的概率，其影响因素和 CTR 的影响因素并不完全相同。因此，CTR 和 CVR 是不同的决策过程。CTR、CVR、CTCVR（点击后转化率）的关系为

$$\underbrace{p(z \& y = 1 \mid x)}_{\text{pCTCVR}} = \underbrace{p(z = 1 \mid y = 1, x)}_{\text{pCVR}} \times \underbrace{p(y = 1 \mid x)}_{\text{pCTR}} \tag{9.5}$$

在介绍具体的方法之前，先来看一下 CTR、CVR、CTCVR 之间的关系。CVR 定义为在给定一个用户点击了某个项目的条件下，该项目发生转化（如购买、注册等行为）的概率。数学上，CVR 可以表示为条件概率 pCVR = p(转化 | 点击)，即转化事件数除以点击事件数。CVR 的估计专注于分析已发生点击的样本，从而预测其中发生转化的可能性。

然而，CVR 与 CTR 并非直接相关。CTR 衡量的是展示给用户的项目被点击的概率，而CVR 则进一步衡量在点击之后发生转化的概率。一个项目可能具有高 CTR，意味着它吸引了许多点击，但并不意味着这些点击都会发生转化，如某些"标题党"文章可能吸引用户点击，却不一定能让用户保持长时间阅读或做出进一步互动。因此，不能假定曝光未点击的样本在被点击的情况下会转化，而若将这些样本直接以转化标签 0 纳入 CVR 模型训练中，可能会导致CVR 模型的学习出现严重偏差。

CTCVR 则是更全面的度量，它衡量的是所有曝光的项目最终发生转化的概率。其数学表达式为 $p_{CTCVR} = p($ 转化 | 曝光 $)$，即转化事件数除以曝光事件数。CTCVR 的预测考虑了整个样本空间，并尝试估计在任意一个曝光发生的情况下该曝光最终导致转化的概率。这一度量关注的是从展示到转化的完整路径，而非仅是点击后的转化行为。

ESMM ESMM 旨在解决的核心问题是如何在有偏的样本空间中准确地估计样本的 CVR。传统的 CVR 预测模型通常直接使用在线用户行为日志训练，这意味着训练数据中只包括被展示并且被点击的样本并以其作为正样本，而忽略了那些被展示但未被点击的样本。由于这种建模方法只关注点击后的转化，因此在模型训练时产生了样本选择偏差。换句话说，模型只从有限的、偏向于点击事件的数据中学习，在线推理时却需要面对完整的样本空间，包括那些未点击的样本。这导致模型无法准确反映整个用户行为空间，进而影响了 CVR 的估计质量。

此外，另一个挑战是样本稀疏性问题。在实际情况中，只有一小部分展示的样本会被用户点击，从而使得点击到转化的样本数量远小于整个样本空间，导致转化事件的数据非常稀疏。这种稀疏性问题使得模型很难捕捉到转化行为的模式，因为可用于学习的正向反馈事件相对较少。图 9.6 展示了训练过程中使用的样本空间和预测时的样本空间不匹配导致的样本选择偏差问题。

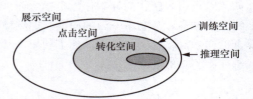

图 9.6 样本空间示意。完整样本空间→展示样本空间→点击样本空间→转化样本空间是一个逐渐缩小的过程，但是线上推理过程需要预估完整空间的转化率

因此，ESMM 提出了一种新的建模策略，即通过构建两个辅助任务——点击预测和点击后转化预测来间接估计 CVR。ESMM 采用了一个多任务学习框架，其中 CTR 任务和 CVR 任务共享特征表示，而 CTCVR 预测则通过 CTR 和 CVR 预测的乘积得到，从而有效地解决了样本选择偏差和样本稀疏性问题。通过这种方式，ESMM 能够在全样本空间上学习，使模型更准确地估计整体用户行为的 CVR，进而提高在线推理时的准确性和鲁棒性。

ESMM 采用的是一个创新的多目标优化框架，其核心在于同时建模 CTR 和 CVR，并通过将这两个概率的预测结果相乘来得出 CTCVR。这种模型结构允许两个子网络——CTR 子网络和 CVR 子网络——在嵌入层共享参数，这是模型设计中的关键之处。

$$p(y = 1, z = 1|x) = p(y = 1|x) \times p(z = 1|y = 1, x) \tag{9.6}$$

共享嵌入层的好处在于能够有效地利用 CTR 任务中丰富的样本空间信息来辅助完成 CVR 任务，这对于 CVR 的样本空间较小、数据稀疏的问题尤为关键。因为 CTR 任务通常拥有更多的正样本数据，这些数据可以帮助模型更好地理解用户的基本特征和行为模式。当这些特征和模式被共享到 CVR 任务时，即便 CVR 的数据量较小，模型也能够借助从 CTR 学习到的丰富信息进行更有效的学习和预测。

在电商场景中，CTR、CVR、成交额（GMV）和成交用户数都是核心指标，其中 GMV 是电商模型的终极指标。但是由于 GMV 数据受场外因素影响较大，且比较稀疏，其也不像点击或者成交事件一样服从二项分布，因此很难直接对 GMV 进行建模。从实践上来看，更多的是对点击与成交事件做完整空间建模（Entire Space Modeling）。用户从看到商品开始到完成购买需要经过展示、点击、购买这 3 个状态，CTR 模型构建的是从展示到点击的概率，CVR 模型构建的则是从点击到购买的概率。对 CTR 或者 CVR 单独进行建模都不能完整描述展示→点击→购买整个过程，因此，ESMM 提出对 CTCVR 进行建模，三者之间的关系如下：

$$\underbrace{p(z \,\&\, y=1|x)}_{\text{pCTCVR}} = \underbrace{p(z=1|y=1,x)}_{\text{pCVR}}\,\underbrace{p(y=1|\,x)}_{\text{pCTR}} \tag{9.7}$$

其中 x 是特征，y、z 分别表示点击和转化。在全部样本空间中，CTR 对应的标签是点击，而 CTCVR 对应的标签是点击后转化。

对于一次具体的请求，模型能够同时预估 pCTR、pCVR 和 pCTCVR。模型主要由两个子网络组成，左边的子网络用来拟合 pCVR，右边的子网络用来拟合 pCTR。两个网络的输出结果相乘，即 pCTCVR。ESMM 的目标函数如下：

$$L(\theta_{\text{CVR}}, \theta_{\text{CTR}}) = \sum_{i=1}^{N} l(y_i, f(x_i; \theta_{\text{CTR}})) + \sum_{i=1}^{N} l(y_i \,\&\, z_i, f(x_i; \theta_{\text{CTR}}) \times f(x_i; \theta_{\text{CVR}})) \tag{9.8}$$

从优化目标来看，ESMM 直接优化的是 pCTR 和 pCTCVR，隐式优化 pCVR。结合模型结构来看，pCTR 和 pCTCVR 都被直接放到优化目标里面了，而 pCVR 是一个中间节点，没有被显式放到优化目标中。这种设计的出发点是解决 CVR 预估在训练阶段和预测阶段的数据分布不一致问题，具体来说，通常训练 CVR 模型的时候把点击未转化的样本作为负例，点击后转化的样本作为正例来训练模型，因为模型在训练的时候并没有充分接触未点击的样本；但在线上预测的时候，模型需要预估的是整个样本空间，因此两个阶段的数据分布并不一致，这也就导致 CVR 预估结果可能有较大的偏差。所以将 CVR 预测作为一个隐含节点，其核心思想是预测 item 的概率。值得一提的是，在 pCVR 预估和 pCTCVR 预估网络结构里面嵌入向量是共享的，这种共享的优点是可以解决 CVR 预估问题中的数据稀疏问题，使得特征的表达得到充分的学习。

Shared-Bottom、MoE、MMoE 共享底层多任务模型（Shared-Bottom Multi-Task Model）是一种多任务学习框架，所谓"共享底层"（Shared-Bottom）是指，在这个框架中，对于 K 个任务，模型包含一个共享的底层网络（Shared-Bottom Network）和 K 个特定任务的"塔"网络（Tower Network）h^k，其中 $k = 1, 2, \cdots, K$ 分别对应每个任务。

具体来说，这个模型的底层网络对应输入层之后的部分，任务的输入先通过这个共享的底层网络处理，然后每个任务的输出由对应的塔网络基于共享底层的输出进一步处理得到。每个塔网络专注于一个特定的任务，并在共享底层的基础上产生特定于该任务的输出 y_k。其数学表达式为

$$y_k = h^k(f(x))$$

这里的 $f(x)$ 代表输入 x 经过共享底层网络的转换函数，而 h^k 代表第 k 个任务专有的塔网络转换函数。简言之，模型的底层是共享的，而顶层是每个任务专有的，这样做可以在不同任务间共享知识，提高学习效率和性能。

完整空间建模模型结构如图 9.7 所示。

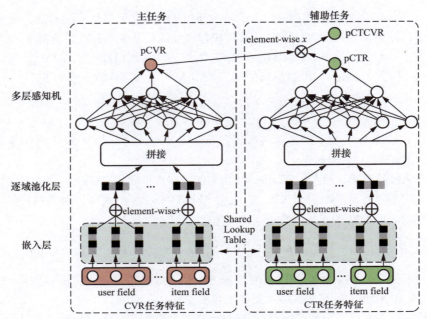

图 9.7　完整空间建模模型结构

原始的 MoE 模型可以表示为

$$y = \sum_{i=1}^{n} g(x)_i f_i(x) \qquad (9.9)$$

其中 $\sum_{i=1}^{n} g(x)_i = 1$，并且 $g(x)_i$ 是激活函数 $g(x)$ 输出的第 i 个逻辑单元，它表示了专家网络 f_i 的概率。这里的 $f_i (i = 1, \cdots, n)$ 代表 n 个专家网络，g 代表一个门控网络，它综合了所有专家网络的结果。更具体地说，门控网络 g 会根据输入产生一个在 n 个专家网络上的分布，并且最终输出是所有专家网络输出的加权和。

MoE 层　虽然 MoE 最初是作为一个集成方法用于将多个独立模型组合在一起，但后来被转换成基础构件块（MoE 层），并将它们堆叠在深度神经网络中，见参考文献 [16] 和参考文献 [31]。MoE 层有着和 MoE 模型相同的结构，但它接收前一层的输出作为输入，并将其输出到后续层。整个模型以端到端的方式进行训练。

MoE 层结构的主要目标是实现条件计算，在这个计算方式中，网络只有部分在每个样本的基础上是活跃的。对于每一个输入样本，模型只选择一部分专家网络，由门控网络根据输入来决定。

多门控混合专家模型（MMoE）　MMoE 的目的就是在相对于共享底层结构不明显、增加模型参数的要求下捕捉任务的不同。其核心思想是将共享底层网络中的函数 f 替换成 MoE 层。与共享底层多任务模型相比，这个新模型被称为 MMoE 模型。更重要的是，为每个任务 k 添加了一个单独的门控网络 g^k。更确切地说，任务 k 的输出可以表示为

$$y_k = h^k(f^k(x)) \tag{9.10}$$

其中

$$f^k(x) = \sum_{i=1}^{n} g^k(x)_i f_i(x) \tag{9.11}$$

其实现由具有 ReLU 激活函数的相同的多层感知机组成。门控网络是简单的输入变换，加上一个 Softmax 层：

$$g^k(x) = \text{Softmax}(W_g^k x) \tag{9.12}$$

其中 $W_g^k \in \mathbb{R}^{n \times d}$ 是一个可训练的矩阵，n 是专家的数量，d 是特征维度。

每个门控网络可以学习选择一部分专家网络基于输入样本进行使用。这对于多任务学习情况下的灵活参数共享是可取的。作为一个特例，如果只选择了得分最高的一个专家网络，那么门控网络实际上是将输入空间线性分割成 n 个区域，每个区域对应一个专家网络。MMoE 能够以一种复杂的方式建模任务关系，通过决定不同门的分割如何重叠来进行。如果任务关联度较低，共享专家网络将受到惩罚，这些任务的门控网络将学习使用不同的专家网络。与共享底层模型相比，MMoE 仅增加了一些门控网络，且门控网络中模型参数的数量可以忽略不计。因此，整个模型仍然能够尽可能多地享受多任务学习中知识转移的好处。Shared-Bottom、MoE 和 MMoE 的网络结构对比如图 9.8 所示。

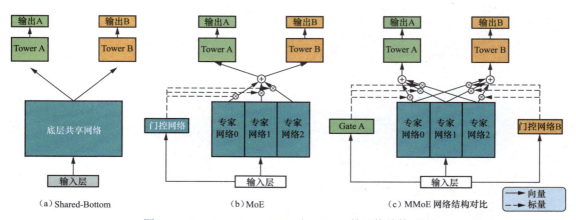

图 9.8　Shared-Bottom、MoE 和 MMoE 的网络结构对比

9.2　多样性

多样性在搜索排序中非常重要，因为它确保了返回结果的广泛性和覆盖面，减少了信息冗余，提高了用户满意度。这对于处理具有多个解释或方面的查询尤其重要，因为不同用户可能寻

找与同一查询相关但内容不同的信息。最大边际相关性（Maximal Marginal Relevance，MMR）和行列式点过程（DPP）是两种用于提高搜索结果多样性的流行方法。MMR 通过平衡相关性和多样性来选择结果、减少冗余，而 DPP 通过模型选择不同元素的概率，强调结果集的多样性和代表性。这两种方法都旨在提供更广泛、更丰富的信息，满足用户的多元需求。

9.2.1　MMR

MMR 的工作原理是在每一步中选择一个文档，该文档在与查询词的相关性和已选文档的不相似性之间寻找最佳平衡。其公式为

$$\text{MMR} = \arg\max_{d \in D \setminus S} \left[\lambda \cdot \text{sim}_1(d,q) - (1-\lambda) \cdot \max_{s \in S} \text{sim}_2(d,s) \right] \tag{9.13}$$

这里，λ 是一个 0 和 1 之间的参数，用于平衡相关性（$\text{sim}_1(d,q)$，即文档 d 与查询词 q 的似然度）和多样性（$\max_{s \in S} \text{sim}_2(d,s)$，即文档 d 与已选择文档集合 S 中任一文档 s 的最大似然度）。D 是候选文档集合，而 S 是已选文档的集合。通过调整 λ 的值，可以控制在结果集中相关性与多样性的重要性。

MMR 实现如清单 9.1 所示。

清单 9.1　MMR 实现

```
def MMR(relevanceScoreDict, similarityMatrix, lambdaConstant=0.5, topN
    =20):
    s, r = [], list(relevanceScoreDict.keys())
    while len(r) > 0:
        score = 0
        selectOne = None
        for i in r:
            firstPart = relevanceScoreDict[i]
            secondPart = 0
            for j in s:
                sim2 = similarityMatrix[i][j]
                if sim2 > second_part:
                    secondPart = sim2
            equationScore = lambdaConstant * firstPart - (1 -
                lambdaConstant) * secondPart
            if equationScore > score:
                score = equationScore
                selectOne = i
        if selectOne == None:
            selectOne = i
        r.remove(selectOne)
        s.append(selectOne)
    return (s, s[:topN])[topN > len(s)]
```

9.2.2　DPP

DPP 是一种概率模型，用于从一组项目中选择一个多样化子集。其核心思想是利用行列式

的性质来量化项目之间的相似性，从而推动选择互相不太相似的项目。行列式的一个性质是，当矩阵中的行（或列）彼此线性相关时，行列式的值会变小甚至变为零。如果两个项目非常相似，它们之间的似然度会很高，导致矩阵中相应的行（或列）彼此更接近线性相关。这种情况下，计算得到的行列式值会较小，从而表示这些项之间的排斥较少（多样性低）。反之，如果项之间的似然度较低，则表示它们之间的排斥较多，使得似然度矩阵中的行（或列）更趋近于线性独立，这会导致较大的行列式值，说明多样性高。

在 DPP 中，每个项目集合的选择概率与该集合中项目对应的相似性矩阵的行列式成正比。这意味着，如果一个项目集合中的项目彼此非常相似，其被选择的概率会较低；反之，如果集合中的项目相互之间差异较大，其被选择的概率则较高。这样，DPP 自然地实现了结果的多样性。

DPP 的计算过程主要包括以下步骤。

（1）相似性矩阵构建：对于一组项目，首先构建一个相似性矩阵 L，其中 L_{ij} 表示项目 i 和 j 之间的似然度。具体地，有

$$L_{ij} = r_i r_j s_{ij} \tag{9.14}$$

其中 r_i、r_j 是候选文档 i、j 和查询词的相关性，s_{ij} 是文档之间的似然度。

（2）行列式计算：给定一个子集 Y，其被选中的概率与相似性矩阵 L_Y（Y 中元素对应的 L 的子矩阵）的行列式成正比，即 $P(Y) \propto \det(L_Y + I)$，其中 I 是单位矩阵，用于保证概率的正规化。

（3）子集选择：通过优化过程（例如贪婪算法或马尔可夫链蒙特卡洛方法）来选择子集，使得该子集的选择概率最大化。

其实现如清单 9.2 所示。

清单 9.2　DPP 实现

```python
import numpy as np
import math
def dpp(kernel_matrix, max_length, epsilon=1E-10):
    # kernel_matrix: 相似性矩阵，二维数组，描述元素间的似然度
    # max_length: 选取的元素最大数量
    # epsilon: 用于避免数值计算问题的小正数

    item_size = kernel_matrix.shape[0] # 获取元素的总数
    cis = np.zeros((max_length, item_size)) # 初始化矩阵
    di2s = np.copy(np.diag(kernel_matrix)) # 提取对角线元素
    selected_items = list() # 初始化已选择元素的列表
    selected_item = np.argmax(di2s) # 选择具有似然度最大的元素作为起始元素
    selected_items.append(selected_item) # 将该元素添加到已选择列表中

    while len(selected_items) < max_length: # 当选定元素数量未达上限时继续迭代
        k = len(selected_items) - 1 # 已选择元素的数量减1，用于索引
        ci_optimal = cis[:k, selected_item] # 提取与已选择元素相关的中间结果
        di_optimal = math.sqrt(di2s[selected_item]) # 计算选定元素的平方根
        elements = kernel_matrix[selected_item, :] # 获取与选定元素相关的矩阵行
        eis = (elements - np.dot(ci_optimal, cis[:k, :])) / di_optimal
            # 更新e值，反映元素间的条件似然度
        cis[k, :] = eis # 更新矩阵
        di2s -= np.square(eis) # 更新d²值，减去e值的平方，反映剩余元素的条件独立性
        selected_item = np.argmax(di2s) # 选择下一个具有最大d²值的元素
```

```
            if di2s[selected_item] < epsilon: # 如果最大的𝑎²值小于阈值，终止循环
                break
        selected_items.append(selected_item) # 将选定的元素添加到列表中

    return selected_items # 返回选定元素的列表
```

9.3 数据消偏

在训练信息检索模型的时候需要根据相关性标注数据，包括显式的人工标注数据和隐式反馈数据。因为人工标注数据成本比较高，量相对比较少，而且在涉及隐私场景和个性化场景的时候公开标注数据并不可行，因此很多应用场景会利用用户行为数据训练信息检索模型。用户行为数据的优点是数据量比较大，通过客户端埋点的方式比较容易获取。但其缺点也比较明显，首先是噪声比较大，用户的点击行为和结果的相关性未必有紧密的关系。其次是偏差，用户的交互行为通常受一些非相关性因子的影响，例如，位置偏差，相同的商品被摆在不同的位置上会导致不同的点击结果，用户会倾向于点击位置靠前的商品；选择偏差，用户的选择范围仅局限于被展示的内容；展示偏差，用户倾向于选择更加吸引眼球的展示方式；热门偏差，热门的内容更容易被点击。

为了消除这些数据偏差，让模型更准确地反映搜索结果的相关性，大量的隐式反馈数据被用于训练模型。隐式反馈数据的产生过程带有不同程度和不同原因的偏差，例如位置偏差、热度偏差、倾向性偏差、展示偏差等。囿于篇幅，本节仅介绍位置偏差的相关内容。

位置偏差

在搜索结果中，因为用户首先看到头部的展示信息，而且会潜意识地认为头部结果比靠后的结果相关性更好，所以出现在搜索结果页顶部的文档更有可能被用户点击。这种现象在搜索和推荐页面都会产生，图 9.9 展示了 YouTube 结果页面的点击率分布和对不同位置的偏差量预估。

头部位置的点击数据里面包含用户的行为偏差以及相关性两种因素，如果直接使用带有用户行为偏差的数据训练模型，则会影响其准确性。

位置偏差估计　一种估计位置偏差的方法是用小部分流量随机打乱头部结果，因为每个位置的结果是随机的，所以其累计的相关性相同，这时候点击率的差异和位置偏差成正比，这种方法称为 RandTopN。图 9.10 所示的是该方法的示意。

因为直接打乱头部结果对用户的体验影响比较大，所以一种改进方法是每次只交换某一对文档而保持其他文档的位置不变。这种思想的具体实现方式是交换第 k 个文档和第（$k+1$）个文档，或者交换第 1 个文档和第 k 个文档，前一种方式称为 FairPair，后一种方式称为 RandPair。在 FairPair 中，可以通过相邻位置之间的偏差比例计算出任意两个位置的偏差比例。示例如图 9.11 所示。

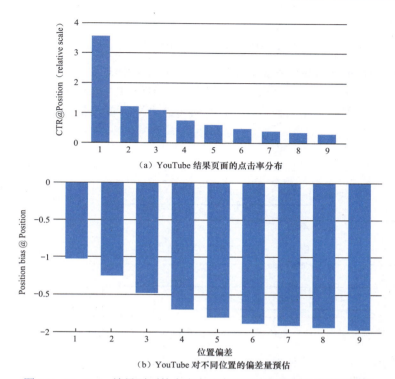

（a）YouTube 结果页面的点击率分布

（b）YouTube 对不同位置的偏差量预估

图 9.9 YouTube 结果页面的点击率分布和对不同位置的偏差量预估

图 9.10 RandTopN 方法的示意

图 9.11 RandTopN 改进方法

$$\frac{\theta_k}{\theta_1} = \frac{\theta_2}{\theta_1} \cdot \frac{\theta_3}{\theta_2} \cdot \ldots \cdot \frac{\theta_k}{\theta_{k-1}} \tag{9.15}$$

位置信息作为特征　消除位置偏差的一种方法是在模型训练阶段将位置信息作为特征送进模型，同时，为了防止模型过度依赖位置特征，需要随机丢掉一部分位置信息。在预测阶段，为每个候选结果都赋予相同的值，通过这种方式消除位置偏差。具体模型结构如图 9.12 所示。

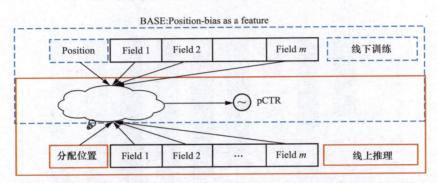

图 9.12　将位置信息作为特征。蓝色虚线框部分为离线建模过程，红色实线框部分为线上预测过程

构建偏置网络　为了消除位置偏差，可以在主模型外另加一个浅层的网络模块，用于显示建模偏差信息，例如，在 YouTube 的文章中，位置和设备信息（因为在不同的设备上有不同的位置偏差）被送入一个独立的网络结构，这个网络结构的输出结果独立于用户兴趣的建模，两者的输出结果叠加建模得到最终的点击率。训练的时候，随机丢掉 10% 的位置特征，以防模型过度依赖位置特征。预测的时候，丢掉浅层网络。图 9.13 展示了如何对产生偏差的因子独立建模。

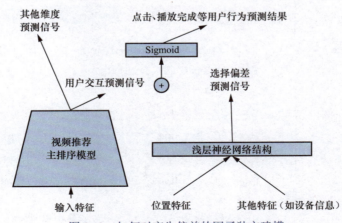

图 9.13　如何对产生偏差的因子独立建模

位置观测建模　基于位置观测建模的方法，引入了一个名为 PAL（Position-Aware Learning）的框架。该框架的核心思想是将点击率分解为两个独立的概率：物品被看到的概率和物品在被看到的情况下被点击的概率。具体来说，物品被点击的概率可以表示为

$$p(y = 1|x, \text{pos}) = p(\text{seen}|\text{pos})p(y = 1|x, \text{seen})$$

在此公式中，假设物品被看到的概率仅与其位置相关，并且一旦物品被看到，其被点击的概率与位置无关。基于这一假设，PAL 框架包括以下两个模块。

- **ProbSeen 模块**：该模块建模物品被看到的概率 $p(\text{seen}|\text{pos})$，输入为位置信息 pos。
- **pCTR 模块**：该模块建模物品在被看到的情况下的被点击概率 $p(y = 1|x, \text{seen})$，输入为特征向量 x。

图 9.14 展示了 PAL 的网络结构。

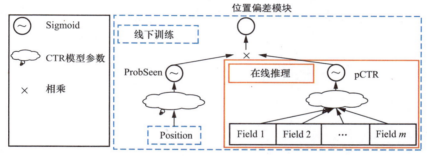

图 9.14　PAL 的网络结构

在训练过程中，这两个模块通过联合优化的方式同时训练，以避免不同训练目标带来的次优状态。损失函数定义为

$$L(\theta_{\text{PS}}, \theta_{\text{pCTR}}) = \frac{1}{N}\sum_{i=1}^{N} l(y_i, \text{ProbSeen}_i \times \text{pCTR}_i)$$

其中，θ_{PS} 和 θ_{pCTR} 分别是 ProbSeen 模块和 pCTR 模块的参数，$l()$ 是交叉熵损失函数。

在实际操作中，使用随机梯度下降（SGD）来优化这两个模块的参数：

$$\theta_{\text{PS}} = \theta_{\text{PS}} - \eta \cdot \frac{1}{N}\sum_{i=1}^{N}(\text{bCTR}_i - y_i) \cdot \text{pCTR}_i \cdot \frac{\partial \text{ProbSeen}_i}{\partial \theta_{\text{PS}}}$$

$$\theta_{\text{pCTR}} = \theta_{\text{pCTR}} - \eta \cdot \frac{1}{N}\sum_{i=1}^{N}(\text{bCTR}_i - y_i) \cdot \text{ProbSeen}_i \cdot \frac{\partial \text{pCTR}_i}{\partial \theta_{\text{pCTR}}}$$

在离线训练阶段，使用提前停止策略获得训练良好的模型。训练完成后，pCTR 模块被部署到线上进行点击率推断。由于在 PAL 框架中，pCTR 模块在推断时不需要位置信息，因此在线推断时无须为物品分配位置值，从而显著降低了实际应用中的操作复杂度。

9.4 小结

本章详细探讨了深度学习在搜索排序中的应用，特别是如何通过用户行为数据的建模与优化提升搜索效果。首先，通过回顾精排模型的演进，介绍了从传统的 CTR 预估到广泛应用的深度学习模型（如 Wide & Deep、DeepFM 等）的发展，这些模型通过学习复杂的特征交互来提升预测准确性；其次，重点介绍了如何通过最大边际相关性（MMR）和行列式点过程（DPP）等方法提升搜索结果的多样性，从而优化用户的搜索体验；最后，本章深入探讨了消除数据偏差的重要性，尤其是如何消除位置偏差对模型训练的影响。

第三部分

AI 搜索前沿

大语言模型（Large Language Model，LLM）和信息检索（Information Retrieval）是人工智能领域的两项关键技术。大语言模型指的是参数量巨大的机器学习模型，通常有超过十亿个参数，能够处理海量数据并完成复杂的任务，如自然语言处理和图像识别。信息检索通过理解用户的查询意图和上下文，从海量的信息源中快速查询与用户问题最相关的信息。AI 搜索是信息检索技术和大语言模型技术发展到一定阶段后自然产生、水到渠成的技术转化。AI 搜索既是一种技术架构也是一种产品形态，它提供了不同于传统搜索引擎的搜索体验。相比传统搜索，AI 搜索引入了大语言模型来提升搜索体验，直接提供整理好的答案或信息摘要，显著提高了搜索的效率和准确性。另外，AI 搜索能够更好地理解查询背后的语义，并根据用户的上下文、意图和偏好提供个性化的结果。

AI 搜索的关键技术点之一是检索增强生成（Retrieval Augemented Generation，RAG），这是一种将信息检索与生成模型相结合的技术架构，能够结合外部知识库进行更准确的生成式回答。RAG 技术通过先从知识库中检索相关信息，再由大语言模型生成基于检索结果的自然语言回答，弥补了生成式模型在知识量有限时的缺陷。

大语言模型对搜索的影响还包括生成式检索，它将搜索任务转为从用户查询到文档标识符的序列生成过程。生成式检索不需要传统的索引，而是利用生成式大语言模型编码文档集合，在解码阶段直接输出目标文档或者目标文档标识符。

为了给读者提供相对全面的技术资料，让读者能够从中了解 AI 搜索的来龙去脉，本部分将分 3 章介绍 AI 搜索前沿。

- 第 10 章介绍大语言模型的背景知识，帮助读者快速了解大语言模型的技术要点。
- 第 11 章介绍检索增强生成技术和 AI 搜索，帮助读者了解大语言模型与搜索引擎结合的具体方式。
- 第 12 章介绍生成式检索技术，帮助读者了解生成式技术对信息检索技术架构本身产生的重大影响。

第 10 章
大语言模型基础

AI 搜索正在重新定义搜索引擎，甚至知识获取与交互方式。这背后的重要技术就是大语言模型技术。大语言模型不仅是 AI 搜索的"引擎"，更是整个 AI 搜索流程中理解、生成和优化的核心。

大语言模型的特殊网络结构使得它能够随着数据量的增多与模型参数规模的增大，不断提高模型的智能水平，这一规律也被称为规模化法则（Scaling Law）。本章将重点介绍大语言模型的结构与关键的训练过程，包括预训练、有监督训练和强化学习等；然后介绍在应用阶段的提示词工程、角色扮演和 Agent 技术等。

大语言模型不仅是 AI 搜索的技术支柱，更是机器学习领域整体进步的标志。理解其原理，不仅能更好地使用 AI 搜索，还能帮助大家掌握和适应未来的发展趋势。

10.1 大语言模型技术背景

人工智能（AI）诞生于 1956 年，其目标是创造能够复制或超越人类智能的机器，涵盖多种技术和方法。1997 年，机器学习（Machine Learning）作为 AI 的一个子集被提出，使机器能够通过数据驱动的方式从已有数据中学习，以实现决策或预测。2017 年，深度学习（Deep Learning）在机器学习中崭露头角，利用神经网络的多层结构处理复杂任务，如图像和语音识别，表现尤为突出。2021 年，生成式 AI（Generative AI）兴起，作为深度学习的一部分，能够基于现有数据或提示生成新的文字、图像和音频等内容。生成式 AI 的应用推动了大语言模型技术的革新，使其在多领域展现出强大的数据理解和生成能力。

10.1.1 Transformer 架构

Transformer 架构是目前大多数大语言模型（LLM）的核心，其独特之处在于不依赖传统的循环神经网络（RNN）结构，而是完全基于自注意力机制（Self-Attention），从而极大地提高了模型的并行处理能力和长距离依赖的捕获能力。这使 Transformer 成为自然语言处理（NLP）领域的一项突破性技术，显著优化了模型在理解和生成文本时的表现。

Transformer 架构概述   Transformer 的基本架构示意如图 10.1 所示，其由左侧的编码器（Encoder）和右侧的解码器（Decoder）两部分组成。在自然语言生成任务中，编码器负责将输入信息处理成向量表示，解码器则根据编码器的输出生成目标文本。每个编码器和解码器都包含多个并行的自注意力机制，以及一个前馈神经网络层，这两部分通过残差和归一化层连接，以稳定训练过程并优化模型的表现。

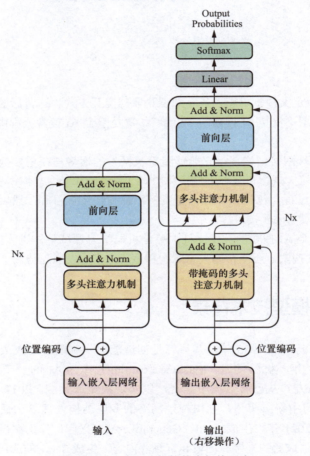

图 10.1   Transformer 的基本架构示意

多头注意力机制   Transformer 的核心创新是多头注意力机制，这使得模型可以在处理一段文本时，将所有词汇与其他词汇关联起来。

- **自注意力**：模型对每个词生成一个向量（如查询向量），然后通过计算词与词之间的相关性（基于查询和键的点积）来确定每个词对其他词的注意力权重。这些权重反映了每个词与其上下文的关联程度。

- **多头注意力**：为了进一步优化模型的表现，Transformer 引入了多头注意力机制，即将自注意力分成多个"头"，每个头分别关注不同的特征（如词汇的语义或词性）。这种机制允许模型从多个角度理解文本信息，将不同的关注点综合到一个词汇表中，增强了对复杂语言模式的捕获能力。

在文本理解和生成中的作用　在理解文本时，Transformer 的自注意力机制能够高效处理长距离依赖关系。例如，在一段话中，首尾词之间可能存在紧密的语义关联，自注意力机制就可以通过高权重连接这些词，使模型能够理解远距离的语义关系。这种能力使 Transformer 特别擅长解析长句子、复杂句子结构和上下文信息等。在文本生成方面，自注意力同样至关重要。通过关注前文内容的相关词汇，模型能够生成与上下文一致的自然语言输出。在生成过程中，解码器会利用自注意力计算当前生成词与先前词的相关性，从而逐步生成符合语境的连贯文本。

10.1.2　Scaling Law

在大语言模型的发展中，Scaling Law 提供了一种重要的理论框架，用于解释参数量、数据量、计算资源与模型性能之间的关系。Scaling Law 揭示了大语言模型性能随参数量、数据量和计算资源的增加而提升的规律，并为模型扩展和资源分配提供了重要的指导。

Scaling Law 的核心观点　当模型的参数量、数据量和计算资源等都按一定比例同步增加时，模型的性能会呈现出规律性提升。尤其在大语言模型中，这种线性扩展的特性在理解能力和生成能力上效果显著。例如，在参数较小时，模型对数据的学习效果较为有限，且容易出现欠拟合现象。但当参数量、数据量和计算资源达到一定规模后，模型的损失函数（如交叉熵损失函数）的值会持续减小，从而达到更高的预测准确性和生成质量。

具体而言，Scaling Law 的研究表明以下几点。

- **参数量增加对性能的非线性提升**：当模型参数量增加时，其性能提升并不是简单的线性，而是接近幂次的非线性提升。
- **数据规模的重要性**：在参数量一定的情况下，增大数据规模同样能带来显著的性能提升，尤其在多样化数据的训练下，模型的泛化能力得到加强。
- **计算资源的限制**：模型的性能提升也受到计算资源的限制，参数量和数据量需要与计算资源同步增长，以充分发挥出 Scaling Law 的作用。

Scaling Law 在语言理解和生成中的作用　在 Scaling Law 的指导下，参数量和数据量的增多使得模型的理解能力和生成能力显著增强。这一现象在文本生成任务中尤为显著，大语言模型不仅可以生成流畅、符合语法规则的文本，还能模仿人类的复杂思维和情感表达。同时，在长距离依赖处理、多句理解和上下文保持等方面，模型也表现出更强的能力。

Scaling Law 提供的启示促使研究者在设计大语言模型时优先考虑如何在参数量、数据量和计算资源间实现平衡，以获得最优的模型性能。例如，GPT-3、GPT-4 等大语言模型的成功便是遵循 Scaling Law 的结果，通过不断增加参数量和数据量，逐步提升模型的语言理解和生成能力。

10.2　大语言模型训练过程

GPT（Generative Pre-Trained Transformer）系列模型是生成式 AI 技术的前沿代表。这些模型通过精心设计的训练流程，能够生成和理解复杂的自然语言文本，广泛应用于自然语言的各个领域。目前业界的主流大语言模型主要经过了以下 3 个训练阶段。

（1）预训练（Pre-training）：旨在让模型通过吸收大量无标签文本数据来掌握语言的基本结构和语义规律。

（2）监督微调（Supervised Fine-Tuning，SFT）：模型通过学习一系列具体的指令和相应的期望输出来适应具体的任务需求。

（3）偏好学习：通过基于人类反馈的强化学习（Reinforcement Learning from Human Feedback，RLHF）或直接偏好优化（Direct Preference Optimization，DPO）训练范式，可以让模型的输出更符合人的偏好。

经过以上 3 个训练过程，下游任务可以直接通过提示词工程以及少量样本学习的方式应用大语言模型。图 10.2 简单展示了上述过程。

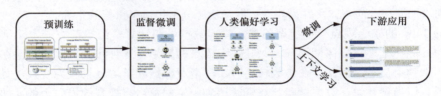

图 10.2　大语言模型训练过程

10.2.1　预训练：大语言模型训练的关键步骤

预训练是大语言模型训练过程中的关键步骤。它通过在大规模无监督文本数据上进行训练，使模型获得基本的语言知识、语法结构和上下文理解能力等。预训练阶段的目标是让模型学习广泛的语言模式，从而具备对自然语言的基本理解和生成能力，为后续的微调和实际应用奠定基础。

预训练的基本方法　在预训练中，常见的方法包括自回归大语言模型（如 GPT 系列的自回归语言模型）任务和掩码语言模型（如 BERT 模型）任务。这两类任务让模型在无监督数据上学习，通过不同的方式提升其对语言的理解，具体如下。

- **自回归大语言模型任务**：模型通过预测下一个词来训练。在这种设置中，模型依次读取文本的前面部分，然后学习生成下一个可能的词汇。这种方法特别适合生成任务，因为模型在预训练时已经习惯于顺序生成文本。
- **掩码语言模型任务**：模型在输入文本中随机掩盖部分词汇，然后尝试预测这些被掩盖的词汇。BERT 等模型采用这种方式，双向捕捉上下文文本中的信息，对理解任务（如情感分析、问答系统）效果尤为显著。

预训练的优势 预训练的优势如下。

- **语言知识的广泛学习**：在预训练阶段，用海量的文本数据训练模型，包括多种主题和语言风格。通过大量的数据学习，模型能够自动归纳出语言中的句法、语义和逻辑关系等，这使得其在应用于各种自然语言处理任务时表现良好。
- **上下文理解能力的提升**：预训练帮助模型捕捉复杂的上下文依赖关系，特别是长距离依赖。由于模型在预训练时处理了大量的语言实例，它能够从整体上理解段落或篇章中的关系，这对于后续任务中的文本生成和问答任务尤为重要。
- **迁移学习的基础**：预训练为模型后续的微调提供了强大的基础，使得大语言模型可以轻松适应不同的具体任务。在应用中，预训练的模型通过微调可以有效应用于特定领域任务，如法律文本分析、医学文本分类等。这种迁移能力使得预训练的大语言模型在多领域、多任务中表现出高适应性。

预训练中的 Scaling Law Scaling Law 在预训练中同样适用。随着参数量和数据量的增加，预训练模型的效果会显著提升，尤其是在复杂语言任务上。这种规律表明，增加数据量和参数量在预训练阶段的收益明显，通过预训练积累的语言模式会在下游任务中转化为更优的理解和生成能力。

预训练的挑战 尽管预训练为大语言模型的理解和生成能力打下了坚实基础，但它面临一些挑战。首先，预训练阶段通常需要大量计算资源，尤其在参数量较大的情况下，训练成本和环境影响较大；其次，由于预训练数据的质量和多样性直接影响模型表现，数据选择与处理十分关键。确保数据的广泛性和合理性可以有效避免模型出现偏见、歧视性结果等问题。

预训练在大语言模型中的意义 预训练赋予大语言模型强大的语言理解与生成能力，是大语言模型在多样化任务中取得优异表现的核心因素。通过在无监督数据上的大规模预训练，模型能够具备通用的语言知识和上下文感知力，为后续特定任务的应用和微调奠定基础。这种两阶段训练策略（预训练 + 微调）已经成为现代大语言模型的标准训练策略，使得模型具备高灵活性与适应性，从而广泛应用于搜索引擎、对话系统、文本生成等各类实际场景。

10.2.2 监督微调：从通用到特定的任务

监督微调是在大语言模型完成预训练之后的关键步骤。通过在特定任务的数据集上进行微调，模型能够从广泛的语言知识中学习特定任务的模式，以优化在该任务上的表现。微调过程主要依赖带标签的数据，模型通过监督学习更精准地掌握目标任务的需求。监督微调是预训练和实际应用之间的桥梁，使大语言模型在特定任务上具有高效、准确的表现。

监督微调的基本方法 在监督微调中，模型基于特定任务的数据进行训练，并使用损失函数（如交叉熵损失函数）来优化模型。以下是监督微调的一些典型应用。

- **文本分类任务**：在文本分类任务中，模型使用带标签的数据进行训练，例如情感分析、话题分类等。在微调过程中，模型通过调整参数，更准确地识别文本的特定特征，从而提升分类效果。

- **问答任务**：监督微调在问答任务中尤其常见。模型通过标注数据学习如何在给定上下文中找到答案，或者生成符合问题要求的回答，从而提升回答的准确性和相关性。
- **文本生成任务**：在文本生成任务中，监督微调帮助模型在生成过程中更加符合上下文和语法要求。例如，在对话系统中，通过微调模型能够生成符合特定风格和语境的对话内容。

监督微调的优势 监督微调的优势如下。

- **提高任务适应性**：监督微调让模型能够从通用的语言理解转向特定任务的需求分析。预训练赋予模型的广泛语言知识在微调阶段被进一步细化，使得模型在特定领域内表现更优。
- **提升准确性**：在监督微调过程中，模型在特定任务的数据上进行训练，能够更准确地捕捉到该任务的模式和细节。通过对带标签数据的训练，模型能够学习到更具针对性的语言和语义模式，从而提升在特定任务中的准确性。
- **适应不同的领域和风格**：监督微调使模型能够适应不同领域和风格的需求。无论是技术性强的领域（如医学或法律），还是特定的语言风格（如文艺或正式），通过微调，模型可以更有效地生成符合领域特点的语言输出。

10.2.3 奖励建模

奖励建模（Reward Modeling，RM）的引入为了进一步提升模型输出的质量。在这一阶段，通过人工评价模型生成文本的质量，并训练一个奖励模型来预测这些评价。这样，奖励模型就能够根据生成文本的好坏提供反馈，帮助指导模型生成更符合人类评价标准的文本。

10.3 提示词工程

提示词工程是一种可以优化大语言模型性能的技术，旨在通过精心设计的提示词和生成策略提高模型输出质量。这一概念源于研究人员发现，不同的提示词能显著影响模型的表现。随着技术的发展，提示词工程已从简单的文本输入演变为包含角色设置、上下文构建和多模态元素的复杂体系，使大语言模型能够更好地理解用户意图并提供精准回应。这种技术不仅提高了人机交互效率，还为各行业应用大语言模型提供了新的可能性。

10.3.1 提示词设计原则

在大语言模型应用中，提示词设计是一项关键技能，直接影响模型的表现和输出质量。为了最大化模型的性能，需要遵循一些基本原则来设计有效的提示词。以下是几个关键的设计原则。

明确目标和背景信息 这是设计提示词的基础。一个清晰的提示词应该明确指出任务目标和关键背景信息。例如：

"请为一位即将参加马拉松比赛的新手跑者设计一个为期 4 周的训练计划"

这个提示词不仅明确了任务目标（设计训练计划），还提供了关键背景信息（参赛者是新手，比赛是马拉松，时间为 4 周）。这样的设计可以帮助模型更准确地理解和执行任务。

有具体且细致的要求　在设计提示词时，应尽可能提供具体细节。这不仅包括任务本身的要求，还包括输出格式、风格等方面的细节。例如：

"请用 Markdown 格式列出 3 个提高工作效率的方法，每个方法后面附上一句话解释"

这个提示词通过指定输出格式（Markdown）、数量（3 个方法）、附加要求（一句话解释），大大降低了模型输出的不确定性，提高了结果的可用性。

在某些情况下，提供具体的输入 - 输出示例可以帮助模型更好地理解任务要求。这种方法尤其适用于复杂或抽象的任务。例如：

"请根据以下格式生成一个关于环保的公益广告脚本："

[镜头描述]：一片郁郁葱葱的森林

[旁白]：这里是地球上最后一片未受污染的净土

[画面切换]：一只小鸟落在枯萎的树枝上

[旁白]：但如果我们不采取行动，这一切都将消失"

通过提供这样一个具体的示例，模型可以更准确地把握任务的本质，生成符合要求的输出结果。

保持一定的开放性和灵活性　虽然前面强调了具体性和细节，但在某些情况下，保持一定的开放性和灵活性也是必要的。特别是对于创造性任务，过于严格的限制可能会抑制模型的创新能力。因此，在设计提示词时，需要根据具体任务类型和目标，在具体性和灵活性之间找到适当的平衡点。

不断迭代优化　提示词设计并非一次性工作。通过反复试验和调整，可以逐步优化提示词，提高模型输出的质量和相关性。每次迭代后，都应该仔细分析模型的输出，找出不足之处，并相应地调整提示词。

遵循这些设计原则，可以显著提高大语言模型的性能和实用性，使其更好地服务于各种应用场景。

10.3.2　少样本提示词

在提示词工程的高级技巧中，少样本学习（Few-Shot Learning）是一种强大而高效的方法。这种方法通过在提示词中提供少量示例来引导模型学习新任务，特别适用于数据稀缺或需要快速适应新场景的情况。少样本学习的核心思想是在提示词中包含几个代表性示例，以此来"激活"模型已有的知识。这种方法的优势在于能够显著优化模型在新任务上的表现，同时大幅降低数据采集和标注的成本。例如，在一项情感分析任务中，可以通过提供两个正面评价和两个负面评价的示例，帮助模型快速理解任务要求：

正面评价示例

1. 这家餐厅的食物味道绝佳，服务态度热情周到。

2. 新发布的手机功能强大，性价比极高。

负面评价示例

1. 这部电影剧情拖沓，演员表演生硬。

2. 这款软件频繁崩溃，用户体验极差。

值得注意的是，少样本学习的效果与模型规模密切相关。在使用这种方法时，需要考虑到模型的规模和能力。

在少样本提示技术中，基于检索的方法通过巧妙利用已有知识库来提高模型的性能。这种方法的核心思想是在输入给定的新任务时，从训练集中检索最相关的示例，然后将其与当前输入一起呈现给模型，从而引导模型更好地理解和执行任务。

基于检索的少样本提示技术主要包括以下两个关键步骤。

- 相似示例检索：利用领域知识描述不同样本之间的似然度函数，为每个测试样本选择最相似的前 *K* 个训练数据。

- 动态提示构建：根据检索到的相似示例动态生成提示词，将选定示例与当前输入按特定格式组合，构建包含任务描述、示例和待解决问题的完整提示词。

这种方法的优势在于能够充分利用已有的知识库，为模型提供更有针对性的示例。通过这种方法，即使在数据稀缺的情况下，也能有效地引导模型理解和执行新任务。

10.3.3　思维链

思维链（Chain of Thought，CoT）是一种改进的提示（Prompt）技术，其核心目标是在复杂推理任务中优化大语言模型的表现。CoT 要求模型在输出最终答案之前，显式地输出中间逐步的推理步骤，以增强模型的推理能力。这种技术类似于人类逐步解决问题的过程，使得模型的推理过程更具透明性和可解释性。

CoT 的工作原理可以概括为以下几个关键步骤。

（1）**问题分解**：将复杂问题拆分为一系列较小、更易管理的子问题。

（2）**逐步推理**：引导模型按顺序解决每个子问题。

（3）**中间结果展示**：要求模型在得出最终答案前，展示每个步骤的推理过程。

（4）**最终答案生成**：基于完整的推理链，生成最终答案。

CoT 示例　举个简单的数学例子：

"罗杰有 5 个网球。他又买了 2 罐网球，每罐 3 个。他现在有多少个网球？"

如果使用标准提示方法，模型可能直接回答"11 个"，没有展示推理过程。

但是如果要求大语言模型通过 CoT 输出结果，模型就会将过程细化，生成如下步骤。

（1）罗杰最初有 5 个网球。

（2）他又购买了 2 罐网球，每罐 3 个，所以共有 2×3 = 6 个网球。

（3）合计网球数量为 5+6=11 个。

这个示例中，CoT 不仅得出了正确的答案，还展现了每一步的推理过程，提高了答案的可解释性。

另一个数学例子：

"Mike 在打乒乓球时，前 20 分钟得 4 分，后 20 分钟得分比前 20 分钟多了 25%。他总共得了多少分？"

标准提示可能只给出计算公式：4+(4×0.25)=6 分（错误）。

通过 CoT，模型会分解推理过程，如下。

（1）Mike 前 20 分钟得了 4 分。

（2）后 20 分钟的得分是前 20 分钟得分的 125%，所以为 4×1.25= 5 分。

（3）Mike 的总分是 4+5=9 分。

通过这种方式，模型能够清晰展示每一个推理步骤。

在给大语言模型的 CoT 提示词中，通常包含以下 3 个组成部分。

- 指令（Instruction）：描述问题并告知模型输出格式。明确指示模型如何进行推理，例如"请逐步计算"。

- 逻辑依据（Rationale）：中间推理步骤，包含问题的解决方案、推理步骤及相关的外部知识等。这是 CoT 技术的核心，通过显式地展示这些步骤，提高了推理过程的透明度和可信度。

- 示例（Exemplar）：提供具体的问题－推理－答案三元组，帮助模型学习如何从输入一步步到达输出。这些示例分为零样本（Zero-Shot-CoT）和少数样本（Few-Shot-CoT）两类。前者不依赖示例，仅通过指令引导模型进行推理；后者通过少量示例教授模型如何进行推理。

在实际应用中，CoT 可以采取多种形式。以下是两种常见的 CoT 变体。

Zero-Shot CoT 不需要提供示例，直接通过指令引导模型进行逐步推理。典型的提示语包括"让我们一步一步来"或"请逐步解释"。例如：

例子：请逐步解释为什么夏季白天长晚上短。思考步骤：

（1）地球围绕太阳旋转，同时也在自转；

（2）地球的不同倾斜角度使得阳光照射的时间不同；

（3）夏季时，北半球倾向太阳，所以日照时间更长；

（4）因此，夏季白天长夜晚短。

Few-Shot CoT 在提示中提供少量带有推理步骤的示例,引导模型在新问题上产生类似的推理过程。例如:

以下是一个逐步计算的例子,请按照这样的方式解答新问题:
Q:8×8×3 等于多少?
A:先计算 8×8 得到 64,再将 64 乘 3 得到 192。
新问题:请逐步计算 9×7+5。

10.4 模型微调

10.4.1 模型微调的概念

模型微调是指在预训练模型的基础上,通过调整模型的部分或全部参数,使模型能更好地适应特定任务或领域的语境和需求,从而提高模型在特定任务上的性能。这一过程通常包括在预训练模型的某些层后面添加少量额外的层或者调整模型的部分参数,使得模型能够在保留预训练特征的同时,更好地适应新任务。

大语言模型微调是一种常用的实践方法,它通过用一组精心设计的标注数据继续训练一个预训练模型,使得模型能够在特定任务上效果更好。这种方法保留了原有模型的大部分知识,仅针对特定任务或领域进行适度调整,有效降低了计算成本和数据需求。微调的核心在于利用预训练模型捕获的通用特征,快速适应新任务,同时保持对其他任务的泛化能力。这种方法不仅提高了模型在特定应用场景下的性能,还显著提升了计算效率,降低了计算成本,使其更适用于实际部署。

微调与预训练的异同点 微调与预训练的异同点如表 10.1 所示。

表 10.1 微调与预训练的异同点

比较方面	预训练	微调
概念	预训练在大量无标记的文本数据上进行训练,例如 GPT、LLaMA 等模型都会先经过预训练	微调利用预训练模型,在一个更小的、特定领域的数据集上进一步训练,如将预训练的 LLaMA 3 针对文本摘要任务进行微调
目标	构建通用的语言知识,目的是让模型获得一般性的语言理解能力	将模型针对特定任务进行专门化,提高模型在特定任务上的性能
过程	涉及数据收集、在大型数据集上进行训练、预测下一个单词 / 序列等操作	包括特定任务的数据收集、修改模型的最后一层以适应任务、在新数据集上训练、根据任务生成输出等操作
模型修改	全量参数	部分参数,或者用较小的数据量训练全部参数
需要的数据量	需要海量、覆盖范围广、多样性高的数据	需要少量、针对具体任务标注的数据
计算成本	非常高	相对较低
训练时长	几周到几个月	天级别

10.4.2　模型微调的一般过程

模型微调的核心过程一般包含数据准备、模型选择、参数调整和评估验证等环节。除了这些核心环节外，一般还涉及训练环境准备、模型部署以及后期效果监控等步骤。

1. 数据准备

（1）收集和整理数据。根据目标任务收集相关的文本、图像或其他类型的数据。例如，在情感分析任务中，可以从互联网上抓取用户评论，并将其整理成模型所需的格式。数据的质量和多样性直接影响微调后的模型性能，因此应尽量收集高质量、多样化的数据。

（2）数据预处理。数据预处理是数据准备的重要环节，主要包括以下步骤。

- **清洗数据**：移除 HTML 标签、特殊字符等，保证数据"干净"。
- **标准化**：统一处理文本大小写，进行规范化。
- **分词**：将文本切分成单词或子词，便于模型处理。
- **数值化**：将处理后的文本转换为模型可以接受的数值形式，如词嵌入（Word Embed ding）。

（3）数据集划分。将数据集划分为训练集、验证集和测试集等。训练集用于模型训练，验证集用于超参数调整和模型选择，测试集用于最终评估模型性能。常用的划分比例有 80%（训练集）、10%（验证集）、10%（测试集）等，具体比例视数据量而定。

2. 模型选择

（1）选择预训练模型。根据任务需求选择合适的预训练模型。常用的预训练模型有 BERT、GPT、RoBERTa 等。选择模型时需考虑以下因素。

- **任务相关性**：选择在类似任务上有良好表现的模型。
- **计算资源**：选择符合当前计算资源（GPU 显存、计算能力等）的模型。
- **许可证**：确认所选模型的使用许可，避免法律纠纷。

（2）模型兼容性检查。确保所选预训练模型与当前环境（Python 版本、PyTorch 版本等）兼容。可以通过测试代码确保模型正常加载和运行。

3. 参数调整

（1）冻结部分层。冻结预训练模型的部分底层，使其在微调过程中保持不变。这一步骤可以保留模型在预训练阶段学到的一般特征，仅调整与任务相关的高层特征。示例如下：

```python
from transformers import AutoModelForSequenceClassification,
    AutoTokenizer

model = AutoModelForSequenceClassification.from_pretrained("bert-base-
    uncased")
tokenizer = AutoTokenizer.from_pretrained("bert-base-uncased")
```

```
for param in model.bert.embeddings.parameters():
    param.requires_grad = False
```

（2）调整学习率。设定适当的初始学习率（Learning Rate）、批大小（Batch Size）和轮次（Epoch）等。这些超参数需要根据具体任务和数据量进行调试，以达到最佳效果。示例如下：

```
from transformers import AdamW

optimizer = AdamW(model.parameters(), lr=5e-5)
```

（3）微调模型。使用准备好的数据集进行模型训练，通过反向传播算法更新模型权重。示例如下：

```
import torch
from torch.utils.data import DataLoader
from transformers import get_linear_schedule_with_warmup

device = torch.device("cuda" if torch.cuda.is_available() else "cpu")
model.to(device)

dataloader = DataLoader(train_dataset, batch_size=16)
total_steps = len(dataloader) * epochs
scheduler = get_linear_schedule_with_warmup(optimizer, num_warmup_steps
    =0, num_training_steps=total_steps)

for epoch in range(epochs):
    for batch in dataloader:
        inputs = {key: val.to(device) for key, val in batch.items()}
        outputs = model(**inputs)
        loss = outputs.loss
        loss.backward()
        optimizer.step()
        scheduler.step()
        optimizer.zero_grad()
```

4. 评估验证

（1）评估模型。在验证集上评估模型的性能，根据评估结果调整超参数。常用的评估指标有准确率、精确率、召回率、F1 值等。示例如下：

```
from sklearn.metrics import classification_report

model.eval()
predictions = []
true_labels = []

for batch in validation_dataloader:
    inputs = {key: val.to(device) for key, val in batch.items()}
    with torch.no_grad():
        outputs = model(**inputs)
    logits = outputs.logits
    preds = torch.argmax(logits, axis=1).tolist()
    labels = inputs["labels"].tolist()
    predictions.extend(preds)
    true_labels.extend(labels)
```

```
print(classification_report(true_labels, predictions))
```

（2）参数优化。根据验证结果，反复调整学习率、批大小等超参数，以优化模型性能。示例如下：

```
best_model = None
best_score = 0

for lr in [5e-5, 3e-5, 2e-5]:
    model = AutoModelForSequenceClassification.from_pretrained("bert-base
        -uncased")
    optimizer = AdamW(model.parameters(), lr=lr)
    scheduler = get_linear_schedule_with_warmup(optimizer,
        num_warmup_steps=0, num_training_steps=total_steps)


    for epoch in range(epochs):
        for batch in dataloader:
            inputs = {key: val.to(device) for key, val in batch.items()}
            model.zero_grad()
            outputs = model(**inputs)
            loss = outputs.loss
            loss.backward()
            optimizer.step()
            scheduler.step()

    model.eval()
    predictions = []
    true_labels = []

    for batch in validation_dataloader:
        inputs = {key: val.to(device) for key, val in batch.items()}
        with torch.no_grad():
            outputs = model(**inputs)
        logits = outputs.logits
        preds = torch.argmax(logits, axis=1).tolist()
        labels = inputs["labels"].tolist()
        predictions.extend(preds)
        true_labels.extend(labels)

    score = classification_report(true_labels, predictions)["weighted avg
        "]["f1-score"]

    if score > best_score:
        best_score = score
        best_model = model
```

10.5 小结

本章探讨了大语言模型在 AI 搜索中的应用及背后的技术变革，特别是 Transformer 架构和 Scaling Law 的影响。大语言模型作为 AI 搜索的核心引擎，通过特殊的网络结构和自注意力机制，显著提升了自然语言处理的能力。本章详细介绍了大语言模型的训练过程，包括预训练、监督微调等，强调了这些阶段在模型理解和生成能力中的重要性。预训练阶段使模型掌握基本的语言结构和语义规律，而监督微调则帮助模型适应特定任务的需求。

　　Scaling Law 提供了参数量、数据量和计算资源与模型性能之间的关系，揭示了模型性能随这些因素的增加而提升的规律。通过大量的无标签文本数据进行预训练，并结合有效的微调策略，大语言模型在多个自然语言处理任务中表现出色。

　　在应用方面，本章介绍了提示词工程、模型微调等方法。不同的方法适用于不同的应用场景，同时也会产生不同的成本。如图 10.3 所示，检索增强（Retrieval Augmented Generation，RAG）更适合问答系统，大量依赖外部知识库；模型微调更适合特定信息的总结和提取任务，对模型的定制化要求比较高；RAG+ 模型微调则需要更深入的理解大语言模型的运作机制，需要更好的技术支持。RAG 的相关内容参见第 11 章。

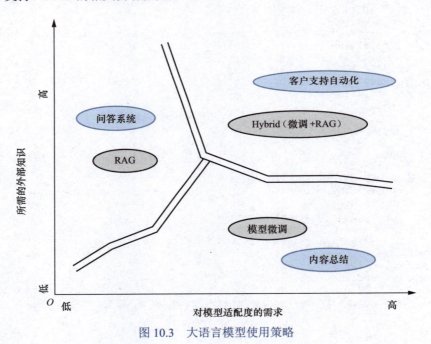

图 10.3　大语言模型使用策略

第 11 章
AI 搜索实践

大语言模型技术在自然语言处理领域已经取得了显著的进展，能够理解和生成语言的各种复杂表达，支持多种应用。然而，大语言模型技术在实际应用中仍然面临以下三方面的关键挑战。

- **信息的局限性**：大语言模型依赖预训练阶段接触到的数据集，这意味着它们的知识是静态的，被固定在训练数据的时间点上。对于模型未曾接触的领域知识，或者在模型训练后发生的事件，大语言模型往往无法提供最新的信息或专业的见解。这一局限性在处理最新新闻、科学发现或专业领域问题时尤为明显，因为这些领域的知识和信息是持续更新和发展的。
- **大语言模型幻觉**：大语言模型在生成文本时依赖概率建模，即根据训练数据预测下一个最可能的单词或句子。这种方法虽然在很多情况下能够生成流畅且合理的文本，但它也容易产生所谓的"幻觉"——生成不准确、不真实或完全虚构的信息。这种现象主要是由于模型的预测基于数据的统计规律，而不是对事实的真实理解。
- **数据隐私与安全问题**：在预训练大语言模型时，使用的大规模数据集可能包含敏感或个人信息，这引发了对数据隐私和安全的重大关注。出于这些考虑，许多数据所有者可能不愿意或无法共享他们的数据以用于训练。此外，在实际应用中，用户可能需要模型处理敏感内容，这就要求模型能够在保证隐私的同时提供有效的输出，而不是简单地依赖预训练的通用知识库。

另外，实时、可靠的信息获取又是搜索引擎的优势所在，所以将大语言模型和搜索引擎相结合在技术上是"珠联璧合"，能够同时结合两者的优点给用户提供直接答案而不是碎片化的信息条目。

本章将重点介绍基础的 AI 搜索形态——检索增强生成（Retrieval Augmented Generation，RAG），然后在此基础上介绍基于 Agent 系统的 AI 搜索实践。

11.1 基于 RAG 架构的 AI 搜索

RAG 是一种结合了信息检索系统和文本生成技术的信息处理方法。这种方法能够从大量数据中检索出与当前任务相关的信息，并将这些信息融入生成的文本中以提高生成文本的相关性和准确性。在 RAG 系统中，当需要生成文本时，首先会使用检索模块（例如搜索引擎）从知识库中查找与输入相关的信息。这些信息随后被传递到一个生成模型（例如 GPT 模型），用于引导文本的生成过程。RAG 的主要优势在于它能结合大规模数据检索和先进的文本生成技术，检索到的信息可以解决大语言模型的生成幻觉、时效性差以及对专业领域知识的欠缺等问题，使得生成的内容信息准确、覆盖面广且比较自然、易读。

图 11.1 展示了用户与大语言模型和 RAG 系统的交互流程。该流程被分为几个部分，解释了信息流动和底层过程。

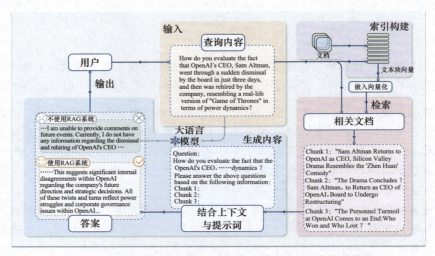

图 11.1　OpenAI CEO "权游" 式解雇风波在 RAG 中的具体体现

用户输入一个查询，询问如何评价一个假设的情况，即 OpenAI 的 CEO 萨姆·奥特曼（Sam Altman）经历了一个"权游"式的动态的解聘和再聘用过程。图 11.1 展示了系统两种不同的回答：一种是没有使用 RAG 系统的，另一种是使用了 RAG 系统的。在没有使用 RAG 系统的情况下，模型提供了一个通用且无信息量的回答，表示它不能对未来事件或 CEO 的解聘和再聘用发表评论，这显示了其在提供特定或更新信息方面的局限性。

使用了 RAG 系统的模型，首先会根据输入的查询从索引数据库中检索相关文档，随后将这些文档分割成块或向量，并通过嵌入和检索过程，选择与查询相关的文档。模型会将这些块与用户的查询上下文结合起来，生成一个包含更多信息且更具体的答案。使用了 RAG 系统的回答暗示在 OpenAI 内部关于公司未来方向和战略决策存在重大分歧。

如图 11.2 所示，RAG 包含以下几个基本模块。

（1）**索引构建**（Indexing）：文档数据通过编码转换成嵌入向量，并建立索引数据库，方便后续检索。

（2）**查询理解**（Query Understanding）：解析用户查询，使用自然语言处理技术理解用户意图。

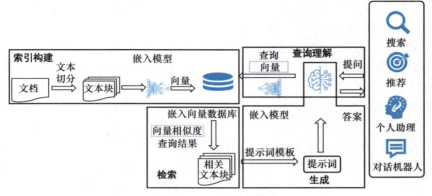

图 11.2　RAG 模型结构

（3）**检索**（Retrieval）：利用嵌入向量数据库检索与用户查询最相关的文档或文档的一部分。

（4）**生成**（Generation）：结合检索到的信息和用户查询，由大语言模型生成有针对性的答案。

11.1.1　索引构建

索引构建是将原始数据转化为向量索引或者关键词索引的过程，包括数据预处理、文档分块、向量化等过程。

数据预处理　在构建 RAG 索引之前，数据预处理是一个至关重要的阶段，其目的是确保系统能够高效且准确地理解和检索信息。这个过程不仅是简单地读取文档，还需要对不同来源和格式的数据进行深入处理和标准化，以达到统一的内容表示。鉴于文档格式的多样性，如 PDF、DOC/DOCX、HTML 等，要求该过程具备强大和灵活的解析能力。

对于那些无法直接从文本格式中提取信息的文档，如扫描的 PDF 或图像文件，OCR（光学字符识别）技术则变得尤为重要。OCR 不仅能识别文档中的文字，还能实现对文档版面的分析，如识别标题、段落、列表、表格等结构元素。版面分析有助于在转化过程中保留文档的原始结构，使得最终的内容表示更加丰富和有组织。表格处理也是数据预处理中的一个复杂挑战，它要求系统能够理解表格中的数据及其结构，将其转化为可查询的格式。这包括识别表格的标题、行、列，以及处理跨行或跨列的单元格，确保表格数据的完整性和准确性。在此过程中可能需要使用 OCR 和版面分析等工具，例如 PaddlePaddle/OCR、GROBID、Nougat 等。这类工具一般使用先进的计算机视觉和深度学习技术来进行复杂版面分析。这些工具能够识别文档中的不同元素，如标题、文本块、图像、表格等，并理解它们之间的关系。这类工具通常能够处理复杂和多样化的文档格式，包括那些具有复杂版面或设计的文档，能够在保留原有版面结构的同时，提取出结构化信息。

文档分块　由于 Transformer 模型设计中的固定输入序列长度限制，模型能够处理的文本长度是有上限的。这个设计特性意味着，当面对长文本时，即便是扩大输入上下文窗口，相较试图通过几页文本的平均向量来表示，通过单个句子或几个句子的向量表示往往也不能精准地捕捉到文本的语义含义。这一现象背后的原因在于，大语言模型在处理较短文本时能够更好地理解和捕获细节和上下文的关联性，而长文本可能包含大量杂质信息，这些信息在平均后可能会稀释关键语义。

面对长文本或大规模数据集，采取文档分块的策略显得尤为重要。文档分块的目的在于将原始文档分割成更小、更易于处理的单元，这些单元能够在不损失文本原有含义的情况下独立存在。在实践中，这意味着应当将文档分割成逻辑上连贯且独立的单元，如句子或段落，而不是随机或仅基于字符数将文档切割成片段。通过这样的分块，每个块可以被独立地传递给 Transformer 模型进行处理，既保证了信息的完整性，也避免了将文本的不同部分（可能属于不同的上下文或主题）强行合并导致语义混淆。

选择合适的分块大小和策略对于优化模型的性能和输出质量至关重要。分块过大可能会导致部分信息被忽略，而分块过小则可能会增加处理时间且难以捕捉较大范围内的语义关系。因此，开发者和研究者需要根据具体任务的需求和模型的特性，细致地调整分块的策略和参数，以实现最佳的平衡点。

（1）按段落分块。

- 描述：将文档按照自然段落划分成多个块。这种方法遵循了文本的原始结构，使每个块都保持了一定的语义完整性。

- 适用场景：适用于结构化良好的文档，如文章、报告等，其中每个段落通常围绕一个中心思想或论点展开。

（2）按句子分块。

- 描述：将文档分割为单独的句子，每个句子作为一个单独的块。这种方法便于捕捉句子级别的细节和语义。

- 适用场景：适用于需要深入理解文本细节的任务，或者当文本中的每个句子都包含重要信息时。

（3）固定长度分块。

- 描述：不考虑文本内在结构，简单地将文档分割为具有固定字符数（或词数）的块。

- 适用场景：适用于处理大规模文档集合时，或者当其他更细粒度的分块策略不可行或计算资源受限时。

（4）按话题分块。

- 描述：使用自然语言处理技术识别文档中的不同话题或主题，并据此将文档分割成包含相同话题或主题内容的块。

- 适用场景：适用于长文档或书籍，其中包含多个相关但相对独立的话题或章节。

（5）按查询相关性分块。

- 描述：基于用户的查询或特定的信息需求，动态地将文档分割成与查询最相关的片段。
- 适用场景：适用于搜索引擎或问答系统，可以提高检索的准确率和相关性。

（6）混合策略。

- 描述：结合上述一种或多种分块方法，根据实际需求定制分块策略。
- 适用场景：适用于复杂的文档处理任务，或当单一分块策略无法满足所有需求时。

向量化　向量化是一个将文本数据转化为向量表示的过程，该过程会直接影响后续检索的效果。目前常见的嵌入模型包括 BERT、ChatGPT-Embedding、ERNIE-Embedding、M3E、BGE 模型等。这些嵌入模型基本能满足大部分需求，但对于特殊场景或者想进一步优化效果的情况，则可以选择开源嵌入模型微调或直接训练适合自己场景的嵌入模型。清单 11.1 展示了文本向量化过程。

清单 11.1　文本向量化过程

```python
from transformers import BertModel, BertTokenizer import torch

# 初始化模型和词例化程序
model_name = 'bert-base-uncased'  # 可以选择其他的BERT模型
tokenizer = BertTokenizer.from_pretrained(model_name)
model = BertModel.from_pretrained(model_name)

# 准备文本
text = "Here is some text to encode"

# 分词处理
inputs = tokenizer(text, return_tensors="pt", padding=True, truncation=
    True, max_length=512)

# 生成嵌入向量
with torch.no_grad():  # 在不计算梯度的情况下执行，以节省计算资源
    outputs = model(**inputs)

# 获取最后一层的隐藏状态，即嵌入向量
embeddings = outputs.last_hidden_state

# 将嵌入向量转换为numpy数组（如果需要）
embeddings = embeddings.squeeze().numpy()

# 输出嵌入向量的形状，例如序列长度，嵌入维度
print("Shape of embeddings:", embeddings.shape)
```

11.1.2　查询理解

在 RAG 中做查询理解可以充分利用大语言模型的自然语言处理能力，通过问题拆解、概括

和转述等方式将原始问题转换成对检索过程更加友好的问题序列。以下是几种常用的查询理解方式以及相应的提示词模板。

问题拆解 将复杂问题分解为几个简单的子问题，每个子问题都可以独立地由模型回答。解答所有子问题后整合各个答案，可以为原始的复杂问题提供全面的回答。例如原始问题为"如何准备一场在不同文化背景人群中都能受欢迎的国际烹饪秀？"，拆解后的子问题为"哪些食物在多种文化中普遍受欢迎？国际烹饪秀应注意哪些文化敏感性？如何选择展示菜品，以涵盖不同的口味偏好？"。提示词模板如下：

```
You are a helpful assistant that breaks a complicated query into several easier
sub-queries.
    Generate multiple search queries related to: {USER_INPUT}
    OUTPUT (3 queries):
```

问题概括 将特定的复杂问题转化为一般性的问题。这种方式有助于避开问题的一些特殊细节，集中于更广泛的概念和答案。例如，原始问题为"哪种程序设计语言最适合用在量子计算领域进行研发工作？"，概括后的问题为"在高性能计算领域，常用的程序设计语言有哪些？"。提示词模板如下：

```
You are an expert at world knowledge. Your task is to step back and paraphrase
a question to a more generic step-back question, which is easier to answer.
    Here are a few examples: Original Question: Which position did Knox Cunningham
hold from May 1955 to Apr 1956? Stepback Question: Which positions have Knox Cunning-
ham held in his career?
    Original Question: Who was the spouse of Anna Karina from 1968 to 1974? Stepback
Question:  Who were the spouses of Anna Karina?
    Original Question: Which team did Thierry Audel play for from 2007 to 2008?
Step- back Question:  Which teams did Thierry Audel play for in his career?
```

问题转述 问题转述即把原问题用不同的方式表达，以帮助模型更好地理解问题的核心含义。转述可以通过同义词替换、改变语法结构或简化问题的方式进行。提示词模板如下：

```
You are a helpful assistant that generates multiple search queries based on a
single input query.
    Generate multiple search queries related to: {USER_INPUT}
    OUTPUT (4 queries):
```

11.1.3 检索

RAG 的检索模块是其核心组成部分之一，负责从庞大的知识库中快速定位与用户查询相关的信息。这一模块通常基于向量搜索技术，能够根据查询的语义内容，从知识库中检索出相关度高的信息片段。这种能力极大地扩展了大语言模型处理问题的范围，使其能够接触到最新的知识和专业领域的深层信息。检索到的信息为生成模块提供了一个实时更新的、丰富的知识源，从而使得生成的内容不仅限于模型预训练时的语料库。检索过程既可以使用向量检索，也可以使用关键词检索以及两者融合的方式，提高检索的准确率。在检索过程之后通常需要增加排序过程，从大量的检索片段中提取出和用户问题最为相关的若干片段。

向量检索 前文已经仔细介绍过向量检索的思想与方法，这里再用一组公式简要概括向量检索的过程。如式（11.1）所示，首先对文档和问题进行向量编码，然后通过似然度计算函数衡量文档片段与问题的似然度，并且在这个似然度计算函数的基础上得到和用户问题最相关的 k 个文档。

$$d(\text{doc}) = \text{BERT}_d(\text{doc})$$

$$q(\text{query}) = \text{BERT}_q(\text{query})$$

$$\text{sim}(\text{doc}, \text{query}) = q(\text{query})^\top d(\text{doc})$$

$$\text{Top-k}(\text{query}) = \text{sort}_{d \in D}^{k} (\text{sim}(\text{query}, d))$$

(11.1)

其中 $\text{BERT}_d(\text{doc})$ 和 $\text{BERT}_q(\text{query})$ 分别是文档和用户查询的编码器，$\text{sim}(\text{doc}, \text{query})$ 用向量内积衡量文档和用户问题的相关性，$\text{Top-k}(\text{query})$ 返回和用户问题最相关的 k 个文档。

清单 11.2 是向量检索过程示例。

清单 11.2 向量检索过程示例

```python
import numpy as np
import torch
import faiss
from transformers import BertTokenizer, BertModel

# 加载BERT模型和词例化程序
tokenizer = BertTokenizer.from_pretrained('bert-base-uncased')
model = BertModel.from_pretrained('bert-base-uncased')

# 假设有以下文档
docs = ["文档1的内容", "文档2的内容", "文档3的内容"]

# 将文档编码为向量
def encode_documents(documents):
    encoded = []
    for doc in documents:
        inputs = tokenizer(doc, return_tensors="pt", padding=True,
            truncation=True, max_length=128)
        with torch.no_grad():
            outputs = model(**inputs)
        encoded.append(outputs.pooler_output.numpy())
    return np.vstack(encoded)

doc_embeddings = encode_documents(docs)

# 构建FAISS索引库
dim = doc_embeddings.shape[1]
index = faiss.IndexFlatL2(dim)  # 使用L2距离
index.add(doc_embeddings)  # 向索引中添加文档向量

# 对用户查询进行编码
query = "用户查询的问题"
query_embedding = encode_documents([query])

# 利用FAISS查找最相关的文档
k = 2  # 查找最相关的两个文档
D, I = index.search(query_embedding, k)  # D是距离数组，I是索引数组
```

```
# 显示查询结果
for i, idx in enumerate(I[0]):
    print(f"文档{idx + 1}: {docs[idx]}, 似然度得分: {D[0][i]}")
```

11.1.4　生成

在 RAG 系统中，生成阶段不仅仅是信息的转化过程，它的艺术性在于如何将零散的信息片段巧妙地组织成一篇流畅、准确且相关性高的回答。生成模块的核心任务是利用先进的语言模型，深度解读检索到的文本，从中提炼出精华，进而提升生成文本的准确性和与查询请求的相关性。语言模型如同一个熟练的阅读者，不仅理解文本的表面意义，还要洞察其背后的含义，确保每一个生成的答案不但信息量丰富，而且与提出的问题和其上下文紧密相关。它的智慧体现在对信息的敏锐捕捉和对语言的灵活运用，使得最终的答案既能满足用户的知识需求，又具有高度的可读性和逻辑性。通过这样的处理，生成器不仅仅是一个简单的输出装置，而是一个智能的信息加工者，能够在保持答案专业性的同时，也让阅读体验更加良好。

清单 11.3 为调用大语言模型回答过程。

清单 11.3　调用大语言模型回答过程

```
def question_answering(context, query):
    prompt = f"""
                Give the answer to the user query delimited by triple
                    backticks '''{query}'''\
                using the information given in context delimited by triple
                    backticks '''{context}'''.\
                If there is no relevant information in the provided
                    context, try to answer yourself,
                but tell user that you did not have any relevant context
                    to base your answer on.
                Be concise and output the answer of size less than 80
                    tokens.
                """

    response = get_completion(instruction, prompt, model="gpt-3.5-turbo")
    answer = response.choices[0].message["content"]
    return answer
```

RAG 的整体框架包含两个部分：检索器（Retriever）和生成器（Generator）。检索器负责根据用户输入的查询词或者问题从索引中筛选出最相关的内容；生成器以检索器返回的内容作为背景知识生成内容并输出。

11.2　AI 搜索的 Agent 实现

前文介绍的 RAG 能够完成基本的搜索和总结任务，但是当用户问题比较复杂、涉及多轮信息检索和分析总结时，需要更复杂的 AI+ 搜索工作流来完成任务，这种结合工具和大语言模型完成特定任务的范式称为智能体（Agent）。在大语言模型语境下，Agent 可以理解为某种能自主理解、规划决策、执行复杂任务的智能体。

$$Agent = 大语言模型 + 记忆 + 任务规划 + 工具使用 \qquad (11.2)$$

即 Agent 是大语言模型、记忆、任务规划和工具使用的综合技术体系。

AI 搜索是大语言模型 + 搜索工具的 Agent 的具体实现，由以下主要环节组成。

（1）搜索任务规划：根据用户的问题和对话历史决定是否需要搜索方案，即搜索哪些查询词。

（2）搜索任务执行：根据第一步的结果调用搜索 API 并返回搜索结果。

（3）答案满足判定：判定搜索到的结果是否能够回答用户的问题，是否需要重新规划搜索任务。

（4）二次规划：如果在之前的搜索中没有找到符合用户问题的信息，则需要重新生成搜索任务。

（5）答案生成：如果搜索信源能够回答用户问题，生成答案，并将其返回给用户。

用户的当前查询词（Query）和对话历史（Memory）将作为上下文提供给各个模块。整个 AI 搜索过程如图 11.3 所示。

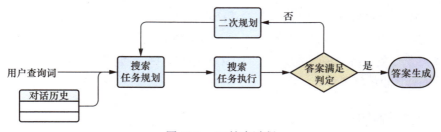

图 11.3　AI 搜索过程

11.2.1　搜索任务规划

搜索任务规划环节需要判定用户问题需不需要请求搜索引擎，如果需要请求搜索引擎则需要规划搜索任务，将复杂问题拆解成若干搜索子任务，收集相关信息。例如，对于"太阳系有哪些行星"这类问题，大语言模型能够回答，不需要请求搜索引擎。但对于"当前苹果的市值相当于哪个国家的 GDP？"这个问题，需要将原始问题拆解成子问题并搜索相关信息，如下所示。

（1）当前苹果市值是多少？

（2）世界各国 GDP 是多少？

对于第一个问题，搜索引擎会得到"苹果公司市值 3.8 万亿美元，接近 4 万亿美元"的结果，第二个问题会搜到"……日本 4.2 万亿美元，印度 3.7 万亿美元……"信息。大语言模型综合以上结果会得到"苹果公司的市值是 3.8 万亿美元，和印度的 GDP 3.7 万亿美元比较接近"的结论。

以下是用大语言模型做搜索任务规划的提示词示例。

```
Given the following complex query, decompose it into smaller,
manageable sub-tasks and provide a clear structure for processing each one.
Each sub-task should address a specific aspect of the query,
ensuring completeness and accuracy.

For each sub-task:
- Provide a brief description of its purpose.
- Suggest specific keywords or search filters.

Query: {{query}}

You should only respond in JSON format as described below
Response Format:
{
    "thoughts": {
        "text": "thought",
        "reasoning": "reasoning"
    },
    "sub-tasks": {
        "query1": "....",
        "query2": "..."
    }
}
Ensure the response can be parsed by Python json.loads
```

在上述提示词中，大语言模型作为搜索任务规划的 Agent 会先理解用户的问题并将原始问题拆解成搜索子任务（sub-task），然后按照 JSON 格式返回。同时还要求大语言模型增加 CoT 过程，以提高问题拆解的逻辑性。

11.2.2　搜索任务执行

当搜索任务规划完成以后，搜索引擎工具会执行每一个搜索任务，然后将搜索结果添加到和大语言模型的对话过程中。清单 11.4 是基本的搜索 API 调用示例。

清单 11.4　基本的搜索 API 调用示例

```
def search(query:str):
    # 网页搜索
    docs = web_search_api.request({"query": query})
    return {"documents": docs, "query": query}
```

上述代码中的 web_search_api 是在实际项目中能够访问到的自建搜索引擎接口或者一些商用搜索引擎接口。例如，对于"新能源汽车销量排行榜"，可能返回类似以下内容：

```
'''
json
[
  {"docId":1,"title":"新能源汽车全球排行榜",
   "content":"2023年全球汽车销量排行榜来了...","url":"..."},
  {"docId":2,"title":"2024年11月新能源汽车销量排行榜",
```

```
  "content":"汽车月销量排行榜前3名分别是...","url":"..."},
  {"docId":3,"title":"2024年8月新能源汽车销量排行榜",
  "content":"汽车月销量排行榜前3名分别是...","url":"..."},
]
'''
```

11.2.3　答案满足判定

经过前面的环节，AI 搜索已经拆解了用户原始问题，并通过搜索引擎收集了一部分信息。但这些信息未必能够回答用户的问题，需要做进一步检验。这里的检验至少包含相关性检查和信息满足性检查两个步骤，相关性检查用于判定搜索质量，而信息满足性检查用于判断信息够不够，是否需要继续搜索更多相关信息才能回答用户的问题。

相关性检查　在大语言模型时代之前，通常使用人工标注数据训练相关性模型判定搜索结果的相关性，例如前文介绍的 BERT 模型。在大语言模型时代，可以直接用大语言模型判定网页搜索结果的相关性，或者用大语言模型作为标注工具训练效率更高的 BERT 模型。以下是判定搜索结果相关性的提示词。

```
You are a search quality rater evaluating the relevance of web pages.
Given a query and a web page, you must provide a score on an integer
scale of 0 to 2 with the following meanings:
2 = highly relevant, very helpful for this query
1 = relevant, may be partly helpful but might contain other irrelevant content
0 = not relevant, should never be shown for this query
Assume that you are writing a report on the subject of the topic.
If you would use any of the information contained in the web page
in such a report, mark it 1. If the web page is primarily about the topic,
or contains vital information about the topic, mark it 2.
Otherwise, mark it 0.

Query: {{query}}

Search Results: {{search_results}}

Instructions:
Split this problem into steps:
Consider the underlying intent of the search.
aspects Measure how well the content matches a likely intent of the query (M).
aspects Measure how trustworthy the web page is (T).
Consider the aspects above and the relative importance of each,
and decide on a final score (O).
Produce a JSON array of scores without providing any reasoning.
Output Example:
[{"M": 2, "T": 1, "O": 1}, {"M":1,"T":1,"O":1}]
```

上述提示词要求大语言模型按照 0、1、2 这 3 个档位判断搜索结果的相关性，0 表示毫不相关，1 表示相关，2 表示强相关。同时要求大语言模型按照内容相关性（M）和网页本身的可信度（T）两个子维度判断结果，并最终给出评分（O）。

信息满足性检查　经过相关性检查之后，如果发现信息不足以回答用户的问题，那么模型需要重新构造查询词，再次发起搜索请求，直至找到满意的结果，或者达到最大尝试次数，告诉用户没有找到相关信息。例如，对于问题"和孔子同一时期的西方哲学家有哪些？"，大语言模型会首先拆解出"孔子生活在哪一时期？"，拿到搜索结果后解析出"孔子生活在公元前 4 世纪—5 世纪"这一结果，然后搜索"公元前 4 世纪—5 世纪有哪些西方哲学家？"。

以下是信息满足性检查的提示词示例。

```
Given the following user query and the retrieved documents,
assess whether the documents can answer the question effectively.
Consider the following criteria:

1. **Relevance:** Does the content directly address the user's query
or provide relevant context?
2. **Accuracy:** Are the facts and details in the documents correct
and reliable?
3. **Completeness:** Does the document provide a full answer, or are
important aspects of the question missing?
4. **Clarity:** Is the answer presented clearly, or is additional
clarification needed?
5. **Usability:** Are the results presented in a way that the user can
easily apply or understand?

**User Query:** [Insert user query here]
**Retrieved Documents:**
1. Document 1: [Insert brief summary or excerpt]
2. Document 2: [Insert brief summary or excerpt]
3. Repeat for additional documents as needed

**Evaluation:**

- **Document 1:**
  - Does it answer the query? [Yes/No]
  - Key strengths: [List strengths, e.g., relevant, clear, detailed]
  - Gaps/Weaknesses: [List any gaps or weaknesses]

- **Document 2:**
  - Does it answer the query? [Yes/No]
  - Key strengths: [List strengths]
  - Gaps/Weaknesses: [List gaps/weaknesses]

**Final Assessment:**
- Can the retrieved documents collectively provide a satisfactory
answer to the user query?
  - [Yes/No]
  - If no, what additional information or documents would be
  necessary to fully answer the question?

**Conclusion:** [Provide a summary evaluation based on the
documents' ability to answer the query effectively.]
```

在上述提示词中，大语言模型首先会从每个文档的相关性、准确性、信息完整性等维度进行衡量，判断每个文档能否回答用户的问题，然后综合所有文档给出答案。

11.2.4　二次规划

如果第一次搜索请求没有找到满足用户需求的内容，需要再次生成一组搜索词，重新检索网页，收集更多的信息，才能回答用户问题。以下是二次规划的提示词示例。

```
Given the user's query and the retrieved documents,
if the documents do not fully answer the question,
generate new search tasks to gather additional information.
These tasks should address specific gaps identified in the
current search and focus on obtaining the missing details or
clarifications needed to answer the user's query completely.

**User Query:** {{query}}

**Retrieved Documents:**
{{docs}}

**Task:**
1. **Identify Gaps:** Review the documents to identify the
specific aspects of the user query that are not addressed or
are insufficiently covered.
2. **Generate Search Tasks:** Based on the identified gaps,
create new search tasks that target the missing information.
Each task should focus on a specific subtopic or question
that needs further exploration.

**New Search Tasks:**
1. **Task 1:** [Description of task focused on addressing gap,
e.g., "Search for industry-specific case studies on the impact of
AI in supply chain management."]
   - **Keywords:** [Suggested keywords or filters to use]
   - **Sources/Databases:** [Relevant sources or databases to explore]
   - **Expected Outcome:** [Clarify what type of information or
   details this search is expected to gather]

2. **Task 2:** [Description of task focused on addressing another gap]
   - **Keywords:** [Suggested keywords or filters]

You should only respond in JSON format as described below
Response Format:
{
    "thoughts": {
        "text": "thought",
        "reasoning": "reasoning"
    },
    "sub-tasks": {
        "query1": "....",
        "query2": "..."
    }
}
Ensure the response can be parsed by Python json.loads
```

11.2.5　答案生成

　　经过前面的环节之后，搜索引擎已经找到合适的信息源。这时需要调用总结模型总结搜索结果，生成答案。以下是调用大语言模型实现答案生成的提示词示例。

```
Given the following user query and the retrieved documents,
```

```
summarize the key points from each document and generate a coherent,
direct answer to the user's question. Ensure that the answer is both
accurate and complete, pulling the most relevant information from the documents.

**User Query:** [Insert user query here]

**Retrieved Documents:**
1. **Document 1:** [Insert brief summary or excerpt]
2. **Document 2:** [Insert brief summary or excerpt]
3. [Continue for additional documents, as needed]

**Task:**
1. **Summarize each document** to extract the most relevant points related
to the user's question. Focus on sections that directly address the topic
or provide essential context.
2. **Generate an answer** based on the combined insights from the documents,
ensuring the response is clear and directly answers the user's question.
Avoid unnecessary details, and make the answer easily understandable.

**Answer:**
[Provide the final, concise answer to the user's query,
drawing from the summaries of the documents.]

**Notes for Clarity:**
- If a specific aspect of the query is not covered in the documents,
indicate that and suggest additional research or resources if applicable.
```

11.3　知识蒸馏与模型微调

无论是基础的 RAG 还是基于 Agent 系统的 AI 搜索，都需要可靠、高效的大语言模型拆解问题和生成答案。当系统比较复杂时，用通用大语言模型作为 Agent 会遇到至少 3 个问题。

（1）**一致性不够**。我们会预期大语言模型对同一个问题给出相同的回答，但是因为大语言模型本质上是一个概率模型，很难保证结果的一致性。

（2）**性能比较低**。因为通用大语言模型参数非常多，响应比较慢。如果整条链路都用通用大语言模型实现，那么响应速度会非常慢，甚至慢到用户无法接受。

（3）**价格偏高**。因为通用大语言模型的计算量比较大，所以成本比较高。

因为通用大语言模型存在以上问题，所以在实际应用场景中通常需要针对具体的模块训练专用模型，例如查询拆解模型、信息满足性检查模型、答案生成模型等。训练过程中通常先通过规模更大、效果更好的大语言模型（如 GPT-4），准备训练样本，然后通过微调小模型学习大语言模型在特定任务上的数据分布。这种将 GPT-4 等大语言模型的知识转移到更小、更快的模型上的技术称为知识蒸馏。

知识蒸馏相较直接训练小模型具有以下显著优势。

（1）**效果显著提升**：小模型能够高效学习大语言模型的高级语义理解能力和复杂的语言模式。

（2）**效率更高**：通过利用已训练好的大语言模型（如 GPT-4）的知识，减少了从小规模数据集中学习所需的时间和计算资源。

（3）**方法灵活**：知识蒸馏允许在不同架构和规模的模型之间传递知识，广泛应用于各种场景。通过这种方式，可以获得性能接近 GPT-4 但计算资源消耗更少的模型，如图 11.4 所示。

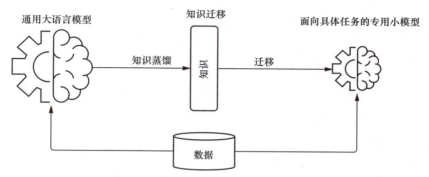

图 11.4　利用 GPT-4 做知识蒸馏过程

11.3.1　知识蒸馏的数据准备

在大语言模型知识蒸馏过程中，数据准备扮演着至关重要的角色。高质量的训练数据不仅能提高蒸馏效果，还能确保 student model 能够有效吸收 teacher model 的知识。理想的数据集应具有高质量和多样性两个特征，以确保小模型能够在特定任务上充分学习大语言模型的能力。整理好输入数据后，按照具体的任务设定提示词，然后收集 GPT-4 的输出作为输出构造训练样本。

11.3.2　模型微调

微调模型的选择需要根据问题的复杂程度和能够接受的推理成本来决定，通常通过通用预训练得到一个通用模型，在此基础上通过知识蒸馏得到的数据在 RAG 任务上继续优化该模型。这一过程的目标是确保生成的文本不仅自然、流畅，还能有效利用检索到的文档来更好地满足用户的查询需求。图 11.5 展示了 RAG 模型的训练过程，包括预训练和知识蒸馏两部分。

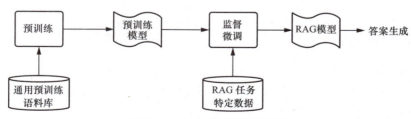

图 11.5　RAG 模型的训练过程

清单 11.5 是微调 RAG 模型的示例。

清单 11.5　微调 RAG 模型的示例

```python
from transformers import RagTokenizer, RagTokenForGeneration,
    RagRetriever
from torch.utils.data import DataLoader
import torch

# 假设dataset是一个包含(question, answer)对的数据集
dataset = ...

# 加载预训练的RAG模型和词例化程序
tokenizer = RagTokenizer.from_pretrained("facebook/rag-token-nq")
model = RagTokenForGeneration.from_pretrained("facebook/rag-token-nq")
retriever = RagRetriever.from_pretrained("facebook/rag-token-nq",
    index_name="custom", passages_path="my_data/my_passages.tsv",
    index_path="my_data/my_index.faiss")

# 数据加载器
data_loader = DataLoader(dataset, batch_size=8, shuffle=True)

# 微调模型
optimizer = torch.optim.Adam(model.parameters(), lr=1e-5)

model.train()
for epoch in range(3):  # 假设训练3个轮次
    for batch in data_loader:
        optimizer.zero_grad()
        input_ids = tokenizer(batch['question'], return_tensors='pt',
            padding=True, truncation=True).input_ids
        labels = tokenizer(batch['answer'], return_tensors='pt', padding=
            True, truncation=True).input_ids
        outputs = model(input_ids=input_ids, labels=labels)
        loss = outputs.loss
        loss.backward()
        optimizer.step()
```

11.4　评估

　　基础搜索质量的评估已在前文有所涉及，其核心指标包括相关性、时效性、权威性等。在 AI 搜索的场景下，除了搜索质量，我们还需要评估答案生成质量，制定相对客观可执行的评估标准，然后通过人工或者机器的方法建立完善的评估机制。

11.4.1　评估标准

　　答案生成质量的评估标准需要结合生成式模型的特点和具体的应用场景决定，一般来讲，生成式内容质量的评估可能会包括以下几点，在不同的应用场景中侧重点会有调整。

　　（1）**准确性**。

- 确保生成的答案与用户查询的意图高度匹配，并且回答内容没有错误或误导信息。
- 评估答案的准确性，特别是事实性的回答，如数字、名称和日期的准确性。

（2）**完整性**。

- 答案的完整性是指它是否全面解答了用户查询的所有相关问题，特别是当问题具有多个维度或较高复杂性时。
- 完整的答案应该尽可能包含所有必要的信息，避免遗漏重要细节或只回答了问题的一部分。

（3）**简洁性**。

- 生成的答案应当清晰、简洁，避免信息冗余。
- 确保用户能够快速获取所需的核心信息。

（4）**相关性**。

- 答案的相关性是指它与用户的查询内容的契合程度。即使搜索结果相关性较高，如果生成的答案未能紧扣问题焦点，依然不能算作优质答案。
- 答案中包含的关键信息是否准确地回答了用户的问题。

（5）**流畅性与自然度**。

- 生成的答案应符合自然语言的流畅性和语法规范，避免出现生硬、难以理解的表述。
- 应考虑上下文的连贯性和语言风格，确保生成的文本符合用户的阅读习惯和期望。

（6）**时效性**。

- 对于与时间相关的问题，AI 生成的答案需要反映最新的、实时的信息，尤其是在动态变化领域（如新闻、政策等）中。
- 评估答案是否能够及时响应与时效相关的用户查询。

（7）**可解释性**。

- 当答案生成涉及复杂推理时，评估 AI 系统是否能够清晰地解释其生成过程，帮助用户理解生成答案的依据和逻辑。
- 良好的可解释性不仅可以提升用户信任，还有助于调整和优化 AI 搜索系统。

11.4.2　评估方法

AI 搜索答案的评估包括人工评估和自动化评估两种方法，这两种评估方法都是在预先构建好的数据集中参考评估标准对生成结果进行评分。

人工评估由评估人员根据评估标准对生成结果进行评分。评估人员通常会参考预设的评估指标，如准确性、简洁性、相关性、流畅性等，对每个生成的答案逐一进行审查，并给予相应的评分。人工评估的过程可以分为以下几个步骤。

（1）**设定评估标准**：明确每个维度的评估标准，如准确性（是否准确回答了问题）、简洁性

（回答是否简洁明了）、相关性（是否与问题紧密相关）等。

（2）**数据集准备**：准备包含各种类型的查询及其标准答案的评估数据集，确保覆盖多样化的问题场景。

（3）**评分与分析**：评估人员按照设定的标准对每个生成结果进行评分，通常使用离散的评分标准（如 1 到 5 分）来量化各维度的表现。

（4）**反馈与改进**：整理评估结果，分析生成结果的优缺点，提供有针对性的改进建议。

人工评估的优点是能够识别复杂查询的细节和语境问题，并且能在多轮对话或模糊查询中提供有效的反馈。然而，人工评估也有一定的主观性，并且通常需要较多的时间和人工资源。

除人工评估之外，实际应用中通常会引入自动化评估加速模型的迭代和开发过程。自动化评估主要是按照评估标准构建评估模型，然后对照评估标准逐条生成每个维度的细分分数。下面是利用大语言模型做自动化评估的示例。

```
Please evaluate the following AI search answer based on the
following criteria:

1. **Accuracy**: Does the answer correctly address the query
with factual information? If there are any inaccuracies or gaps,
please highlight them.

2. **Relevance**: How closely is the answer related to the user's
question? Does the answer stay on topic or diverge into
irrelevant information?

3. **Completeness**: Is the answer complete and thorough?
Does it address all aspects of the query, or are there
important details missing?

4. **Clarity**: Is the answer clearly written and easy to
understand? Does it use concise and straightforward language,
or is the answer confusing?

5. **Coherence**: Does the answer make logical sense?
Are the ideas presented in a clear, structured manner
without contradictions?

6. **Tone and Formality**: Is the tone appropriate for the
context of the query (e.g., formal, casual)? Does the answer
maintain an appropriate level of professionalism?

7. **Conciseness**: Does the answer provide the necessary
information without being overly verbose or repetitive?

Please rate each of the above criteria on a scale from
1 to 5 (1 being poor, 5 being excellent), and provide
explanations for each score given. If any improvements are needed,
suggest how the answer could be improved.

Query: {{query}}
Answer: {{answer}}
```

在上述自动化评估的提示词中，按照准确性、相关性、完整性等维度的标准对生成结果进行评分，评分结果分为 1 ~ 5 档。得到这些细分维度的评分结果后可以结合具体的应用场景判断模型的迭代质量。

11.5　小结

本章介绍了 RAG 的基础概念和基于 Agent 概念的 AI 搜索具体实践。RAG 结合了基本的检索和生成功能，能够将搜索条目转化为生成式答案。AI 搜索的 Agent 实现在 RAG 基础上增加了更精细的工作流程，通过大语言模型和搜索引擎的多次交互，不断完善信息的搜索过程并最终完整地回答用户的问题。这一过程中的模型效果和性能都非常重要，因此构造高质量的训练数据微调大语言模型是提升端到端效果和响应性能的关键技术环节。在模型优化过程中，一个完善的、高效的自动化评估系统能够明显提升模型的迭代速度。

第 12 章

生成式信息检索

生成式信息检索（Generative Information Retrieval，GIR）是一种新的信息检索范式，它打破了传统"索引‑召回‑排序"3 级架构，采用端到端训练的模型来统一整个检索过程。它将搜索任务转为从用户查询到文档标识符的序列生成过程。生成式信息检索不需要传统的索引，而是利用生成式大语言模型编码文档集合，在解码阶段直接输出目标文档或者目标文档标识符。图 12.1 所示是传统信息检索、生成式信息检索与大语言模型增强的答案生成的区别，图 12.2 所示是生成式信息检索过程示意，在生成式信息检索中首先通过编码器表示用户问题，然后在解码阶段将前一步的语义表示解码成文档标识符，输出结果。

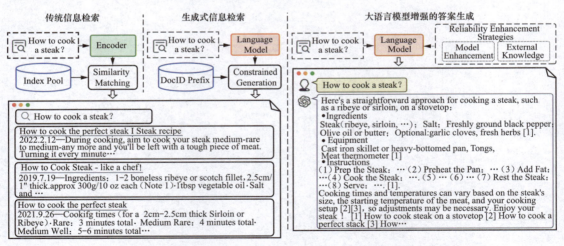

图 12.1　传统信息检索、生成式信息检索与大语言模型增强的答案生成的区别

生成式检索模型（Generative Retrieval Model）可以表示为一个条件概率分布，如给定查询 q，生成文档标识符 d' 的概率可以表示为

$$P(q,d) = P(d' \mid q;\theta) = \prod_{i=1}^{T} P(d_i' \mid d_{<i}', q;\theta)$$

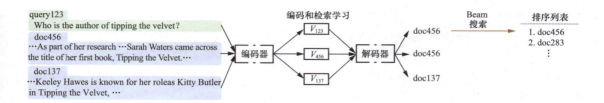

图 12.2　生成式信息检索过程示意。检索过程包括编码阶段和解码阶段两部分，编码阶段负责将文档内容和用户问题转化为语义表示；解码阶段则负责将语义表示转化为文档标识符

其中 T 是生成的文档标识符 d' 的长度，d'_i 表示位置 i 处的标记，$d'_{<i}$ 表示在位置 i 之前生成的标记序列，θ 表示模型参数。

12.1　可微搜索索引

可微搜索索引（Differential Search Index，DSI）是典型的生成式信息检索模型，其核心思想是**将文档直接映射为特殊的标识符序列**，这些标识符被称为 DocID。这种方法的独特之处在于，它绕过了传统检索模型中常见的倒排索引，或者基于双编码器架构和向量似然度计算的近邻搜索，而是将整个检索过程融入一个统一的神经网络模型中，实现端到端的效果优化。DSI 的核心模块包括编码器、解码器和文档标识符生成 3 个，各个模块的作用如下。

（1）**编码器**：用于处理输入查询和文档集合，将查询词和文档映射到相同的语义空间。

（2）**解码器**：用于将编码器的语义表示解码为相关的文档标识符。

（3）**文档标识符生成**：将每一篇文档映射成一个文档标识符，定义索引和检索空间。

因为编 / 解码器均为可微的神经网络结构，所以 DSI 能够实现端到端的效果优化，充分利用了神经网络的可微性。

编码器　DSI 的编码器是一个基于 Transformer Encoder 的神经网络，其利用自注意力机制和前馈神经网络等技术，将输入的文本数据转换为高维向量表示。编码器的主要组成部分包括输入层、嵌入层、多头自注意力机制、前馈神经网络、归一化层和残差连接等。

在索引构建阶段，编码器将文档的标记序列转换为向量表示，这些表示与文档标识符（DocID）关联，帮助模型学习文档内容与其标识符之间的关系。在检索阶段，用户的查询经过编码器处理后，生成查询的向量表示。模型使用这些表示来查找与查询最相关的文档标识符。

解码器　DSI 的解码器是一个基于 Transformer Decoder 的神经网络，其作用是将编码器生成的高维向量表示转换为具体的输出标识符。解码器的输入通常包括编码器的输出（文档或查询的向量表示）和先前生成的标识符的嵌入表示。解码器在生成每个新标识符时，依赖之前生成的标识符来提供上下文信息。解码器的输出为一个概率分布，表示当前查询或文档与所有可能的文档 ID 之间的相关性。对该概率分布进行排序，可以得到与输入最相关的文档 ID。

在检索阶段，解码器根据输入的查询向量生成相应的 docid。解码器通过生成过程，逐步输出与查询相关的标识符，可能采用束搜索（Beam Search）等策略来优化生成的结果。解码器在生成标识符时，使用自回归方式，即每次生成一个标识符，并将其作为下一步的输入，直到生成完整的 docid。

文档标识符的表示方法　在 DSI 中，文档标识符（docid）的表示和生成是信息检索过程中的关键部分。文档标识符用于唯一标识每个文档，用于表示特定的文档，使得检索系统能够快速查找和返回相关文档。文档标识符可以是整数、字符串或其他形式的标识符。在 DSI 中，文档标识符的选择和表示对模型的性能有显著影响。

DSI 中主要有以下几种文档标识符的表示方法。

- **无结构原子标识符**（Unstructured Atomic Identifier）：这种方法为每个文档分配一个任意的唯一整数标识符。这些标识符没有任何内在的语义结构，简单且易于实现。在解码过程中，模型学习为每个标识符生成一个概率分布。输出的概率分布对应所有可能的 docid，模型通过对这个分布进行排序来选择最相关的 docid。

- **朴素结构化字符串标识符**（Naively Structured String Identifier）：将无结构原子标识符视为可标记的字符串，这种方法将标识符视为一个字符串序列，逐个标记生成。这种表示方法简化了标识符的处理，因为它消除了对大型 Softmax 输出空间的需求。解码时使用束搜索来获取最佳 docid。

- **语义结构化标识符**（Semantically Structured Identifier）：这种方法为标识符赋予语义结构，通过对文档嵌入进行分层聚类，生成具有语义信息的标识符。具体而言，所有文档被聚类为多个簇，每个文档根据其所在簇的编号生成标识符。对于包含多个文档的簇，算法递归应用，生成更细致的标识符。这种方法使得语义相似的文档共享相似的标识符前缀，从而在检索过程中可以更高效地缩小搜索空间。

文档标识符表示方法的选择直接影响模型的检索性能。语义结构化标识符通常在性能上优于无结构原子标识符，因为它能够提供更好的上下文信息。层次化聚类是实现语义结构化标识符的具体方法，其基本思路是通过逐层聚类的方式，不断细化文档的语义化表述。通过对文档嵌入进行分层聚类诱导出十进制树（或更一般的 Trie）。算法上，先将所有文档聚类为 10 个簇，每个文档根据其簇编号获得标识符，对于包含多于 c 个文档的簇，递归应用算法并将结果附加到现有标识符上。对于不超过 c 个文档的簇，为每个文档分配一个从 0 到簇大小减 1 的编号，并将该编号附加到现有标识符上。

具体的过程如下。

- 通过一个预训练模型得到文档的向量化表示，即 $v_i = \text{BERT}(\text{doc}_i)$。
- 通过 k 均值聚类算法做初始聚类，并且固定类的数量为 10，每个文档 ID 的第一个 token 就是类的 ID。

- 对于超过 x 个文档的类，递归做聚类，然后更新文档 ID 的 token 序列，将当前类的 ID 追加到 token 序列之后。

整个过程参考图 12.3。

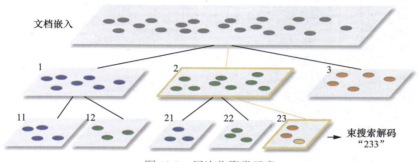

图 12.3 层次化聚类示意

12.2 标识符学习方法

DSI 依赖固定的文档标识符生成方法，文档标识符生成过程并非端到端的，可能无法有效捕捉文档的完整语义信息。这种方式通常使用层次聚类的结果，可能导致生成的标识符不能充分反映文档的实际内容。又因为聚类是在已有文档集合进行的，不能充分泛化到未知文档，所以 DSI 在面对未标记文档时，容易出现性能下降。

针对这些问题，GENRET 提出了一种端到端的、采用离散自编码的方法，将文档的完整语义编码为唯一的 DocID。这种方法不仅确保了每个文档都有独特的标识符，还能够更好地捕捉文档的语义信息。该方法的过程包含两个部分，第一部分是在第 t 步将文档解码成一个语义向量 d_t，如式（12.1）所示。

$$d_t = \text{Decoder}(\text{Encoder}(d), z < t) \in R^D \tag{12.1}$$

然后在第一部分的基础上，借助一个外部的码表 E_t，将语义向量 d_t 映射为第 t 步的标识 ID，具体过程如式（12.2）所示。

$$Q(z_t = j \mid z_{<t}, d) = \text{Softmax}_j(d_t \cdot E_t^{\text{T}}) \tag{12.2}$$

$Q(z_t = j \mid z_{<t}, d)$ 是一个量化函数，它表示在第 t 步用标识符 j 表示文档 d 的概率。E_t 是第 t 步的码表。

在参数化标识符表示的基础上，检索过程复用相同的编码器和码表为每个查询词生成相应的文档标识符。在索引构建阶段，每个文档通过编码器和码表逐步获得文档的标识符表示；在检索阶段，利用相同的编码器和码表将用户查询词映射为相同空间的文档标识符。图 12.4 展示了这一过程。

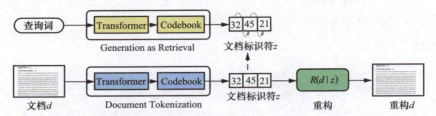

图 12.4 GENRET 信息编码和检索过程。上半部分是用编码器和码表将查询词映射为文档标识符的过程，查询词（Query）通过编码器（Transformer）和码表（Codebook）映射为文档标识符（docid）；下半部分是模型训练和索引构建过程，原始文档通过编码器和码表生成文档标识符，在优化过程中通过文档标识符重构（Reconstruction）原始文档

12.3 多模态生成式信息检索

多模态生成式信息检索依赖多模态信息表示方法。以图像为例，多模态信息表征有连续表征（向量化）和离散表征（标识符序列化）两种方法。向量表征 + 向量检索和量化表征 + 束搜索是多模态生成式信息检索的两种基本范式。

12.3.1 图像的向量表征

Vision Transformer（ViT）是一种主流的图像表征模型结构，它将自然语言处理中取得巨大成功的 Transformer 模型应用到了视觉任务上，采用自注意力机制来学习图像中的全局特征，图 12.5 所示是 ViT 的完整模型结构。

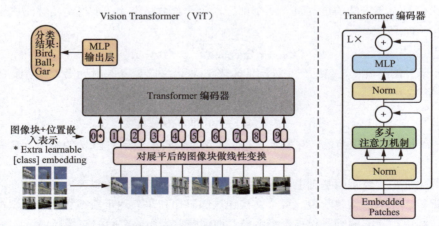

图 12.5 ViT 的完整模型结构。输入图像被分成图像块（Patch），通过线性变换（Linear Projection）后与位置嵌入（Position Embedding）一起作为编码器（Transformer Encoder）的输入

ViT 的核心思想是将图像切割成一系列小块，或称为 patch。这些图像块首先被映射到一个高维空间中，然后序列化成一个一维的序列，就像处理文本数据一样。这样 ViT 就可以利用 Transformer 中的自注意力机制来捕捉各个图像块之间的关系，学习到不仅仅局限于局部区域的特征表示。这种方法在处理图像时不局限于固定的感受野，能够灵活地关注图像中任何区域的细节，从而学习到更加全面的特征。

图像分割为块（Image Patching）ViT 首先将输入图像分割成一系列固定大小的块。这些块被展平并转换为一维向量。对于一个 $H \times W \times C$ 的图像（其中 H 和 W 是高度和宽度，C 是通道数），每个块的维度是 $P^2 \cdot C$（其中 P 是每个块的大小）。如果图像被分割成 N 个块，则输入序列的长度为 N。

块嵌入（Patch Embedding）每个块被映射到一个固定维度的嵌入空间中，以便能够被 Transformer 处理。这通常通过一个线性层（全连接层）实现：

$$\text{Embedding}(\boldsymbol{x}_i) = \boldsymbol{x}_i W_e + b_e \tag{12.3}$$

其中 $\boldsymbol{x}_i$ 是第 i 个块的原始向量，W_e 和 b_e 是可学习的权重和偏置。

清单 12.1 为 PatchEmbedding 类示例。

清单 12.1　PatchEmbedding 类

```python
class PatchEmbedding(nn.Module):
    def __init__(self, in_channels=3, patch_size=16, emb_size=768,
        img_size=224):
        super().__init__()
        self.patch_size = patch_size
        self.projection = nn.Conv2d(in_channels, emb_size, kernel_size=
            patch_size, stride=patch_size)

    def forward(self, x):
        x = self.projection(x) # shape = [N, emb_size, H/P, W/P]
        x = x.flatten(2) # shape = [N, emb_size, num_patches]
        x = x.transpose(1, 2) # shape = [N, num_patches, emb_size]
        return x
```

位置嵌入（Positional Embedding）由于 Transformer 本身不具有处理序列顺序的能力，因此需要通过添加位置嵌入来提供序列中每个元素的位置信息。位置嵌入与补丁嵌入相加：

$$z_0 = [x_{\text{class}}; x_1^p; x_2^p; \cdots; x_N^p] + E_{\text{pos}} \tag{12.4}$$

其中 x_{class} 是一个可学习的"类别"嵌入，E_{pos} 是位置嵌入，x_i^p 是第 i 个块的嵌入。

Transformer 编码器（Transformer Encoder）和处理文本的 Transformer 编码器一样，ViT 中的编码器由多个相同的层组成，每层包含一个多头自注意力（Multi-Head Self-Attention，MSA）机制和一个前馈网络（Feedforward Network，FFN），此处不赘述。

类别标记（Class Token）ViT 在最后一层 Transformer 编码器的输出上使用"类别"标记来进行分类。这个标记的最终表示形式被送入一个线性层以进行分类：

$$y = \text{Linear}(\text{class\_token}) \tag{12.5}$$

Transformer 在处理序列数据方面的强大能力，使得 ViT 不需要依赖任何卷积层即可实现对图像的有效理解。在 ViT 中，自注意力层使模型能够在全局范围内建模图像块之间的交互，而位置编码则负责将空间信息融入模型中。这种结构的优点是能够捕捉长距离的依赖关系，这在传统的 CNN 结构中是比较困难的。例如，在理解图像中的物体和它们的上下文关系时，ViT 能够通过考虑整个图像的信息来做出更为精准的判断。

清单 12.2 展示了简单的 ViT 实现。

清单 12.2 简单的 ViT 实现

```python
class ViT(nn.Module):
    def __init__(self, in_channels=1, patch_size=16, emb_size=768,
        img_size=224, num_classes=10):
        super().__init__()
        self.patch_embedding = PatchEmbedding(in_channels, patch_size,
            emb_size)
        self.cls_token = nn.Parameter(torch.zeros(1, 1, emb_size))
        self.position_embedding = nn.Parameter(torch.zeros(1, 1 + (
            img_size // patch_size) ** 2, emb_size))
        self.transformer = nn.TransformerEncoder(nn.
            TransformerEncoderLayer(d_model=emb_size, nhead=8), num_layers
            =6)
        self.to_cls_token = nn.Identity()
        self.mlp_head = nn.Sequential(
            nn.Linear(emb_size, num_classes)
        )

    def forward(self, x):
        x = self.patch_embedding(x)
        cls_token = self.cls_token.expand(x.shape[0], -1, -1)
        x = torch.cat((cls_token, x), dim=1)
        x += self.position_embedding
        x = self.transformer(x)
        x = self.to_cls_token(x[:, 0])
        return self.mlp_head(x)
```

12.3.2 基于 CLIP 模型的向量检索

对比语言－图像预训练（Contrastive Language-Image Pre-training，CLIP）是一个能够同时对图像和自然语言进行编码的多模态模型。它的基本思想是通过自然语言监督学习，构建一个能够理解和识别广泛视觉概念的模型。不同于传统计算机视觉模型依赖大量标注图像数据，CLIP 利用互联网上的大规模图像和相应的自然语言描述，通过智能算法学习图像与文本的关系，进而实现视觉理解。其核心能力在于零样本学习，意味着模型能够在没有经过特定训练的情况下，在新的任务上表现出色，从而提高模型的通用性和扩大应用范围，这一核心能力也让 CLIP 适用于图像检索。

模型架构 CLIP 模型由两个核心部分组成：图像编码器和文本编码器。图像编码器负责处理输入的图像，通常基于 ViT 或者 CNN，其任务是将输入的图像转换成固定长度的特征向量（嵌入）；文本编码器则处理与图像相关的文本描述，通常是基于 Transformer 架构，生成相应的文本特征表示。两个编码器通过对比学习的方式进行训练，目标是最大化真实图像和正确文本配对之间的余弦似然度，同时最小化错误配对的似然度。这一过程通过一个对称交叉熵损失函数来实现，从而优化模型的学习效果。在预训练阶段，模型利用大规模的图像和文本数据集来学习它们之间的关系。图像编码器和文本编码器通过对抗训练来学习。在对抗训练过程中，图像编码器试图最小化图像和文本之间的距离，而文本编码器则试图最大化它们之间的距离。整个过程如图 12.6 所示。这种训练方式使得模型能够学习到更好的图像和文本表示，从而在处理各种视觉和语言任务时表现出色。

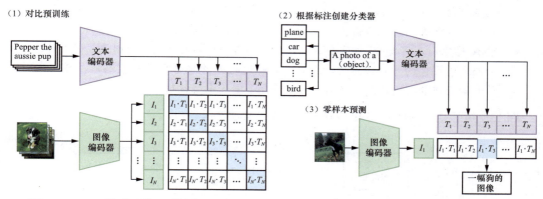

图 12.6　CLIP 模型训练及零样本预测过程。通过对比预训练过程（Constrastive Pre-Training）训练图像编码器（Image Encoder）和文本编码器（Text Encoder）。离线学习的编码器可用于对图像做零样本预测（Zero-Shot Prediction）

清单 12.3 为 CLIP 模型示例。

清单 12.3　CLIP 模型示例

```
# 提取图像和文本的特征表示
I_f = image_encoder(I) # [n, d_i]
T_f = text_encoder(T) # [n, d_t]
# 联合多模态嵌入
I_e = l2_normalize(np.dot(I_f, W_i), axis=1)
T_e = l2_normalize(np.dot(T_f, W_t), axis=1)
# 计算对齐的似然度得分
logits = np.dot(I_e, T_e.T) * np.exp(t)
# 对称损失函数
labels = np.arange(n) # 假设标注类别为0到n-1
loss_i = cross_entropy_loss(logits, labels, axis=0)
loss_t = cross_entropy_loss(logits, labels, axis=1)
loss = (loss_i + loss_t) / 2
```

kNN 检索　　由于 CLIP 具有多模态编码能力，因此可以使用 CLIP 分别对文本和图像进行编码，然后借助 kNN 检索实现大规模图像搜索引擎。为了实现图像检索，首先需要离线生成每张图像的向量表示并构建向量检索索引。然后在实时检索阶段将用户查询转换为向量。最后利用 kNN 检索方法在向量空间找到和查询词语义最近的 K 个图像。

离线索引的构建过程如下。

- **图像特征提取**：将图像库中的每张图像输入 CLIP 的图像编码器中，生成固定长度的向量表示。将所有图像的向量表示存储为图像库的特征库。
- **特征库构建**：预先将图像库中的每张图像利用 CLIP 编码为特征向量，并为这些向量构建 kNN 索引，以加速后续检索过程。
  在线实时检索过程如下。
- **查询向量生成**：当用户输入文本查询时，将该查询送入 CLIP 的文本编码器中，生成与图像空间兼容的文本向量。CLIP 模型通过多模态训练，使得文本和图像在同一空间中表示，确保查询向量与图像向量的相似性可直接比较。
- **kNN 搜索**：利用 kNN 方法在特征库中找到与查询向量最接近的图像。通过计算查询向量与所有图像向量的似然度，选取距离最近的 K 个图像作为检索结果。kNN 在计算效率和检索质量之间达到了平衡，尤其适合小型或中型特征库。

图 12.7 所示是上述基于 CLIP 做跨模态图像检索过程示意。

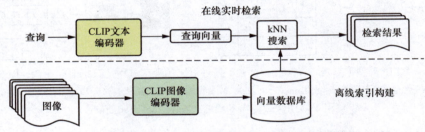

图 12.7　基于 CLIP 做跨模态图像检索过程示意

12.3.3　图像的量化表征

残差量化（Residual Quantization，RQ）是用于将图像的向量表示转换为离散标识符的关键技术。残差量化的核心思想是一种逐步逼近的量化方法，它通过多次迭代将一个连续的特征向量映射到离散的代码空间。

残差量化的核心数据结构是一组码表，每张码表 $C_m = \{c_{m1}, \cdots, c_{mL}\}$ 标识了能够枚举的离散向量空间，其中 L 是每个代码本中元素的数量，m 表示码表索引。

在码表定义的基础上，对于输入的特征向量 $\boldsymbol{f}_{cls}$，初始化第 0 步的残差向量为特征向量本身 $\boldsymbol{r}_m = \boldsymbol{f}_{cls}$，$m = 1, 2, \cdots, M$，然后执行以下步骤。

（1）**从码表中寻找最近向量**：在当前码表 C_m 中找到与当前残差向量 $\boldsymbol{r}_{m-1}$ 距离最近的向量 c_{mlm}，$l_m = \arg\min_{l \in [L]} \|\boldsymbol{r}_{m-1} - c_{ml}\|_2^2$。

（2）**更新残差向量**：用当前残差向量减去找到的最近向量，得到更新后的残差向量 $\boldsymbol{r}_m = \boldsymbol{r}_{m-1} - c_{mlm}$。

经过 M 次迭代后，得到的离散代码序列 $\{l_1, l_2, \cdots, l_M\}$ 即图像的离散标识符。这些标识符将作为后续自回归解码器的输入，用于生成与查询图像最近邻的标识符。清单 12.4 是上述过程的具体实现。

清单 12.4　残差量化的具体实现

```
def residual_quantization(f_cls, codebooks):
    """
    Perform residual quantization on the given feature vector.

    Parameters:
    - f_cls: np.ndarray, the feature vector (d-dimensional)
    - codebooks: list of np.ndarray, where each element is a
        codebook containing L codes

    Returns:
    - l: list, the sequence of discrete codes
    """
    M = len(codebooks) # Number of codebooks
    l = [] # Initialize the list to store the discrete codes
    r = f_cls.copy() # Initialize the residual vector with the feature
        vector

    for m in range(M):
        # Calculate the distances to the codes in the current codebook
        distances = np.linalg.norm(r - codebooks[m], axis=1) # Shape: (L
            ,)

        # Find the index of the nearest code
        l_m = np.argmin(distances)
        l.append(l_m) # Store the index of the nearest code

        # Update the residual vector
        r = r - codebooks[m][l_m] # Subtract the nearest code from the
            residual

    return l # Return the sequence of discrete codes
```

12.3.4　图像的量化检索

在残差量化的基础上，我们可以用 Transformer 架构的编解码器，以查询词作为输入，通过编码器获得查询词的向量表征。然后以查询词的向量表示作为输入，结合交叉注意力（Cross-Attention）机制，通过解码器部分输出离散的图像表示 ID 序列。得到图像的序列化表示以后，结合束搜索，最终得到图像的检索结果。

该方法利用 Encoder-Decoder 架构将查询词转化为离散的图像 ID 或 token，具体过程如下。

（1）使用基于 Transformer 的编码器，将查询词 Query 转换为 token 序列，得到查询词的嵌入表示，即 $e = E(Query)$。该嵌入表示将作为 Decoder 的输入。

（2）Decoder 采用标准的 Transformer 结构，包含注意力机制以及多层感知机（MLP）。编码器的嵌入表示通过交叉注意力机制传递到 Decoder 中。

（3）训练过程中的目标是预测图像标识符（图像 ID）序列中的下一个 token。具体而言，

训练目标是最大化序列中第 i 个 token 的概率，即

$$p(l_i \mid x_1, l_1, \cdots, l_{i-1}, \theta)$$

其中 θ 表示 Encoder 和 Decoder 的参数，l_M 是图像标识符序列中的 M 个 token。

（4）通过逐步最大化每个 token 的生成概率，提高生成整个图像标识符序列的概率。

$$p(l_1, \cdots, l_M \mid x_1, \theta) = \prod_{m=1}^{M} p(l_m \mid x_1, l_1, \cdots, l_{m-1}, \theta)$$

（5）在训练中，应用 Softmax 交叉熵损失函数，以一个具有 M 个离散 token 的词汇表为基础来优化模型。

图 12.8 展示了上述过程，首先通过残差量化获得图像的序列化表示，然后通过编码器－解码器架构将文本查询词翻译成对应的图像 token 序列。这种方式通过编码器－解码器架构逐步预测每个 token，从而将文本编码为一个离散的 ID 或 token 序列。

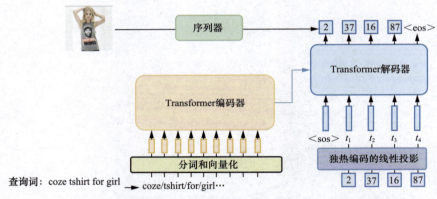

图 12.8 利用 Transformer 架构将图像转化为图像 token 序列的建模过程

束搜索 上述过程只能返回 top-1 的图像，为了获得更多的候选图像，需要在图像 ID 生成过程中结合束搜索。具体地，每次解码过程返回概率最大的 K 个 token，束搜索通过生成多个可能的候选序列（而不仅限于 top-1 的单个序列）来实现 top-K 检索。这种方法可以找到与查询图像最接近的前 K 个匹配图像。初始化时，Beam 集合中仅包含序列的起始符号（如 Start-of-Sequence token）。在每一步生成下一个 token 时，算法会考虑多个可能的 token，并计算每个候选序列的概率。扩展后的序列集合基于各自的概率分数进行评分（通过每个 token 的生成概率的乘积计算总概率）。然后，保留评分最高的 top-K 序列，其余的丢弃。在生成的过程中，并非所有生成的图像标识符序列都有效，某些序列可能不对应数据库中的任何图像。为了解决这一问题，可以构建一个包含有效编码的前缀树。在使用前缀树的束搜索过程中，仅考虑前缀树中有效的下一个 token，从而限制搜索范围，确保生成的序列有效。详细过程参考清单 12.5。

清单 12.5　结合束搜索做生成式图像检索

```
def beam_search(query_embedding, encoder, decoder,
    beam_size, prefix_tree):
# Initialize beam with the start token and a probability of 1.0
beam = [([START_TOKEN], 1.0)]

while not all(sequence[-1] == END_TOKEN for sequence, _ in beam):
    # Initialize a new beam for this step's expanded sequences
    new_beam = []

    # Iterate over each sequence in the current beam
    for sequence, prob in beam:
        # If the sequence has reached the end, add it directly to
            new_beam
        if sequence[-1] == END_TOKEN:
            new_beam.append((sequence, prob))
            continue

        # Get the probabilities for the next tokens from the decoder
        next_token_probs = decoder.predict_next_token(query_embedding
            , sequence)

        # Expand the sequence with each candidate next token
        for token, token_prob in next_token_probs.items():
            # Check if adding the token creates a valid sequence using
                the prefix tree
            if prefix_tree.is_valid_prefix(sequence + [token]):
                # Calculate the new probability for the extended
                    sequence
                new_prob = prob * token_prob
                # Append the new sequence and its probability to
                    new_beam
                new_beam.append((sequence + [token], new_prob))

    # Sort new_beam by probability in descending order and keep the
        top-K sequences
    new_beam = sorted(new_beam, key=lambda x: x[1], reverse=True)[:
        beam_size]

    # Update the beam with the top-K sequences
    beam = new_beam

# Return the top-K sequences from the beam after decoding completes
return beam
```

12.4　小结

本章探讨了可微搜索索引（DSI）的核心原理与架构。与传统检索方法相比，DSI 实现了从编码到解码的端到端优化，摆脱了依赖倒排索引和向量似然度计算的局限。通过将查询和文档映射到相同的语义空间，DSI 提供了更高效、更灵活的检索方式，为生成式信息检索奠定了基础。

　　针对标识符的学习与优化，本章分析了无结构原子标识符和语义结构化标识符的设计，并重点介绍了基于层次聚类的语义结构化标识符生成方法。这种方法不仅在表示上更符合语义逻辑，还提升了检索性能，为文档管理和快速检索提供了可靠的支持。

　　在多模态检索部分，本章介绍了基于 Vision Transformer（ViT）和 CLIP 模型的图像向量表征和量化表征方法。这些技术将图像与文本编码到统一的语义空间中，实现了跨模态检索功能。结合残差量化与束搜索技术，有效提升了检索的准确性与灵活性，进一步拓展了生成式检索的应用边界。

参考文献

[1] CUCERZAN S, BRILL E. Spelling correction as an iterative process that exploits the collective knowledge of web users[C]//Proceedings of the 2004 Conference on Empirical Methods in Natural Language Processing. Barcelona, Spain: Association for Computational Linguistics, 2004: 293-300.

[2] BRODER A, CICCOLO P, GABRILOVICH E, et al. Online expansion of rare queries for sponsored search [C]//Proceedings of the 18th International Conference on World Wide Web. New York, NY, USA: Association for Computing Machinery, 2009: 511-520. DOI: 10.1145/ 1526709.1526778.

[3] DUAN H, HSU B J P. Online spelling correction for query completion[C]//Proceedings of the 20th International Conference on World Wide Web. New York, NY, USA: Association for Computing Machinery, 2011: 117-126. DOI: 10.1145/1963405.1963425.

[4] BISANI M, NEY H. Joint-sequence models for grapheme-to-phoneme conversion[J]. Speech Communication, 2008, 50(5): 434-451.

[5] RABINER L. A tutorial on hidden markov models and selected applications in speech recognition[C]//Proceedings of the IEEE, 1989, 77(2): 257-286. DOI: 10.1109/5.18626.

[6] LI Y, DUAN H, ZHAI C. Cloudspeller: Query spelling correction by using a unified hidden markov model with web-scale resources[C]//Proceedings of the 21th International Conference on World Wide New York, NY, USA: Association for Computing Machinery, 2012.

[7] LI Y, DUAN H, ZHAI C. A generalized hidden markov model with discriminative training for query spelling correction[C]//Proceedings of the 35th International ACM SIGIR Conference on Research and Development in Information Retrieval. New York, NY, USA: Association for Computing Machinery, 2012:611-620. DOI: 10.1145/2348283.2348365.

[8] ZHENG G, CALLAN J. Learning to reweight terms with distributed representations[C]//

Proceedings of the 38th International ACM SIGIR Conference on Research and Development in Information Retrieval. New York, NY, USA: Association for Computing Machinery, 2015: 575-584. DOI: 10.1145/2766 462.2767700.

[9] ZHAO L, CALLAN J. Term necessity prediction[C]//Proceedings of the 19th ACM International Conference on Information and Knowledge Management. New York, NY, USA: Association for Computing Machinery, 2010: 259-268. DOI: 10.1145/1871437.1871474.

[10] SAMEL K, LI C, KONG W, et al. End-to-end query term weighting[C]//Proceedings of the 29th ACM SIGKDD International Conference on Knowledge Discovery and Data Mining (KDD'23). 2023.

[11] LAVRENKO V, CROFT W B. Relevance based language models[C]//Proceedings of the 24th Annual International ACM SIGIR Conference on Research and Development in Information Retrieval. New York, NY, USA: Association for Computing Machinery, 2001: 120-127. DOI: 10.1145/383952.383972.

[12] MIKOLOV T, SUTSKEVER I, CHEN K, et al. Distributed representations of words and phrases and their compositionality[C]//Proceedings of the 27th of NeurIPS. New Orleans. USA: Advances in Neural Information Processing Systems: volume 26. Curran Associates, Inc., 2013:3111-3119.

[13] DEVLIN J, CHANG M, LEE K, et al. BERT: pre-training of deep bidirectional transformers for language understanding[J]. CoRR, 2018, abs/1810.04805.

[14] ZHENG Z, HUI K, HE B, et al. BERT-QE: contextualized query expansion for document re-ranking[J]. CoRR, 2020, abs/2009.07258.

[15] SPÄRCK JONES K. A statistical interpretation of term specificity and its application in retrieval[J]. Journal of Documentation, 1972, 28(1): 11-21.

[16] MANNING C D, RAGHAVAN P, SCHÜTZE H. An introduction to information retrieval[M]. Cambridge: Cambridge University Press, 2008.

[17] ROBERTSON S. Understanding inverse document frequency: On theoretical arguments for idf[C]//Proceedings of the 13th ACM international conference on Information and knowledge management. ACM, 2004: 509-511.

[18] SALTON G, MCGILL M J. Introduction to modern information retrieval[M]. NewYork: McGraw-Hill Inc., 1986.

[19] ROBERTSON S E, WALKER S, JONES S, et al. Okapi at trec-3[C]//Proceedings of the 3rd Text Retrieval Conference. Gaithersburg, Maryland, USA, 1994.

[20] ROBERTSON S E, WALKER S, BEAULIEU M M. Okapi at trec-7: automatic ad hoc, filtering, vlc and interactive[J]. NIST SPECIAL PUBLICATION SP, 1998, 99: 152.

[21] ROBERTSON S E, SPARCK JONES K. Relevance weighting of search terms[J]. Journal of the American Society for Information Science, 1976, 27(3): 129-146.

[22] HAWKING D, THISTLEWAITE P. Proximity operators - so near and yet so far[C]//Proceedings

of the 4th Text Retrieval Conference, Gaithersburg, Maryland, USA, November 1-3, 1995.

[23] RASOLOFO Y, SAVOY J. Term proximity scoring for keyword-based retrieval systems[C]// Proceedings of Advances in Information Retrieval. ECIR 2003. Lecture Notes in Computer Science, volume 2633. 2003: 207-218. DOI: 10.1007/3-540-36618-0_15.

[24] TAO T, ZHAI C. An exploration of proximity measures in information retrieval[C]//Proceedings of the 30th Annual International ACM SIGIR Conference on Research and Development in Information Retrieval. New York, NY, USA: Association for Computing Machinery, 2007: 295-302. DOI:10.1145/1277741.1277794.

[25] METZLER D, CROFT W B. A markov random field model for term dependencies[C]//Proceedings of the 28th Annual International ACM SIGIR Conference on Research and Development in Information Retrieval. New York, NY, USA: Association for Computing Machinery, 2005: 472-479. DOI:10.1145/1076034.1076115.

[26] LAFFERTY J, ZHAI C. Document language models, query models, and risk minimization for information retrieval[C]//Proceedings of the 24th Annual International ACM SIGIR Conference on Research and Development in Information Retrieval. New York, NY, USA: Association for Computing Machinery, 2001:111-119. DOI: 10.1145/383952.383970.

[27] BRODER A, GLASSMAN S, MANASSE M, et al. Syntactic clustering of the web[J]. Computer Networks and ISDN Systems, 1997, 29(8-13): 1157-1166.

[28] DAVISON B D. Recognizing nepotistic links on the web[C]//Proceedings of AAAI-2000 workshop on Artificial Intelligence for Web Search. 2000.

[29] HAWKING D, THISTLEWAITE P. Methods for information server selection[J]. ACM Transactions on Information Systems (TOIS), 1999, 17(1): 40-76.

[30] KAMPS J, MARX M. Words with attitude: The construction of a word list for sentiment analysis under dutch [C]//Proceedings of the Language Engineering Conference. 2002.

[31] CRASWELL N, HAWKING D, ROBERTSON S. Effective site finding using link anchor information[J]. SIGIR Forum, 2001, 24(1): 35-40.

[32] GYÖNGYI Z, GARCIA-MOLINA H, PEDERSEN J. Combating web spam with trustrank[C]// Proceedings of the 30th International Conference on Very Large Data Bases. VLDB Endowment, 2004: 576-587.

[33] BRIN S, PAGE L. The anatomy of a large-scale hypertextual web search engine[C]//Proceedings of the 7th international conference on World Wide Web 7. Elsevier Science Publishers B. V., 1996: 107-117.

[34] DONG A, CHANG Y, ZHENG Z, et al. Towards recency ranking in web search[C]//Proceedings of the 3rd ACM International Conference on Web Search and Data Mining. New York, NY, USA: Association for Computing Machinery, 2010: 11-20. DOI: 10.1145/1718487.1718490.

[35] ELSAS J L, DUMAIS S T. Leveraging temporal dynamics of document content in relevance

ranking[C]//Proceedings of the Third ACM International Conference on Web Search and Data Mining. New York, NY, USA: Association for Computing Machinery, 2010: 1-10. DOI: 10.1145/1718487.1718489.

[36] CAMPOS R, DIAS G, JORGE A M, et al.Survey of temporal information retrieval and related applications[J]. ACM Comput. Surv., 2014, 47(2). DOI: 10.1145/2619088.

[37] AGICHTEIN E, BRILL E, DUMAIS S. Improving web search ranking by incorporating user behavior information[C]//Proceedings of the 29th annual international ACM SIGIR conference on Research and development in information retrieval, 2006.

[38] CHAPELLE O, ZHANG Y. A dynamic bayesian network click model for web search ranking[C]// Proceedings of the 18th International Conference on World Wide Web, 2009.

[39] CHAPELLE O, METLZER D, ZHANG Y, et al. Expected reciprocal rank for graded relevance[C]// Proceedings of the 18th ACM Conference on Information and Knowledge Management, 2009.

[40] JOACHIMS T. Optimizing search engines using clickthrough data[C]//Proceedings of the Eighth ACM SIGKDD International Conference on Knowledge Discovery and Data Mining. New York, NY, USA:Association for Computing Machinery, 2002: 133-142. DOI: 10.1145/ 775047.775067.

[41] CRASWELL N, ZOETER O, TAYLOR M, et al. An experimental comparison of click position-bias models [C]//Proceedings of the International Conference on Web Search and Web Data Mining, 2008.

[42] JOACHIMS T, GRANKA L, PAN B, et al. Accurately interpreting clickthrough data as implicit feedback [C]//Proceedings of the 28th Annual International ACM SIGIR Conference on Research and Development in Information Retrieval. New York, NY, USA: Association for Computing Machinery, 2005:154-161. DOI: 10.1145/1076034.1076063.

[43] YIN D, HU Y, TANG J, et al. Ranking relevance in yahoo search[C]//Proceedings of the 22nd ACM SIGKDD International Conference on Knowledge Discovery and Data Mining. New York, NY, USA:Association for Computing Machinery, 2016: 323-332. DOI: 10.1145/ 2939672.2939677.

[44] DONG A, CHANG Y, ZHENG Z, et al. Towards recency ranking in web search[C]//Proceedings of the Third ACM International Conference on Web Search and Data Mining. New York, NY, USA: Association for Computing Machinery, 2010: 11-20. DOI: 10.1145/1718487.1718490.

[45] KIM Y. Convolutional neural networks for sentence classification[J/OL]. arXiv, 2014. DOI: 10.48550/ARX IV.1408.5882.

[46] HU B, LU Z, LI H, et al. Convolutional neural network architectures for matching natural language sentences [J]. CoRR, 2015, abs/1503.03244.

[47] ZHANG Y, NIE P, GENG X, et al. DC-BERT: decoupling question and document for efficient contextual encoding[J]. CoRR, 2020, abs/2002.12591.

[48] KHATTAB O, ZAHARIA M. Colbert: Efficient and effective passage search via contextualized late interaction over BERT[J]. CoRR, 2020, abs/2004.12832.

[49] KANUNGO T, MOUNT D, NETANYAHU N, et al. An efficient k-means clustering algorithm: analysis and implementation[J]. IEEE Transactions on Pattern Analysis and Machine Intelligence, 2002, 24(7): 881-892. DOI: 10.1109/TPAMI.2002.1017616.

[50] JéGOU H, DOUZE M, SCHMID C. Product quantization for nearest neighbor search[J]. IEEE Transactions on Pattern Analysis and Machine Intelligence, 2011, 33(1): 117-128. DOI: 10.1109/TPAMI.2010.57.

[51] KALANTIDIS Y, AVRITHIS Y. Locally optimized product quantization for approximate nearest neighbor search[C]//Proceedings of 2014 IEEE Conference on Computer Vision and Pattern Recognition, 2014: 2329-2336. DOI:10.1109/CVPR.2014.298.

[52] MALKOV Y A, YASHUNIN D A. Efficient and robust approximate nearest neighbor search using hierarchical navigable small world graphs[J]. CoRR, 2016, abs/1603.09320.

[53] MALKOV Y, PONOMARENKO A, LOGVINOV A, et al. Approximate nearest neighbor algorithm based on navigable small world graphs[J]. Information Systems, 2014, 45: 61-68.

[54] PUGH W. Skip lists: A probabilistic alternative to balanced trees[J]. Commun. ACM, 1990, 33(6): 668- 676. DOI: 10.1145/78973.78977.

[55] DOSOVITSKIY A, BEYER L, KOLESNIKOV A, et al. An image is worth 16x16 words: Transformers for image recognition at scale[J]. International Conference on Learning Representations, 2020.

[56] LAFFERTY J D, MCCALLUM A, PEREIRA F C N. Conditional random fields: Probabilistic models for segmenting and labeling sequence data[C]//Proceedings of the Eighteenth International Conference on Machine Learning. San Francisco, CA, USA: Morgan Kaufmann Publishers Inc., 2001: 282-289.

[57] TSENG H, CHANG P, ANDREW G, et al. A conditional random field word segmenter for sighan bakeoff 2005 [C]//Proceedings of the Fourth SIGHAN Workshop on Chinese Language Processing, 2005.

[58] PENG F, FENG F, MCCALLUM A. Chinese segmentation and new word detection using conditional random fields[C]//Proceedings of the 20th International Conference on Computational Linguistics. USA: Association for Computational Linguistics, 2004: 562-568. DOI: 10.3115/1220355.1220436.

[59] HUANG Z, XU W, YU K. Bidirectional lstm-crf models for sequence tagging[Z]. 2015.

[60] CHIU J P C, NICHOLS E. Named entity recognition with bidirectional lstm-cnns[Z]. 2016.

[61] LAMPLE G, BALLESTEROS M, SUBRAMANIAN S, et al. Neural architectures for named entity recognition [C]//Proceedings of the 2016 Conference of the North American Chapter of the Association for Computational Linguistics: Human Language Technologies. San Diego, California:

Association for Computational Linguistics, 2016: 260-270. DOI: 10.18653/v1/N16-1030.

[62] LV Y, ZHAI C. Positional language models for information retrieval[C]//Proceedings of the 32nd International ACM SIGIR Conference on Research and Development in Information Retrieval. New York, NY, USA: Association for Computing Machinery, 2009: 299-306. DOI: 10.1145/1571941.1571994.

[63] RADLINSKI F, JOACHIMS T. Query chains:Learning to rank from implicit feedback[C]// Proceedings of the Eleventh ACM SIGKDD International Conference on Knowledge Discovery in Data Mining. New York, NY, USA: Association for Computing Machinery, 2005: 239-248. DOI: 10.1145/1081870.1081899.

[64] WANG X, BENDERSKY M, METZLER D, et al. Learning to rank with selection bias in personal search[C]//Proceedings of the 39th International ACM SIGIR conference on Research and Development in Information Retrieval, 2016.

[65] SALTON G, WONG A, YANG C S. A vector space model for automatic indexing[J]. Communications of the ACM, 1975, 18(11): 613-620.

[66] ROBERTSON S, ZARAGOZA H. The probabilistic relevance framework: Bm25 and beyond[J]. Foundations and Trends in Information Retrieval, 2009, 3(4): 333-389.

[67] DEERWESTER S, DUMAIS S T, FURNAS G W, et al. Indexing by latent semantic analysis[J]. Journal of the American Society for Information Science, 1990, 41(6): 391.

[68] ROCCHIO J J. Relevance feedback in information retrieval[C]//Proceedings of the SMART Retrieval System: Experiments in Automatic Document Processing, 1971: 313-323.

[69] PONTE J M, CROFT W B. A language modeling approach to information retrieval[C]// Proceedings of the 21st Annual International ACM SIGIR Conference on Research and Development in Information Retrieval. ACM, 1998: 275-281.

[70] CRASWELL N, HAWKING D, ROBERTSON S. Effective site finding using link anchor information[C]// Proceedings of the 24th Annual International ACM SIGIR Conference on Research and Development in Information Retrieval. ACM, 2001: 250-257.

[71] TROTMAN A, WANG Q. Improvements to bm25 and language models examined[J]. Proceedings of the 2014 Australasian Document Computing Symposium, 2014: 58.

[72] FETTERLY D, MANASSE M, NAJORK M, et al. Spam, damn spam, and statistics: using statistical analysis to locate spam web pages[C]//Proceedings of the 7th International Workshop on the Web and Databases: colocated with ACM SIGMOD/PODS. ACM, 2004: 1-6.

[73] LECUN Y, BOTTOU L, BENGIO Y, et al. Gradient-based learning applied to document recognition[J]. Proceedings of the IEEE, 1998, 86(11): 2278-2324.

[74] KRIZHEVSKY A, SUTSKEVER I, HINTON G E. Imagenet classification with deep convolutional neural networks[C]//Proceedings of Advances in Neural Information Processing Systems: volume 25, 2012: 1097-1105.

[75] ZEILER M D, FERGUS R.Visualizing and understanding convolutional networks[C]//European Conference on Computer Vision. Springer, 2014: 818-833.

[76] SZEGEDY C, LIU W, JIA Y, et al.Going deeper with convolutions[C]//Proceedings of the IEEE Conference on Computer Vision and Pattern Recognition, 2015: 1-9.

[77] SIMONYAN K, ZISSERMAN A. Very deep convolutional networks for large-scale image recognition[C]// International Conference on Learning Representations, 2015.

[78] HE K, ZHANG X, REN S, et al. Deep residual learning for image recognition[C]//Proceedings of the IEEE Conference on Computer Vision and Pattern Recognition, 2016: 770-778.

[79] HE K, ZHANG X, REN S, et al. Identity mappings in deep residual networks[J]. European Conference on Computer Vision, 2016: 630-645.

[80] VASWANI A, SHAZEER N, PARMAR N, et al. Attention is all you need[J]. Advances in Neural Information Processing Systems, 2017, 30.

[81] TOUVRON H, CORD M, DOUZE M, et al. Training data-efficient image transformers & distillation through attention[C]//International Conference on Machine Learning. PMLR, 2021: 10347-10357.

[82] CARION N, MASSA F, SYNNAEVE G, et al. End-to-end object detection with transformers[J]. European Conference on Computer Vision, 2020: 213-229.

[83] WANG S, LI B, KHABSA M, et al. Linformer: Self-attention with linear complexity[C]// International Conference on Machine Learning. PMLR, 2020: 9244-9253.

[84] CHOROMANSKI K, LIKHOSHERSTOV V, DOHAN D, et al. Rethinking attention with performers[J]. arXiv preprint arXiv:2009.14794, 2020.

[85] LIU Z, SHEN Y, LAKSHMINARASIMHAN V B, et al. Efficient low-rank multimodal fusion with modality- specific factors[J]. CoRR, 2018, abs/1806.00064.

[86] LI J, SELVARAJU R R, GOTMARE A D, et al. Align before fuse: Vision and language representation learning with momentum distillation[C]//Proceedings of the 35th NeurIPS. 2021.

[87] DIAZ F, MITRA B, CRASWELL N. Query expansion with locally-trained word embeddings[J]. CoRR, 2016, abs/1605.07891.

[88] GE T, HE K, KE Q, et al. Optimized product quantization[J/OL]. IEEE Transactions on Pattern Analysis and Machine Intelligence, 2014, 36(4): 744-755. DOI: 10.1109/TPAMI.2013.240.

[89] SONG H O, XIANG Y, JEGELKA S, et al. Deep metric learning via lifted structured feature embedding[C]//Proceedings of CVPR 2016. Las Vegas, NV, USA, 2016: 4004-4012.

[90] YU H, MA R, SU M, et al. A novel deep translated attention hashing for cross-modal retrieval[J/]. Multimedia Tools Appl., 2022, 81(18): 26443-26461.

[91] MIKRIUKOV G, RAVANBAKHSH M, DEMIR B. Deep unsupervised contrastive hashing for large-scale cross-modal text-image retrieval in remote sensing[J/OL]. Computer Vision and Pattern Recognition, 2022. DOI: 10.48550/ARXIV.2201.08125.

[92] JIANG Q Y, LI W J. Deep cross-modal hashing[C]//Proceedings of 2017 IEEE Conference on Computer Vision and Pattern Recognition (CVPR), 2017: 3270-3278.

[93] PALANGI H, DENG L, SHEN Y, et al.Deep sentence embedding using long short-term memory networks:Analysis and application to information retrieval[J]. IEEE/ACM Transactions on Audio, Speech, and Language Processing, 2016, 24(4): 694-707.

[94] PANG L, LAN Y, GUO J, et al. A study of matchpyramid models on ad-hoc retrieval[J]. CoRR, 2016, abs/1606.04648.